The Guardian

worried

Osamaphobia. They are all sincerely advised to keep their composure and not be blinded by the preconceived notions of demanding Osama, dead or live. They must instead look all around, including inward, for the real perpetrators of this most heinous crime, over which Pakistan sympathises.

Americans have never seen the like before and are genuinely anguished, demanding immediate reprisals. However, President Bush owes them and the world at large much more rational and responsible behaviour rather than just playing to the gallery.
Col Riaz Jafri (retd)
Rawalpindi, Pakistan
Jafri@rifiela.com

● I am appalled by Jonathan Freedland's argument that Arab and Muslim resentment

Find a way to forgive

As someone whose friend, and former boyfriend, was one of five United Nations staff shot dead in an ambush in Afghanistan in 1993, I want to comment on the need for restraint and forgiveness.

Governments and democratic societies have a responsibility to protect its people from an often natural desire for revenge at times of great tragedy. At the time of Tony Bullard's brutal death, I wanted revenge for his death and have had to live since with the realisation that that is how I felt at the time. Thank goodness I was not allowed to indulge that desire, for it would have achieved nothing and only made a dreadful situation worse.

Please advocate restraint about the deaths in America and ensure that Tony's death and all those last week are not in vain. Forgiveness is much

Obituaries

French historian who specialised in mo

François Bédar

François Bédarida, who has died from a heart attack aged 75, was one of the best-known French historians in Britain. He wrote many books about English history and society; he taught from 1950-56 at the Institut Français in South Kensington; he was director of the Maison Française in Oxford (1966-70); he was the secretary general of the International Committee of Historical Science from 1990 until recently; he lectured at universities throughout Britain; and as the founder and director of Paris's Institut d'Histoire du Temps Présent from 1978-92, and subsequently, he wrote and edited many books and articles about the second world war and its effects on France, which are of the greatest interest to the British.

Will Thorne

La voie anglaise du socialisme

« LES INCONNUS DE L'HISTOIRE »

Une collection dirigée par Jean Montalbetti

Qui sont-ils ? Ils ne sont pas les vedettes de l'histoire souvent devenues des mythes à force de célébration. Ils ont inspiré sinon incarné un courant de pensée, une découverte scientifique, une mutation sociale, un événement politique. Au-delà de leur destin individuel, ils sont révélateurs de leur époque. Leur action, leurs recherches, leurs récits ont permis aux historiens d'aujourd'hui une nouvelle approche de l'histoire.

C'est d'abord à Radio France, comme producteur, que Jean Montalbetti a inauguré cette galerie originale des « Inconnus de l'histoire » : cent vingt-trois émissions ont été diffusées sur France Culture, entre octobre 1981 et avril 1984. Nous avons demandé aux meilleurs historiens contemporains d'écrire ensuite l'itinéraire de ces « Inconnus de l'histoire » parce qu'à travers le récit toujours passionnant d'une aventure individuelle ces témoins exemplaires permettent de connaître leur époque mais aussi, dans un passé sans cesse réactualisé, de mieux comprendre notre temps.

Parus

Alexandre BENNIGSEN et Chantal LEMERCIER-QUELQUEJAY, *Sultan Galiev,* le père de la révolution tiers-mondiste

André CHASTEL, *Louis d'Aragon,* un voyageur princier dans l'Europe de la Renaissance

Georges DUBY, *Guillaume le Maréchal,* ou le meilleur chevalier du monde

Jacques GODECHOT, *Le Comte d'Antraigues,* un espion dans l'Europe des émigrés

Henri H. MOLLARET et Jacqueline BROSSOLLET, *Alexandre Yersin,* ou le vainqueur de la peste

Jean MAITRON, *Paul Delesalle,* un anar de la Belle époque

André MIQUEL, *Ousâma,* un prince syrien face aux croisés

Jean TULARD, *Joseph Fiévée,* conseiller secret de Napoléon

François Bédarida

Will Thorne

La voie anglaise du socialisme

« Les Inconnus de l'histoire »

FAYARD

DU MÊME AUTEUR

L'Angleterre triomphante 1832-1914, Paris, Hatier, 1974.
L'Ère victorienne, Paris, PUF, coll. Que sais-je?, 2ᵉ édit., 1978.
La Société anglaise 1851-1975, Paris, Arthaud, 1976 ; trad. angl., Londres, Methuen, 1979.
Flora Tristan : Promenades dans Londres, édition critique, Paris, Maspero, 1978.
La Stratégie secrète de la drôle de guerre : le Conseil Suprême Interallié (septembre 1939-avril 1940), Paris, Presses de la FNSP et Éditions du CNRS, 1979.
Syndicats et Patrons en Grande-Bretagne, Paris, éd. Ouvrières, 1980.
La Bataille d'Angleterre, Bruxelles, éd. Complexe, 1985.

En collaboration

Histoire générale du travail, Paris, Nouvelle Librairie de France, 1960.
Histoire du Peuple français, Paris, Nouvelle Librairie de France, 1964.
Histoire générale du socialisme, Paris, PUF, 1972-1977.
La Grande-Bretagne, Paris, PUF, 1975.
Christianisme et Monde ouvrier, Paris, éd. Ouvrières, 1975.
De Guillaume le Conquérant au Marché commun : dix siècles d'histoire franco-britannique, Paris, Albin Michel, 1979.
Jean Moulin et le Conseil national de la Résistance, Paris, IHTP-CNRS, 1984.
Pierre Mendès France et le mendésisme, Paris, Fayard, 1985.

© Librairie Arthème Fayard, 1987.

Avant-propos

Peu connu en Angleterre, ignoré en France, Will Thorne (1857-1946) a pourtant été présent aux grands rendez-vous de l'histoire du XIXe et du XXe siècle : le travail à l'usine et le capitalisme, l'essor de la société industrielle, le syndicalisme et le socialisme, la classe et la nation, la paix et la guerre, la démocratie entre la liberté et l'égalité.

Par sa carrière fascinante et emblématique, c'est un personnage-miroir. Fascination d'une figure pionnière de la social-démocratie, créateur et chef de l'un des plus grands syndicats du monde. Emblème de la conscience ouvrière luttant pour l'émancipation du monde du travail et pour l'avènement d'une société juste et harmonieuse. Miroir d'une classe, d'un temps, d'un pays : l'Angleterre au tournant du victorianisme, puis dans les affres des crises du XXe siècle. Bref, un destin singulier, aventureux et batailleur, au carrefour du labeur et de la révolte, mélange d'idéalisme et de pragmatisme, à l'heure du passage du capitalisme libéral à la démocratie sociale.

Le parcours de l'homme se révèle exemplaire. Prolétaire d'entre les prolétaires, né dans cet « atelier du monde » qu'était le Birmingham victorien au cœur de la Black Country, grandi au milieu des brutalités de l'usine et du slum, le jeune ouvrier illettré part à l'âge de vingt-cinq ans tenter sa chance à Londres. Là il est touché par la grâce révolutionnaire.

Espérance socialiste, solidarité ouvrière, sa destinée bascule le jour où — on est le 31 mars 1889 —, sur un terrain vague de l'East End, entouré des damnés de la terre qui comme lui triment 70 heures par semaine à nourrir les fournaises des usines à gaz de Londres, il a l'audace de lancer un syndicat pour les travailleurs sans qualification, sans sécurité, sans culture de la grande métropole londonienne. Or, sans du tout que son fondateur en ait conscience, cette Gasworkers' Union, *grain de sénevé appelé à former un grand arbre, s'inscrit dans un vaste mouvement d'organisation des masses ouvrières, le « nouvel unionisme ». Une chance inattendue : la rencontre d'Eleanor Marx, la plus jeune des filles du prophète, et voici Thorne introduit dans l'élite du socialisme européen et initié au marxisme et à l'internationalisme.*

Chez cet autodidacte au tempérament tenace et combatif chemine une intuition, devenue bientôt conviction : la nécessité, si l'on veut parvenir au socialisme démocratique, de marier syndicalisme et politique. Car la revendication de classe et la négociation collective sont certes belles et bonnes, mais il faut aussi conquérir l'appareil d'État — principe de base de ce qui va devenir le travaillisme. Militant de première heure du Labour, *Will Thorne ne tarde pas à être élu au Parlement où il siégera près de quarante ans. Ainsi, à force de volonté et de courage, l'humble prolétaire a accédé à de hautes responsabilités dans le trade-unionisme et dans l'État — sans jamais toutefois exercer de responsabilités au niveau ministériel — jusqu'à occuper vers la fin de sa vie, en hiérarque assagi et tempéré, une place d'honneur dans l'*Establishment *politique et syndical. Dernière chance du destin privilégié d'un être dépourvu au départ de tout privilège : Thorne vit assez longtemps pour assister en 1945 au triomphe du* Labour *pour lequel il a lutté toute sa vie.*

***

AVANT-PROPOS

Si les matériaux ne manquent point pour retracer un tel itinéraire, la tâche du biographe n'en est pas moins hérissée de difficultés. Sans doute dispose-t-on d'un document de premier ordre : l'autobiographie que Will Thorne a écrite à l'âge de soixante-six ans — alors qu'il était encore en pleine activité — et qu'il a publiée en 1925 sous un titre approprié, Les Combats de mon existence (My Life's Battles). *Livre vivant et évocateur, où il se livre au naturel avec spontanéité et où fourmillent les données sur sa vie publique et privée. D'un bout à l'autre, l'ouvrage est parcouru d'un souffle militant, révélant une âme de lutteur, le tout dans un style simple et sans prétention, riche de sève populaire.*

Deux réserves néanmoins. D'abord, quelle que soit la sincérité du narrateur, cette autobiographie souffre des défauts inhérents au genre — propension à l'embellissement, handicaps de la mémoire, jugements sur le passé opérés à la lumière du présent — encore que les inexactitudes soient limitées et l'alignement de la réalité sur la légende somme toute modéré. D'autre part, le livre pèche par le déséquilibre de sa composition. Alors que les premières années d'existence bénéficient de développements substantiels, et plus encore les années 1889-1894 — il est vrai les plus marquantes — qui en occupent à elles seules les deux tiers, à partir du tournant du siècle l'allure change, et tout est expédié en une vingtaine de pages. Défaut renforcé par la façon dont Thorne gère sa propre histoire : autant il apporte de soin à l'évocation de l'enfance, de la jeunesse, des débuts dans l'action syndicale et politique, autant pour la période ultérieure la description est cursive, anecdotique, lacunaire.

Mais ce qui complique avant tout le travail du biographe, c'est que Will Thorne n'a pas laissé de papiers personnels. En avait-il beaucoup ? Ce n'est pas certain. En tout cas, ceux qu'il conservait semblent avoir été perdus ou dispersés après sa mort, et il m'a été impossible, en dépit de tous mes efforts, d'en retrouver la trace, sinon quelques documents dans les archives du Syndicat des gaziers. En revanche, j'ai pu recueillir en 1985 le témoignage de la fille de Thorne, Edna Mills (alors âgée de quatre-vingt-un ans), seule survivante de ses treize enfants.

*
**

Inconnu de l'histoire, Thorne n'a donné lieu qu'à une littérature succincte. Si l'on met à part les notices biographiques parues en 1959 dans le Dictionary of National Biography *et en 1972 dans le* Dictionary of Labour Biography *et des mentions plus ou moins brèves dans les livres traitant du* labour movement, *un seul ouvrage lui a été consacré en 1974 :* Will Thorne Constructive Militant *par Giles et Lisanne Radice. Travail de qualité appuyé sur des recherches patientes et détaillées, présentation élégante de l'œuvre de Thorne — vue peut-être sous un jour trop édifiant et privilégiant la dimension syndicale —, ce livre est le premier et le seul à accorder à Thorne l'attention qu'il mérite et à essayer de lui restituer son statut et sa stature*.*

C'est ce que nous avons tenté de faire à notre tour, en recourant à la documentation la plus large possible — archives manuscrites et imprimées, rapports, brochures, presse nationale et locale, autobiographies et biographies de leaders ouvriers contemporains — de façon à replacer l'homme dans son contexte, seul moyen de donner relief et sens à sa vie. Car ce qui nous a inspirés avant tout dans ce travail de biographie critique, c'est la rencontre et la synergie entre le destin singulier d'un être à la personnalité puissante et colorée et le destin

---

* A signaler cependant deux récentes pièces de théâtre de Gerard Melia jouées à Londres et en province (voir la bibliographie p. 292).

collectif — celui de l'Angleterre sur la route qui mène du victorianisme à l'État-Providence. De ce point de vue, Will Thorne nous est apparu comme une figure paradigmatique de la voie anglaise vers le socialisme.

I

Une jeunesse prolétarienne
(1857-1882)

Birmingham, 8 octobre 1857. Une matinée grise et indistincte. Dans la petite maison qu'occupe un ménage d'ouvriers besogneux à Hockley, faubourg populaire de la grande cité des Midlands, vient de naître un garçon appelé à une singulière destinée de rebelle, de meneur d'hommes et de pionnier du *Labour*.

Son père, Thomas Thorne, un costaud gaillard aussi solide buveur que gros travailleur, exerce le métier de briquetier. Agé d'environ trente-cinq ans, veuf d'un premier mariage qui lui a laissé un fils à présent adolescent, il a épousé en secondes noces Emma Everiss, une jeune ouvrière d'une vingtaine d'années qui travaille elle aussi dans la briqueterie. C'est d'ailleurs une tradition de famille. Leurs parents à tous deux ont, leur vie durant, fabriqué des briques dans des chantiers en plein air, car dans cette région en pleine expansion maisons et usines continuent de se multiplier. Des oncles, des cousins pratiquent la même occupation, et le jeune garçon, obligé dès l'âge le plus tendre de contribuer aux besoins de la famille, trouvera à l'occasion auprès d'eux gagne-pain et protection.

A sa naissance on lui donne pour premier prénom William et pour second James, mais bien vite l'abréviation familière *Will* l'emportera. Désormais, même dans les circonstances les plus formelles, sous les voûtes de Westminster ou les lambris de Buckingham Palace, il ne sera connu que sous cette appellation. Quant au nom de famille, son orthographe a flotté. A l'origine, il semble que l'on devait écrire *Thorn,* comme en fait loi l'acte de naissance établi en 1857, mais l'habitude s'est prise d'ajouter un *e,* et finalement *Thorne* a prévalu [1].

En cette année 1857, l'Angleterre « mid-victorienne » déploie tous ses fastes et ses contrastes — Birmingham en offre un parfait microcosme. Grandeur et prospérité d'un côté, dénuement et paupérisme de l'autre. Les « deux nations », dénoncées naguère par Disraeli, sont toujours face à face : riches et pauvres, nantis et prolétaires. Mais le climat social a changé. Au lieu d'incliner à la confrontation violente, il est pour l'heure à l'ordre, à l'apaisement, à l'optimisme. Même dans la fraction la plus éveillée et la plus organisée du monde du travail, l'aristocratie ouvrière appuyée sur ses *trade unions* de professionnels, on met davantage d'espoir dans l'amélioration individuelle que dans l'action collective, celle-ci préférant au reste les mutuelles et les coopératives à l'agitation de rue. Plutôt que de renverser l'économie de marché, pourquoi ne pas tenter d'y conquérir une meilleure place ? Travail, industrie, progrès, voilà les maîtres mots, jusque dans les classes laborieuses.

Tandis qu'à la tête du gouvernement trône Palmerston, archétype de l'aristocrate *whig* et figure éponyme du victorianisme triomphant, les élections législatives tenues cette même année 1857 viennent confirmer la prééminence du libéralisme (390 députés libéraux élus aux Communes, contre 264 conservateurs) et marquer le retour au système du bipartisme après une période de coalitions et de confusion politique. La stabilité du pays n'est même pas mise à mal par la sévère crise cyclique qui s'abat sur le Royaume-Uni en novembre. Krach financier et récession industrielle, entraînant leur habituel cortège de faillites et de licenciements, provoquent une brusque poussée du chômage et de la misère et, par voie de conséquence, la mobilisation des organisations charitables et des sociétés de bienfaisance.

A l'extérieur, la puissance de l'Empire a sans nul doute été ébranlée par la « grande mutinerie » qui a éclaté en Inde au cours de l'année, mais les armes britannniques sont en train de réduire durement cette « révolte des cipayes » et de restaurer l'autorité de la couronne, cependant qu'elles s'aventurent victorieusement en Perse et en Chine.

En somme, l'année 1857 offre le spectacle d'une nation sûre de soi et intimement convaincue de la supériorité du génie britannique ; d'un capitalisme confiant, fort, de surcroît, de son avance technologique incontestée ; d'une société hiérarchisée et moralisée ; d'une culture hégémonique mêlant, sur fond d'individualisme, esprit d'acceptation et esprit d'indépendance. Serait-ce le signe que la logique libérale du *self-help* a trouvé le remède à la plaie du paupérisme ? Et Caliban se trouverait-il dompté ?

En réalité, si l'ordre policé l'emporte sur la menace de la « populace » — *the mob,* symbole de foules incontrolées —, si le prolétariat des « vestes de futaine » et des « mentons mal rasés » d'Angleterre ne gronde plus comme au temps des cortèges chartistes, si les masses sont accaparées par les travaux et les jours, terne quotidien peint aux couleurs de la déférence et de l'apathie, la flamme de la rébellion n'est pas éteinte pour autant — la carrière de Will Thorne va le démontrer bientôt avec éclat —, et l'on continue de voir resurgir périodiquement la tenace revendication à la dignité et à la justice.

***

Une famille très pauvre, un environnement morne, une existence de privations et de brutalité : dès le berceau, Will Thorne fait l'apprentissage de la condition prolétarienne. Très vite la famille s'agrandit : trois filles naissent entre 1858 et 1864. Dans la petite maison à un étage — deux pièces au rez-de-chaussée, deux pièces au premier — qu'occupent les sept personnes de la famille, il n'y a guère d'espace ni d'aération, et encore moins de confort. Dans son autobiographie, Thorne raconte que ce logement faisait partie d'une rangée de maisonnettes toutes semblables dans la grisaille d'une rue appelée (sans doute en souvenir de jours fort anciens) *Farm Street*, rue de la Ferme. Mais sur son acte de naissance figure comme adresse familiale *back of 92 Great King Street* : il s'agirait alors vraisemblablement d'une de ces constructions malsaines et mal bâties, si répandues dans les nouvelles villes industrielles, qu'on appelait *back-to-back* (parce qu'elles étaient faites de maisons adossées dos-à-dos) et qui tout au long du xixe siècle ont fait le désespoir des hygiénistes. La bicoque, démolie par la suite, a fait place à l'usine Lucas ; toutefois la municipalité de Birmingham a tenu à marquer l'emplacement en apposant une plaque sur le mur de l'usine.

A la maison, on voyait peu le père. L'été, il partait souvent s'engager dans le Middlesex sur des chantiers où l'on travaillait la terre à briques des environs de Londres. L'hiver, quand les briqueteries étaient arrêtées, il cherchait une embauche saisonnière à la grande usine à gaz de Birmingham, Saltley Gasworks, là même où vingt ans plus tard son fils inaugurera sa carrière d'ouvrier gazier. Rituellement, chaque fin de semaine, c'étaient d'interminables séances dans les cabarets du voisinage, des beuveries accompagnées de bagarres, car pour Thomas Thorne il n'était pas de plus grand divertissement que d'aller se mesurer avec les gros bras du quartier dans des batailles à poings nus, puis, après avoir cogné ferme, de célébrer ses succès par de nouvelles libations.

Mais pour le petit Will ces dures années d'enfance sont ponctuées par trois événements qui viennent encore assombrir un tableau déjà bien noir : la mort du père, le stigmate du recours à l'assistance publique, le remariage de la mère. Autant de chocs affectifs fort communs en milieu prolétarien, mais dont la cruauté marque en profondeur son âme d'enfant. C'est en effet à l'âge de sept ans qu'il perd son père. Celui-ci, à la suite d'une rixe engagée pour un motif futile, a succombé aux coups que lui a portés son agresseur, un maquignon irascible et brutal qui s'en tire quant à lui avec neuf mois de prison.

Une fois le chef de famille disparu, la maisonnée se retrouve à la limite de l'indigence. Déjà Will a dû commencer à travailler l'année précédente afin d'aider ses parents, mais maintenant ses maigres gains sont plus indispensables que jamais. Même en tirant le diable par la queue, sa mère s'épuise à faire vivre la famille. Seule ressource alors pour une ouvrière chargée d'enfants en bas âge : le travail à domicile, le terrible *sweating system*, pour un salaire de misère. Désormais Emma Thorne passe ses journées à coudre des agrafes et des œillets sur de petits cartons pour le compte d'un fabricant d'articles de mercerie. Au prix d'un penny et demi les douze douzaines (soit trois sous), on imagine le niveau du revenu familial, ainsi que la fatigue quotidienne à se courber sans relâche sur l'aiguille. C'est dans ce contexte que, durant une période particulièrement noire, il faut faire appel aux secours de l'assistance publique, l'ignominieuse *poor law*. Pour quelque temps le bureau local accorde à la famille Thorne une allocation hebdomadaire de 4 shillings et 4 pains — des pains que le jeune Will doit aller chercher le rouge au front chaque semaine au dépôt de mendicité.

Nouveau choc psychologique au moment où il sort de l'adolescence — il a alors aux alentours de dix-huit ans — : sa mère décide de se remarier. Mais l'ouvrier menuisier qu'elle épouse est encore plus ivrogne et plus brutal que son premier mari. C'en est trop pour le jeune homme qui ne supporte pas un beau-père aussi colérique et violent. Las des scènes de ménage, il quitte alors le toit familial pour tenter sa chance sur les routes [2].

On est aux environs de 1875, et Will Thorne a déjà derrière lui une douzaine d'années d'activité professionnelle. En effet, c'est à l'âge de six ans que ses parents l'ont placé au travail pour la première fois. Mettons ici en évidence une donnée capitale pour saisir sa personnalité, une donnée très rare parmi les leaders ouvriers, même de très basse extraction: *Thorne n'est jamais allé à l'école.* L'expérience de la vie scolaire lui fait totalement défaut. Jamais non plus par la suite il ne recevra le moindre enseignement, que ce soit dans une école du dimanche ou par des cours du soir. Du reste, pour l'heure, il est complètement illettré. La preuve, c'est que lorsqu'il se marie en 1879, à vingt et un ans, il lui faut, de même que sa femme, signer d'une croix l'acte de mariage, comme on peut le constater sur le registre de l'état civil.

Ainsi Thorne constitue un exemple parfait d'autodidacte. Toutes ses connaissances, toute sa culture, il les acquerra par ses propres moyens, à la force du poignet. L'on comprend dès lors la reconnaissance éperdue vouée à Eleanor Marx. Car c'est elle qui, vers 1889-1890, lui servira de professeur et qui lui apprendra à perfectionner sa lecture et à écrire correctement [3]. Étonnant symbole que cette synergie née de la rencontre entre un obscur prolétaire anglais à demi illettré et la plus illustre figure de l'intelligentsia révolutionnaire européenne à Londres !

*
**

Entre 1863 et 1876, Will Thorne a donc suivi un rude itinéraire d'apprentissage du travail industriel. Tout au bas de l'échelle sociale, à travers une succession de métiers et d'expériences, il s'est familiarisé avec les formes les plus variées du labeur manuel. Il a connu très tôt les longues heures du travail des enfants. Il a eu ensuite à effectuer les tâches harassantes du jeune ouvrier dont on achète avant tout la force physique. Il a expérimenté les incertitudes de l'embauche, les aléas du travail saisonnier, les mises à pied imprévues et brutales. A plusieurs reprises, et dès le plus jeune âge, il s'est dressé contre l'arbitraire, qu'il vienne du patron ou du chef d'équipe, découvrant par là les antagonismes d'intérêts entre travailleurs en même temps que la lutte des classes. Son tempérament de rebelle, son naturel fier et décidé, son obstination pugnace lui ont ainsi fait vivre de fort bonne heure ses premiers conflits du travail. Même si ceux-ci ne se sont déroulés que sur une échelle réduite, ils ont gravé en lui pour la vie deux principes cardinaux : ne pas subir, ne pas se résigner.

Premier emploi, alors que le petit Will a tout juste six ans : un atelier de corderie où il est chargé de faire tourner un rouet avec une manivelle. La journée débute à 6 heures du matin et se termine à 6 heures du soir, avec une interruption d'une demi-heure pour le *breakfast* et d'une heure pour le déjeuner, le tout pour une demi-couronne par semaine (environ 1/8 d'un salaire d'adulte). Comme le samedi le travail cesse à 13 heures, le jeune garçon pour compléter ses gains, va pour un shilling passer l'après-midi et la soirée ainsi que le dimanche matin chez un oncle barbier. Là, juché sur un escabeau, il savonne consciencieusement les joues et le menton des clients[4].

Mais bientôt il abandonne la corderie et change de métier, car son employeur lui a annoncé une réduction de salaire. C'est ce que Thorne dans ses souvenirs baptise avec quelque exagération sa « première grève » : un épisode dont la légende dorée s'est emparée, mais qui du moins prouve un caractère fier et entier. Will trouve alors à s'embaucher dans une entreprise de briqueterie, Bond's Brick and Tile Works, où il travaille aux côtés d'un oncle compagnon briquetier. La tâche est dure : il lui faut manier 400 à 500 briques par jour, surveiller les feux pour les faire sécher en supportant des températures accablantes, et de plus parcourir matin et soir près de 5 kilomètres entre le domicile familial et le chantier. Toutefois son salaire s'est peu à peu élevé à 8 shillings par semaine.

Après de nouveaux avatars, sa mère le change d'emploi, craignant pour lui une malformation de la colonne vertébrale à force de charrier des briques. A l'âge de neuf ans, le voilà factotum chez un plombier-ferblantier chez qui il martèle des feuilles d'étain, puis auxiliaire d'un fendeur de lattes. Vers douze ans un travail peu ragoûtant l'occupe pour un temps : il consiste, muni d'un cheval et d'un chariot, à acheter chez les bouchers à la ronde poils et crins des animaux abattus pour les vendre aux coiffeurs afin d'en faire des perruques et des postiches.

Après le textile, la céramique, le bâtiment, le bois, les cuirs et peaux, c'est le tour de la métallurgie : pour Thorne les années d'adolescence vont se dérouler dans une série d'ateliers de constructions mécaniques. Cette nouvelle phase professionnelle commence en 1870. A la faveur de la guerre franco-allemande qui fait affluer les commandes, une grande usine de munitions de Birmingham embauche tous les bras valides. A treize ans, Will fait l'expérience des cadences accélérées et du travail de nuit, cependant qu'il éprouve cruellement sur la chair de ses mains les effets de l'acide utilisé pour nettoyer les feuilles de laiton à partir desquelles sont fabriquées balles et cartouches. Il en gardera les marques toute sa vie. C'est aussi l'occasion pour lui de prendre part à une grève, les métallos profitant de la pression des commandes pour arracher au patron une augmentation de salaire. De ce succès, qui le remplit d'aise, Thorne saura retenir la leçon, d'autant que les ouvriers, grâce à leur résolution et à leur unité, sont parvenus à faire échec à la tentative de la direction de remplacer les grévistes par des jaunes.

Néanmoins, il ne reste pas longtemps dans l'usine de munitions, qu'il quitte en 1871 à la suite d'un désaccord avec le contremaître. On le retrouve ensuite employé successivement dans une grosse entreprise de construction de wagons de chemin de fer, où son travail consiste à tarauder et à fileter des boulons et des écrous à raison de douze grosses par jour, puis dans une tréfilerie de cuivre travaillant pour la toute nouvelle industrie électrique. Dans l'un et l'autre de ces emplois son statut est intermédiaire entre manœuvre et ouvrier spécialisé (*semi-skilled*) : à seize-dix-sept ans il arrive à gagner un assez bon salaire : 22 shillings par semaine — l'équivalent de 4 francs par jour. C'est là le prix payé par l'entrepreneur aux jeunes ouvriers de son espèce : un prix qui vise à rémunérer la force physique et la résistance à la fatigue davantage que l'habileté au travail. C'est aussi le résultat d'un système de paiement aux pièces, dont Thorne apprend à pénétrer les subtils mécanismes. Dans ce système s'affrontent en effet deux intérêts antagonistes : d'un côté le patron et les cadres tentent, par l'appât du gain, d'élever le rendement de la main-d'œuvre, de l'autre les travailleurs ont pour objectif de maîtriser à leur profit le rythme et les conditions de la production — forme primitive, mais efficace, au niveau de l'atelier, du « contrôle ouvrier » *(workers' control)*. D'où d'innombrables contestations dans les relations professionnelles, sans qu'à ce stade les syndicats (apparemment absents du monde du travail où évolue Thorne) jouent le moindre rôle. Du reste, on doit remarquer qu'à l'époque Thorne se comporte comme un parfait individualiste. Lui qui change si souvent d'emploi et de poste de travail, c'est en solitaire qu'il gère ses conflits successifs avec ses employeurs en même temps qu'il subit de plein fouet les aléas de la conjoncture.

A travers ces multiples expériences Thorne a acquis en quelques années une connaissance approfondie de la vie industrielle dans sa diversité et sa complexité. Une connaissance intuitive et non point rationalisée, à la manière du jeune ouvrier à la fois intelligent et inculte qu'il est alors, mais une connaissance dont il saura utilement tirer parti dans sa carrière de leader syndical.

Travail mécanisé, travail à la main : les deux grandes formes du procès de travail qui continuent de coexister dans la seconde moitié du XIXe siècle, Thorne les a vécues et expérimentées à tour de rôle. D'autant que Birmingham, capitale du « pays noir » *(the Black Country)*, constitue à cet égard un excellent laboratoire juxtaposant la modernité et l'archaïsme, la grande et la petite entreprise, la production de masse et une poussière de petits ateliers artisanaux. Dans l'atmosphère de l'usine, Thorne a appris l'effet du nombre et de la discipline, l'importance de l'organisation du travail — en particulier la répartition et la hiérarchie des tâches, des postes et des cadences, le rôle de l'équipe et du contremaître —, mais aussi les marges d'autonomie que les travailleurs peuvent préserver et leur capacité de pression, de coalition et de contestation. En revanche, la leçon de l'atelier, de l'échoppe, des petits chantiers, là où la compétition et la sous-traitance représentent la règle et où prévalent l'ouvrage à la main et la production à la demande, c'est le primat des relations personnelles, et l'action ouvrière ne s'y développe qu'à travers mille obstacles et mille difficultés.

C'est précisément vers cet univers qu'après ces quelques années passées dans les grandes entreprises de construction mécanique, Thorne, une fois de plus en conflit pour une affaire de paye avec son contremaître, revient aux alentours de 1874-1875[5]. Il tâte d'abord du bâtiment en s'engageant comme manœuvre chez un entrepreneur, mais abandonne vite, car c'est un travail exténuant qui nécessite des forces herculéennes. Il retrouve alors, grâce à un cousin, l'occupation traditionnelle de la famille : la fabrication de briques en plein air. Dans cette industrie à la main, on opère selon des techniques ancestrales. Avec l'argile extraite de carrières ou glaisières, on mélange du sable, on malaxe pour obtenir une pâte liante, puis on procède au moulage des briques dont on égalise la surface au moyen d'une presse. On laisse sécher les briques empilées à claire-voie pour les cuire ensuite à la volée, en alternant couche de briques et couche de combustible. Pour Thorne, le travail consiste à brouetter l'argile que malaxe son cousin et à opérer la presse, mais le cousin est un véritable stakhanoviste dont il n'arrive pas à suivre le rythme ! Cependant l'expérience de la briqueterie ne dure pas : le *manager* menaçant de réduire le taux de la rémunération, les deux cousins décident sur-le-champ de chercher fortune ailleurs.

C'est sur ces entrefaites que la mère de Will se remarie et que lui-même quitte le domicile familial. Il a alors dix-huit ans. Aussi choisit-il de partir à l'aventure en faisant le trimard (*tramp*). N'imaginons pas derrière ce mot *tramp* la pratique ordonnée et codifiée des compagnons qui entreprennent le tour du pays en exerçant de ville en ville leur métier grâce à l'accueil et au soutien des compagnons locaux, à la manière du tour de France de l'autre côté de la Manche. Il s'agit en effet là d'une tradition et d'un rite réservés à une élite de professionnels hautement qualifiés et encadrés dans une organisation — tradition dont Eric Hobsbawm a montré qu'elle connaît après 1860 un rapide déclin[6]. Dans le milieu auquel appartient Thorne, masse indifférenciée de manœuvres et de journaliers pauvres et incultes, il s'agit de tout autre chose. Faire le trimard, c'est partir avec quelques sous en poche tenter sa chance sur les routes en frappant aux portes dans les villages et les villes, à la recherche d'un gîte et d'un travail — ou plutôt de petits travaux occasionnels —, bref une vie errante de chemineau aux franges du vagabondage et de la marginalité.

Heureusement pour lui, Thorne trouve, à une quarantaine de kilomètres de Birmingham, de l'embauche comme terrassier sur le chantier d'une ligne de chemin de fer en construction entre Burton et Derby. Là, il découvre un autre monde. C'est effectivement un milieu bien particulier que celui de ces colonnes volantes de terrassiers ou *navvies* à qui l'on doit le réseau de chemins de fer de l'Angleterre victorienne. Chez ces solides gaillards, habitués aux travaux de force et à la vie en plein air, qui passent leurs journées à remuer, armés de pics et de pelles, des monceaux de terre, creusant, aplanissant et nivelant tour à tour, Thorne rencontre des êtres selon son cœur, à l'humeur vive et chaleureuse, l'esprit fier et indépendant, voire libertaire, qui ont le sens de la solidarité en même temps que de la revendication.

Reconnaissables à leur carrure, à leur teint coloré et à

leur accoutrement particulier — pantalons noués aux genoux et grandes bottes imperméables —, les *navvies* vivaient en petites communautés mobiles, dans des baraquements temporaires où, moyennant un prix de pension dévorant la majorité de leurs gains, ils disposaient du gîte et du couvert, sans parler d'un approvisionnement régulier en barils de bière dont ils faisaient une ample consommation. Là ils formaient un univers à part, avec ses usages, son langage, ses sobriquets, s'appelant entre eux « Gros-mollet Jack » ou « Gros mollet Tom ». L'un de leurs passe-temps, que Thorne découvrit, avec intérêt, était de monter, de temps à autre, pour améliorer l'ordinaire, des expéditions nocturnes de braconnage — tantôt avec des chiens courants, tantôt au moyen de pièges et de collets — d'où ils rapportaient lièvres, perdrix et faisans. Expéditions qui n'étaient pas sans risques, car dans l'Angleterre aristocratique du XIXe siècle on ne badinait pas avec la législation de la chasse ni avec le droit de propriété, et les contrevenants s'exposaient à de lourdes peines de prison. Bien des années plus tard Thorne gardait encore en mémoire, avec l'attrait du fruit défendu, l'émotion ressentie au retour d'une de ces expéditions lorsqu'il s'était trouvé poursuivi par un *policeman* qui avait surpris son manège. Ce jour-là il n'avait dû son salut qu'à la vitesse de ses jambes et à sa connaissance des haies et des sentiers du voisinage [7]...

***

Mis à part ce bref interlude campagnard, la jeunesse de Thorne s'est donc déroulée dans le décor urbain de Birmingham et de ses faubourgs, au cœur de la nouvelle société industrielle, en plein milieu prolétarien. C'est dans les quartiers populaires habités par les couches les plus défavorisées de la classe ouvrière qu'il a fait l'apprentissage de l'existence. A la différence de tant d'autres leaders du *labour movement* venus d'Écosse et du pays de Galles et formés par les traditions celtiques ou bien marqués par les influences religieuses, Thorne est un pur produit du prolétariat anglais, urbanisé et atomisé. Il a grandi dans un monde sans identité collective, sans culture, sans religion. Un monde désintégré où n'existe ni association, ni club, ni mutuelle, ni *trade union*. Un monde où l'unique loi est la survie individuelle et l'unique règle le chacun pour soi du *self-help*. Seule attache, seule cellule structurée et protectrice : la famille — et encore, on a vu combien peu de soutien le jeune Will y a trouvé, puisqu'il a dû la plupart du temps s'en remettre à ses propres capacités d'initiative et de débrouillardise. Bref, un univers dur et brutal, où chacun ne peut compter que sur son énergie personnelle et sa force de travail.

Le tableau, il est vrai, concerne avant tout les couches inférieures de ce que l'on appelle à l'époque « les classes ouvrières » *(working classes)* ou encore « les basses classes » *(lower classes)*. Car à l'intérieur de l'immense mosaïque professionnelle que constitue l'Angleterre industrielle s'est édifié un réseau sophistiqué de hiérarchies du travail. Mais si, en fonction des techniques et modes de production, existe toute une stratification complexe, beaucoup plus fondamentale est la séparation en deux niveaux qui structure et divise la classe ouvrière. D'un côté, l'on trouve la catégorie des ouvriers qualifiés *(skilled)*, possesseurs d'un métier et d'une culture, de l'autre la masse des manœuvres *(unskilled)*, vaste armée de réserve du travail, main-d'œuvre victime de sa surabondance, employée à bon marché et selon les fluctuations de la demande, soit en auxiliaire des ouvriers professionnels, soit dans des métiers requérant en priorité de la force musculaire, soit enfin pour accomplir les tâches les plus élémentaires et les plus répétitives du marché de l'emploi. Tandis que les premiers forment ce qu'on nomme « l'aristocratie ouvrière », sorte d'élite représentant environ 15 % du total des travailleurs manuels, les seconds en composent près de la moitié (45 % approximativement), le reste du monde du travail, soit 40 %, se répartissant à travers la gamme des strates intermédiaires (*semi-skilled*). Sauf exception, c'est essentiellement parmi les *skilled workers* qu'a pénétré le trade-unionisme. Les *unskilled*, quant à eux, sont restés en dehors de toute organisation ouvrière, à telle enseigne que pour certains analystes contemporains la définition d'un manœuvre, c'est un ouvrier qui n'a pas de *trade union*[8] !

Entre les uns et les autres que tout oppose — qualification, revenu, statut — s'étend un fossé à la fois technique, social et culturel. « D'un univers à l'autre, note le journaliste-enquêteur Mayhew, le changement intellectuel et moral est si grand qu'on se croirait sur une autre terre et au milieu d'une autre race[9]. » Sur le plan psychologique, les préventions mutuelles sont telles que la solidarité de classe se trouve mise en échec. Si l'on en croit un autre bon observateur de la scène sociale, alors que les manœuvres (*labourers*) ressentent avec amertume le dédain dont ils sont victimes, « l'opinion que les *artisans* [c'est-à-dire les ouvriers professionnels] se font des *labourers*, c'est que ceux-ci constituent une classe inférieure et qu'ils doivent le comprendre et se tenir à leur place »[10]. On mesure par là la tâche herculéenne qui attend Thorne et les autres leaders du « nouvel unionisme » le jour où ils se mettront à organiser le monde composite et délaissé des manœuvres et chercheront à le doter d'un statut de respectabilité syndicaliste.

Dans cet univers prolétarien qui a façonné la jeunesse de

Will Thorne, trois données majeures déterminent le cadre de l'existence quotidienne : le travail, les loisirs, les attitudes devant la vie et la société. Le travail, dans l'Angleterre du milieu du XIXe siècle, il débute de très bonne heure (et se prolonge aussi tard que les forces du travailleur le permettent). En effet, l'écart est court entre la naissance et le premier emploi. Selon le recensement de 1851, 28 % des enfants entre dix et quinze ans sont au travail (auxquels s'ajoutent 42 000 enfants de moins de dix ans, soit 3 % à 4 % de leur classe d'âge); en 1871, la proportion n'a guère varié : 26 %. Encore ces chiffres pèchent-ils par sous-estimation, car beaucoup d'enfants ne travaillent qu'à temps partiel ou par intermittence ou bien se contentent d'aider leurs parents dans l'atelier familial. N'oublions pas en outre, pour évaluer l'ampleur du phénomène, qu'entre 1851 et 1881 les moins de quinze ans forment plus du tiers de la population anglaise.

Certes le nombre des enfants employés dans les usines et les manufactures — c'est là le phénomène nouveau introduit par la révolution industrielle — est en diminution sensible par rapport au début du XIXe siècle (et sans doute aussi par rapport à l'époque pré-industrielle), mais la législation du travail a beaucoup de mal à protéger l'enfant contre la double pression de l'entrepreneur et de la famille, si bien que dans les faits son application reste souvent lettre morte. Après les lois de 1819, 1833 et 1842 destinées surtout aux manufactures textiles et aux mines, la loi de 1853 sur les fabriques (*Factory Act*), interdisant d'inclure des enfants dans le travail par équipe, prescrit de les employer seulement de 6 heures du matin à 6 heures du soir, avec une heure et demie d'interruption pour les repas, soit dix heures et demie par jour, cependant que d'autres mesures, les *Factory Acts* de 1850 et 1853, ont introduit la « semaine anglaise » avec arrêt du travail le samedi à 14 heures : c'est précisément le régime suivi par le jeune Will lors de sa première embauche à l'âge de six ans. Mais la plupart des petits établissements échappent à la réglementation, comme le montre la suite de l'itinéraire industriel de Thorne. Toutefois, une loi de 1867 sur les ateliers *(Workshops Regulation Act)* marque un effort notable en restreignant sévèrement dans les ateliers et les échoppes la possibilité de faire appel à des enfants de moins de huit ans et en imposant le travail à mi-temps pour les enfants entre huit et treize ans. Réglementation louable, mais difficile à faire appliquer faute de contrôle : il faudra attendre la grande loi sur l'enseignement primaire de 1870, suivie de l'obligation scolaire en 1876-1880, pour que l'école l'emporte sur l'usine ou l'atelier, mais ce sera trop tard pour la génération de Thorne, puisqu'en 1870 celui-ci atteint justement la fin de l'âge scolaire (treize ans) au moment même où se généralise l'enseignement élémentaire.

D'autre part, si dans les milieux populaires la loi du travail s'impose à tous dès l'âge le plus tendre, on constate que l'atmosphère, les rythmes, les pratiques présentent une grande variété et de vifs contrastes selon le lieu de travail. A l'opposé de la notion fort répandue selon laquelle l'Angleterre serait déjà au milieu du XIXe siècle le royaume de la grande industrie capitaliste mécanisée et concentrée, il faut rappeler au contraire qu'elle constitue à cette date — et la région de Birmingham plus qu'une autre — un hybride d'archaïsme et de modernité. À côté des secteurs à technologie avancée subsistent en grand nombre des formes de travail pré-industriel. Et avec elles les coutumes et habitudes ouvrières d'antan : les fêtes et les foires, la « Saint Lundi » *(St Monday)*, les oscillations d'activité au gré du temps ou de la saison — l'autobiographie de Thorne, parmi bien d'autres, en apporte la preuve. Ce qui est vrai, en revanche, c'est que ces traditions d'indépendance et ces espaces d'autonomie dans le monde du travail ont tendance à refluer, grignotés qu'ils sont par la progression inexorable de la discipline de l'usine. Rationalisation, normalisation : un nouvel ordre industriel commence à l'emporter pour cause de rentabilité, avec le double relais du contrôle social et de l'éthique collective. À l'ancienne société mi-rurale mi-industrielle caractérisée par ses impulsions anarchiques, ses poussées instinctives, son individualisme têtu et indocile, est en train de se substituer un monde ouvrier discipliné, hiérarchisé, urbanisé, respectabilisé, moralisé. Une évolution à laquelle échappent encore pour l'heure une large fraction des *unskilled,* comme le montre la jeunesse de Thorne, avec ses coups de tête, ses ruptures, son humeur vagabonde et indépendante, mais une évolution à laquelle contribuera le trade-unionisme au fur et à mesure qu'il enrôlera ces masses indisciplinées et déshéritées du prolétariat britannique.

En réaction contre les contraintes du travail où la régularité ne cesse de gagner sans que des jours de vacances viennent encore en rompre la longueur et la monotonie, les loisirs populaires offrent le même caractère de contraste et de transition entre la tradition et la modernité. Traditionnels, en effet, sont bien des divertissements dont Thorne décrit dans ses souvenirs la vogue auprès des habitants des quartiers ouvriers de Birmingham au cours des années 1860 et 1870. Ils attestent indéniablement la vitalité des pratiques pré-industrielles parmi les citadins de la capitale des Midlands, mais c'est aussi vrai d'autres régions d'Angleterre. Spectacle apprécié, les pugilats à poings nus recrutent leurs adeptes aux deux extrémités de l'échelle sociale : jeunes aristocrates et jeunes prolétaires aiment à y exercer leur musculature tout en donnant libre cours à leur agressivité. Quand elles avaient lieu en plein air, ces rencontres populacières n'étaient pas du goût de la police, et Thorne cite un curieux épisode de combat clandestin : de grand matin, les deux adversaires, silencieusement accompagnés de leurs supporters, se rendent dans une lointaine banlieue et là, sur un ring de fortune dressé au milieu d'un champ, s'affrontent jusqu'au sang durant une heure. Thorne raconte aussi comment lui-même, vers l'âge de quinze ans, a pris goût à la boxe : ayant fait l'acquisition, grâce à un oncle boxeur, d'une paire de gants, il pratique tous les soirs au coin des rues avec les copains du quartier. Des matchs sont bientôt organisés à même le macadam, chacun — boxeur ou spectateur — versant un shilling et le vainqueur remportant le prix [11].

Très en faveur également sont les sports sanglants : passe-temps violents comportant combat et mise à mort d'animaux. Bien que devenus en principe illicites, ces spectacles, héritage de la « vieille et joyeuse Angleterre » et associant, curieusement, eux aussi haute noblesse et bas peuple, continuent en dépit (ou plus probablement à cause) de leur brutalité, à faire florès parmi les briquetiers, les métallurgistes et les charretiers des Midlands. Combats de chiens, combats de coqs, combats entre rats et chiens, tout est bon pour exciter les instincts les plus cruels et les passions les plus vulgaires. Généralement, le scénario est le suivant. Après avoir effectué les paris la veille dans un cabaret du voisinage, on se réunit en quelque enceinte — par exemple une arrière-cour — et là, au milieu des cris et des exhortations on contemple, selon les compétitions, les chiens se mordre jusqu'à épuisement, les coqs s'arracher les plumes et se déchirer à mort (parfois avec une brutalité inouïe, car à l'occasion on les équipe d'éperons d'acier), les rats lâchés en meutes essayer d'échapper aux crocs des chiens lancés à leur poursuite, tandis qu'à la fin l'arbitre désigne l'animal vainqueur, dont le propriétaire remporte le prix. Souvent, dans l'échauffement du carnage, le désordre est tel que les décisions se voient contestées. Alors les bagarres éclatent entre propriétaires d'animaux concurrents, la foule des parieurs s'y joint et la mêlée devient générale... [12].

Au demeurant la violence n'est pas confinée aux combats d'animaux. Au fil des pages des souvenirs de Thorne surgissent des épisodes révélant soudain, derrière le vernis de l'ordre victorien, des éruptions incontrôlées, des déchaînements anarchiques, des bouffées d'instinct primitif. Ainsi en va-t-il de l'explosion de fanatisme religieux connue sous le nom de « *Murphys's Riots* » qui, en 1864, provoque des affrontements brutaux entre protestants et catholiques ou encore de la bataille rangée qui oppose en 1874 en plein centre de Birmingham les apaches des *slums* à la police et au cours de laquelle un *policeman* est tué, sans parler de la rixe mémorable survenue un peu plus tard au cabaret *Duke of Edinburg* où un client est convaincu de tricherie aux cartes : en un instant tous les verres et bouteilles volent en l'air au milieu des horions échangés à coups de pied et de poing entre consommateurs déchaînés [13].

Ce serait, malgré tout, fausser complètement le tableau que d'insister seulement sur les brutalités et les violences dans les comportements au sein des couches inférieures du monde ouvrier. Pour avoir une vision équilibrée, il importe de mettre en lumière l'autre volet du diptyque, c'est-à-dire l'utilisation par les jeunes prolétaires de leur temps libre pour des activités parfaitement pacifiques (par exemple les courses de pigeons qui gagnent de plus en plus d'adeptes ou encore l'élevage des linottes) ou pour des sports développant la forme physique et la maîtrise de soi.

Ainsi le jeune Thorne s'adonne-t-il dans son adolescence à la course à pied dont il devient un véritable champion. Puis advient la vogue des premiers vélocipèdes, du lourd tricycle à l'audacieux *penny-farthing* sur lequel il pédale avec adresse.

En revanche il paraît être resté complètement étranger aux nouveaux sports d'équipe, en particulier le football qui commence à pénétrer à ce moment-là dans les classes laborieuses. Il est vrai que c'est plutôt à l'intérieur des strates « respectables » et organisées du monde ouvrier, dans le cadre de clubs associatifs ou paroissiaux, que se généralise la pratique du ballon rond : un jeu très ancien, mais restauré et réhabilité à partir des années 1860 sous l'influence de la *middle class* issue des *public schools* et sous le signe de la moralisation des classes populaires. Épuré, soumis à des règles, le sport devient alors école de caractère. Au lieu de la spontanéité anarchique des jeux d'autrefois où triomphaient la force brute ou la volonté de puissance individuelle, le sport d'équipe, soumis à un code de conduite collective, prend rang d'activité digne et disciplinée et contribue à l'intégration volontaire de l'individu au groupe. Parti de Londres le mouvement gagne à partir de 1875-1880 le centre et le nord industriel où fleurissent les clubs, tel Sheffield United lancé par les salariés de la coutellerie, ou Manchester United dû aux cheminots du Lancashire. Pour sa part, Thorne que sa génération et son milieu ont fait échapper à cette nouvelle forme de loisir ouvrier retrouvera à West Ham l'un des clubs les plus célèbres d'Angleterre, fondé à l'origine par les métallos du grand chantier naval Thames Ironworks[14].

Quant aux attitudes devant la vie et la société qui ont cours dans l'univers du jeune Thorne (mais qui sont également représentatives de la mentalité de larges secteurs du monde du travail), elles découlent tout droit d'une culture ouvrière caractérisée par trois traits. C'est d'abord une culture urbaine. Faut-il rappeler que depuis les années 1840 la population urbaine l'emporte en Grande-Bretagne sur la population rurale, qu'au recensement de 1881 elle constitue 70 % de la population anglaise, qu'à cette date on ne compte pas moins de 20 villes de plus de 100 000 habitants et 108 ayant entre 20 000 et 100 000 habitants ? Birmingham, devenue une énorme agglomération, ne cesse d'enfler : alors que la ville totalisait seulement 71 000 habitants en 1801, elle a passé à 233 000 en 1851 et atteint 401 000 en 1881. Thorne fait partie de ces centaines de milliers de jeunes ouvriers qui ont grandi avec pour seul horizon un décor urbain fait de myriades de petites maisons de brique grise alignées le long de rues ternes et monotones dans un paysage parsemé d'usines, d'ateliers, d'entrepôts, où pullulent toutefois cours et petits jardins, mais où les principaux points de repère se nomment l'église et la chapelle, l'hôpital, le *workhouse;* sans parler bien sûr des cabarets qui trônent, avec leurs couleurs pimpantes et leur brillant éclairage, à chaque carrefour (souvenons-nous que c'est en 1876 que la consommation de bière par tête atteint en Angleterre son record absolu, avec 160 litres par an).

Cette culture est ensuite une culture largement orale : une culture d'origine manuelle, faite de vécu et d'expérience, de gestes physiques et de contraintes matérielles. Ce que l'on a appris a été acquis sur le tas : pas de journaux, pas de livres, puisque la majorité est illettrée. Du reste, dans les souvenirs de Thorne sur sa jeunesse, jamais n'apparaît le moindre écrit.

Troisième caractéristique : c'est une culture qu'on peut qualifier d'introvertie plutôt que d'individualiste — un produit de l'atomisation et du repli sur soi. Il y règne une allergie à toute communauté organisée, à toute construction collective, à toute visée sociétale. Ni politique, ni religion, ni *trade union*, ni association, ni club : dans cet univers ne figure nul projet commun, nulle ambition partagée. A part les solidarités instinctives de la parentèle et du travail (et encore en entendant par là le cercle étroit des voisins immédiats de labeur dans le cadre de l'équipe ou du chantier), on y entretient un sentiment de déréliction et d'impuissance, au sein d'un monde à part, soumis au rythme immémorial des êtres et des choses. Baisser la tête, accomplir son travail, s'en tirer au moindre mal et oublier le reste : derrière ces règles élémentaires de conduite se dissimule un profond fatalisme (*you can't get away from it*). Après tout, l'immutabilité des conditions de travail et d'existence ne reflète-t-elle pas purement et simplement l'immutabilité de la nature humaine ?

Cela n'empêche pas une sorte de vitalité animale, un ressentiment obstiné à l'égard de l'autorité et de la norme et, au milieu de la monotonie et de l'abrutissement, des bouffées de rébellion. Mais la revendication spontanée prend un tour terre à terre, sinon matérialiste. Interrogé à la fin du siècle sur les aspirations de base des ouvriers, le bouillant journaliste socialiste Robert Blatchford devait convenir : « Bon nombre d'entre eux voudraient des salaires plus élevés, d'autres une diminution des heures de travail ; pour beaucoup la préférence irait à de bons " tuyaux " pour les courses ou à davantage de pintes de bière [15]. » La plupart du temps, toutefois, c'est la passivité qui l'emporte parmi les masses. Thorne, dès ses premières actions militantes, va en faire la dure expérience.

**

Jusqu'ici, à dire vrai, rien dans l'existence de Will Thorne ne semblait le préparer à jouer un rôle particulier, encore moins à connaître la célébrité et les honneurs. Or, à quelque temps d'intervalle, interviennent deux événements relativement peu importants en eux-mêmes, mais qui vont orienter dans un sens décisif son destin. Le premier tournant se situe pour lui à l'âge de vingt ans. C'est le choix d'un nouveau métier, celui de gazier, emploi cette fois durable, après tant de vicissitudes professionnelles depuis l'enfance. Le second tournant, c'est le départ pour Londres et l'installation définitive, à l'âge de vingt-cinq ans, dans la capitale. L'industrie du gaz, le milieu socialiste et syndicaliste londonien, voilà désormais la vie de Thorne transformée et son avenir fixé. En l'espace de quelques années, le petit prolétaire inconnu de Birmingham va devenir une figure de proue du mouvement ouvrier britannique.

C'est vers 1876-1877, après de décevantes pérégrinations, que Thorne s'engage à Saltley Gasworks, l'usine à gaz où son père avait l'habitude de travailler l'hiver [16]. Une particularité de l'industrie du gaz à Birmingham — une industrie concentrée en trois grosses usines dont Saltley était la principale — tenait à son caractère municipal : comme pour d'autres services publics, c'était la ville, alors citadelle du radicalisme avancé sous la bannière de Joseph Chamberlain, qui gérait la production et la distribution. A Saltley, Thorne retrouve parmi les ouvriers plusieurs connaissances ; au bout de quelques mois passés à décharger le coke brûlant des énormes cornues où l'on fabrique le gaz, il est promu au rang de chauffeur *(stoker)*. Si la paye est plutôt bonne (5 shillings, soit 6 francs, par jour), le travail est extraordinairement pénible. Non seulement les journées durent douze heures, dans une chaleur d'enfer, avec la sueur qui ruisselle, au milieu du bruit et de la saleté, mais, comme l'usine fonctionne en continu, deux équipes se succèdent, l'une de jour, l'autre de nuit. Jamais de dimanche, car il faut produire sept jours sur sept. Et même certaines fins de semaine, lors du changement de l'équipe de jour à l'équipe de nuit, on travaille vingt-quatre heures d'affilée.

Pour Thorne, c'est l'occasion d'un premier apprentissage de la technique de meneur d'hommes. En effet, chez les gaziers se dessine un timide mouvement de revendication : il s'agit d'obtenir l'abolition du travail le dimanche. Mais les ouvriers, sans la moindre expérience en matière d'action concertée, hésitent. Parmi cette main-d'œuvre fluctuante beaucoup craignent les réactions de la direction. Thorne, qui a pris la tête du mouvement, tente, en multipliant conciliabules et réunions, de les convaincre de déclencher la grève, mais sans succès. « On dirait que vous vous intéressez plus à la vie des cornues qu'à votre propre vie », finit-il par leur jeter à la figure, tant il est exaspéré par leurs atermoiements. Le mot fait mouche, et la décision est prise de cesser le travail, cependant que Thorne est choisi pour servir de porte-parole aux grévistes. Grâce à leur résolution, grâce aussi à l'intervention de la municipalité qui s'émeut, la grève aboutit à un succès : le travail du dimanche est aboli. Expérience instructive et belle victoire pour Thorne, mais les représailles ne tardent pas : repéré comme meneur, il est à la première occasion déplacé par le contremaître de son poste de chauffeur pour se voir attribuer un travail moins bien payé dans l'usine [17].

En 1881 éclate à Saltley un autre conflit du travail où Thorne joue à nouveau un rôle de leader, mais qui cette fois se termine moins bien pour lui : après que la grève déclarée par les gaziers eût obligé la direction à des concessions, lui-même n'est pas réembauché, et c'est alors qu'il décide d'aller tenter sa chance à Londres.

Cependant dans l'intervalle s'est produit un événement

d'importance pour sa vie personnelle : son mariage avec Harriet Hallam. Le père de la jeune fille, un ouvrier respecté et instruit aux opinions avancées, travaillait l'hiver à l'usine à gaz de Saltley et l'été à la briqueterie en plein air ; par la suite il s'élèvera au rang de contremaître : l'alliance marque donc un début de promotion sociale pour le jeune manœuvre. Lorsque Will rencontre sa future femme, il a tout juste vingt ans. Après une cour d'une quinzaine de mois conformément à la coutume ouvrière, il épouse Harriet en février 1879 à l'église St Ann de la paroisse d'Aston. Ce matin-là, un lundi, le marié arrive de l'usine, où il a travaillé toute la nuit et repart le soir pour reprendre son poste de travail... Du mariage — qui sera suivi de trois autres — naîtront sept enfants en onze ans : deux jumeaux en 1880, une fille et un garçon (qui meurt à l'âge de six mois) ; une deuxième fille en 1881 ; un quatrième enfant en 1882, les suivants s'étageant entre 1883 et 1890 : belle illustration du caractère prolifique du prolétariat victorien.

L'appel de Londres ! En 1881, il y avait déjà belle lurette que le jeune gazier de Birmingham, entreprenant et ambitieux comme il était, rêvait de la capitale. Ce qui achève de le décider, c'est son renvoi de l'usine de Saltley. Aussi, poussé par son esprit aventureux et l'imagination enfiévrée par les descriptions hautes en couleur d'un camarade sur le *maelström* londonien, prend-il à pied la route de la grande ville avec l'espoir d'y trouver du travail. Effectivement, il réussit à se faire embaucher aussitôt à l'usine à gaz de la South Metropolitan Gas Company dans Old Kent Road, une entreprise dirigée par un grand capitaine d'industrie, George Livesey, personnage alliant à un capitalisme strict et pointilleux une bonne dose de paternalisme. Avec l'hiver, la production de gaz ne chôme pas, si bien que Thorne, plein de confiance dans l'avenir, fait venir sa famille pour laquelle il a trouvé un logement. Hélas! pour lui, le printemps venu, on dégraisse les effectifs, les derniers embauchés étant les premiers renvoyés.

Le voilà donc de nouveau sur le pavé, et toute la famille n'a plus qu'à se rapatrier à Birmingham, où lui-même retrouve du travail à l'usine de Saltley durant l'été, tandis que sa femme et les enfants se font héberger chez les beaux-parents. Chaque jour il lui faut deux heures de marche dans chaque sens pour aller à l'usine et en revenir.

Néanmoins, avec son tempérament obstiné, Thorne ne renonce pas à l'idée de la capitale, et à l'automne 1882 le voici derechef en route, toujours à pied, pour Londres. A son arrivée, grâce à un ami contremaître, il obtient de l'embauche dans la grande usine de la Gas Light and Coke Company à Beckton, tout à fait à l'est de Londres, au bord de la Tamise. Cette fois-ci, c'est le départ pour de bon des Midlands et l'installation définitive à Londres, à West Ham, dans un logement en plein quartier prolétarien, où sa famille vient bientôt le rejoindre. C'est là que Will Thorne va désormais vivre pendant plus de soixante années jusqu'à sa mort.

*
**

Reste toutefois à élucider une affaire quelque peu mystérieuse à la fin de ces années de jeunesse. La biographie de Thorne ne comporterait-elle pas un épisode militaire demeuré jusqu'ici dans l'ombre? Selon une information parue dans la presse londonienne en 1913, le jeune gazier se serait engagé dans l'armée — sans doute peu après son arrivée à Londres — et aurait servi comme clairon dans un régiment d'élite, la Garde écossaise *(Scots Guards)*. On le retrouverait ainsi en 1884-1885 au Soudan où il se serait illustré dans la campagne menée pour secourir le général Gordon enfermé à Khartoum ! Ici les détails pittoresques ne manquent pas, puisqu'il est précisé que Thorne se trouvait aux côtés du général Sir Herbert Stewart, lorsque celui-ci, après le combat victorieux d'Abou-Klea, a été mortellement blessé en janvier 1885. Bien plus, il se serait héroïquement battu contre les Derviches et, après avoir été blessé d'un coup de lance par l'un d'eux, aurait étendu son adversaire raide mort. L'histoire sera du reste reprise dans un article du *Times* vingt ans plus tard [18].

Que penser d'un tel épisode ? S'agit-il d'une affabulation due à l'imagination trop fertile d'un journaliste ? D'autre part, comment imaginer que Thorne, devenu un personnage important et considéré, ait pu laisser passer à deux reprises, en 1913 et en 1933, de telles « révélations » sans les démentir ? En sens inverse, si l'épisode était vrai, pourquoi n'en a-t-il jamais parlé ? Car c'est un fait que sur ce point règne un silence complet aussi bien dans son autobiographie que dans tous les autres documents concernant son existence. Plus curieux encore : en famille, Thorne n'a jamais ni fait la moindre allusion ni évoqué le moindre souvenir relatif à un quelconque passage dans l'armée et encore moins à une expédition au fond de l'Afrique. Là-dessus le témoignage de sa fille est formel [19]. En outre, les recherches conduites dans les archives des régiments de la Garde ne font apparaître à aucun moment le nom de Thorne sur les registres. Enfin, on peut noter que son engagement dans le mouvement anti-alcoolique est du 8 septembre 1885. C'est cette date que porte la *Temperance Pledge*, c'est-à-dire la promesse signée par lui de s'abstenir dorénavant de toute boisson alcoolisée, ce qui laisserait bien peu de temps entre les combats du Soudan et son rapatriement en Angleterre, son retour à la vie civile et sa conversion à la tempérance[20]... C'est pourquoi, tout bien pesé, et faute de preuve, la sagesse est de conclure à la non-existence de cet épisode romantique — et sans doute romancé. Et d'admettre qu'une fois arrivé à Londres, Thorne, plutôt que les uniformes rutilants de la Garde et les parades dans le *West End*, n'a connu que la grisaille de l'*East End* et le labeur quotidien dans l'usine à gaz.

II
Naissance d'un militant
(1882-1889)

Jusqu'ici l'itinéraire professionnel suivi par Will Thorne a offert une parfaite illustration de la mobilité du marché de la main-d'œuvre dans l'Angleterre victorienne. Une mobilité conforme aux lois du capitalisme libéral et caractérisée tantôt par un continuel va-et-vient sur place d'un emploi à l'autre tantôt par des migrations à l'échelle régionale ou nationale à la recherche d'un meilleur sort. Maintenant, une fois fixé à Londres, Thorne fait l'expérience d'un travail stable. Bien que dans son secteur d'activité sévissent les fluctuations saisonnières, lui-même garde son emploi, apparemment sans problème, durant plusieurs années dans la même entreprise.

En vérité, cette nouvelle phase de son existence — qui va être marquée par l'engagement politique et l'adhésion au socialisme révolutionnaire — se déroule dans un milieu professionnel qui n'est pas moins exemplaire que celui des années de jeunesse. C'est toujours le monde des *unskilled*, c'est-à-dire les strates inférieures de la classe ouvrière. Mais à Londres les gaziers se rattachent à l'énorme masse de ceux qu'on appelle les *casual*, travailleurs à l'emploi intermittent et sur qui se focalise en cette fin de siècle la « question sociale », *the condition of England question*. Il s'agit d'une catégorie spécifique, composée avant tout de manœuvres et très représentée sur le marché du travail londonien. Sur ce marché élastique et précaire, ravagé par le sous-emploi, on trouve les *casual* surtout dans des secteurs tels que les docks, la production de gaz, le roulage, les travaux publics, le bâtiment, etc., mais leur nombre s'accroît sans cesse par l'afflux des déclassés, des marginaux, des victimes de la *struggle for life*, qui pullulent dans la capitale.

Or c'est autour de ce prolétariat, épicentre des secousses sociales et objet des affres de la bonne société, que va se jouer, de manière décisive et pour longtemps, le destin social et politique de la Grande-Bretagne. En effet, les masses fluctuantes et inorganisées qui le composent vont se trouver pendant plus d'une décennie — du début des années 1880 au milieu des années 1890 — au cœur des enjeux de pouvoir. En fin de compte, les leaders (dont Will Thorne), en préférant à la rue — définitivement abandonnée vers la fin du siècle — la revendication syndicale et le bulletin de vote, c'est-à-dire le *trade union* et le Parlement, vont faire prévaloir la médiation sur la subversion, l'ordre sur le désordre, l'évolution pacifique sur la révolution violente. Désormais, pour la grande majorité des ouvriers, la voie de l'émancipation passera par la légalité, le réformisme et la démocratie représentative.

Pour l'heure toutefois, Thorne n'est qu'un gazier anonyme parmi des milliers d'autres. L'entreprise où il travaille, Beckton Gasworks, qui appartient à la Gas Light and Coke Company, est à cette date la plus grande usine à gaz du monde. Située, on l'a vu, en grande banlieue, en bordure de la Tamise sur la commune d'East Ham, à une vingtaine de kilomètres à l'est de la City, elle dresse le long du fleuve ses énormes gazomètres peints en rouge. Le site — une ancienne sablière — n'a rien de romantique : un paysage plat et enfumé, un enchevêtrement de bâtiments noircis et de cours où s'amoncellent en piles le charbon et le coke, des dizaines de kilomètres de rails et de chemins de fer, un grand embarcadère s'avançant à 100 mètres dans l'estuaire et servant à charger ou décharger le combustible.

A la différence de la South Metropolitain Gas Company qui se targuait, en matière de relations industrielles et de *management,* de pratiques novatrices (et protectrices) en faveur des salariés (intéressement par un système de primes, congés payés, assurances contre la maladie et l'accident, allocation de funérailles) la Gas Light and Coke Company, la plus grosse des trois compagnies de gaz de Londres, dont les origines remontaient au début du siècle, fonctionnait, dans sa politique salariale, sur le mode libéral classique, selon une logique traditionnelle d'entreprise capitaliste. A Beckton — le nom venait du premier président de la société, un certain Beck —, l'usine géante bâtie en 1868-1870 couvrait 60 hectares et employait jusqu'à 3 000 ouvriers, fixés en bon nombre, comme Thorne, dans la localité voisine de West Ham.

Peu après son arrivée, Thorne a en effet trouvé pour sa famille un logement de deux pièces dans le secteur le plus prolétarien de West Ham, à Canning Town, un quartier de dockers et de gaziers peuplé de nombreux Irlandais. La maison est située dans une petite rue pauvre, semblable à des dizaines d'autres, Lawrence Road. Progrès notable par rapport à Birmingham : Will peut se rendre en chemin de fer à son travail, distant de 6 kilomètres, grâce aux trains ouvriers à bon marché qui se multiplient alors à Londres [1].

Pour commencer, son métier consiste à extraire le coke incandescent des cornues, à le refroidir à grands jets d'eau au milieu d'une vapeur intense, puis à le transporter sur des chariots jusqu'aux appontements sur la Tamise. Mais il est vite promu chauffeur (*stoker*), ce qui représente le niveau supérieur dans la profession de gazier (la tâche des chauffeurs est de charger le charbon dans les grandes cornues en terre réfractaire et d'en surveiller la combustion). Le travail est distribué entre deux équipes de douze heures, l'une de jour, l'autre de nuit, la paye s'élevant à 5 shillings et 4 pence par jour : une rémunération relativement élevée pour des *unskilled*, mais qu'explique le caractère extrêmement pénible d'un travail exigeant une force et une résistance peu communes. C'est d'ailleurs la raison pour laquelle il n'y a là que des hommes jeunes, car dès qu'un gazier a atteint trente-cinq à quarante ans, c'est le renvoi. A Beckton, Thorne est visiblement un ouvrier bien noté malgré ses idées avancées : travailleur, dur à la tâche, il est apprécié aussi bien pour sa régularité que pour son rendement.

***

Quelle impression la capitale a-t-elle faite sur le nouvel immigrant ? Perdu dans sa lointaine banlieue, a-t-il été déçu par rapport aux espérances et aux rêves conçus naguère dans les Midlands ? Nous n'avons là-dessus aucune donnée. Tout au plus peut-on penser que, entreprenant et ambitieux comme il était, le jeune ouvrier a ressenti devant la plus grande ville du monde la fascination de l'immense agglomération, avec sa croissance indéfinie et tentaculaire, son cosmopolitisme, son intensité de vie et de mouvement — tout particulièrement autour de la Tamise et du port —, ce que Henry James appelait à l'époque « le grondement de l'énorme fabrique humaine ». A l'évidence, en tout cas, Thorne a su saisir opportunément les chances d'ouverture et de promotion ainsi que les possibilités de culture et d'action sur le destin collectif qu'une grande capitale offrait aux fortes personnalités comme la sienne.

Le Londres où Thorne va ainsi sceller son avenir ne constitue pas seulement un creuset gigantesque, tout bouillonnant d'activités, c'est un véritable conglomérat urbain fait d'une multitude de villes juxtaposées. A côté de la triade centrale, formée par les trois capitales — des affaires, du commerce et du gouvernement —, la Cité, le port et Westminster, il y a le *West End* et l'*East End*, les quartiers populaires étalés sur la rive droite de la Tamise, les multiples districts de la classe moyenne (« *villadom* » : le domaine des villas), les banlieues proliférant sans limites, chacune façonnée par son histoire, son environnement, sa personnalité.

C'est sur ces dernières qu'à présent s'exerce à son maximum la poussée de la croissance — ainsi en va-t-il de West Ham et d'East Ham, véritables villes-champignons. Mais jusqu'à la fin du siècle la courbe continue de suivre une belle marche ascendante : en 1881 3 800 000 habitants pour la ville proprement dite, 4 750 000 pour l'agglomération ; en 1901, les chiffres s'élèvent respectivement à 4 500 000 (comté de Londres) et 6 600 000 (Grand Londres).

Au même moment la dimension du paupérisme est mise à nu par une enquête sociologique très approfondie conduite par Charles Booth — et paradoxalement destinée au départ à réduire à néant les exagérations de la propagande socialiste. Les résultats montrent qu'en 1887 40 % des habitants de l'*East End* vivent au-dessous du minimum vital. Lorsque l'enquête est étendue à l'ensemble de Londres en 1889, on aboutit à une proportion de plus de 30 % et ce dans la ville la plus riche du monde ! Des chiffres qui font scandale : non contents de secouer l'opinion bien pensante, ils viennent renforcer avec éclat l'argumentation de tous ceux qui critiquent la société capitaliste et dénoncent les tares du libéralisme.

Sur le plan des structures économiques et des pratiques sociales, la capitale enregistre au cours des vingt dernières années du siècle une série de mutations considérables. Crise des industries traditionnelles et des métiers artisanaux (imprimerie, chaussure, vêtement, bois, meuble, reliure, etc.) dont les ateliers avaient longtemps servi de matrice à une élite de travailleurs hautement qualifiés, conscients et instruits, champions déterminés de l'idéologie radicale si puissante à Londres ; nouvelle organisation industrielle combinant au centre de petites unités de production (travail à domicile ou ateliers d'activités *semi-skilled* fondées sur une division et une spécialisation minutieuses du travail) et, dans certaines banlieues comme West Ham, de grandes entreprises modernes et concentrées ; insécurité accrue du marché du travail chez les *unskilled*, en particulier extension de la précarité de l'emploi parmi les manœuvres de l'industrie et des transports (« *casualization* »), en corrélation avec les fluctuations d'un grand marché de consommation et les variations saisonnières de l'activité du port et de certaines productions, sans parler de la présence à Londres d'une main-d'œuvre surabondante ; afflux dans l'*East End* d'immigrants juifs venus de Pologne et de Russie, et, par contrecoup, réactions xénophobes de la part du petit peuple environnant ; croissance des « cols blancs » par suite de l'expansion du travail de bureau et de la multiplication des emplois non manuels, avec pour corollaire l'essor d'une strate petite-bourgeoise issue de l'aristocratie ouvrière, mais séparée d'elle par le métier, l'éducation, l'idéologie, les sympathies politiques : autant de transformations, à la fois structurelles et culturelles, qui modifient en profondeur le tissu social londonien, ainsi que les comportements politiques et le mouvement ouvrier dans la capitale.

On perçoit par là à quel point la fragmentation et l'hétérogénéité du monde du travail à Londres font obstacle à l'organisation syndicale. A la place d'un sentiment de solidarité, prévaut un émiettement de la conscience ouvrière, facteur de division et de découragement, cependant que la tendance à la passivité est accrue par l'anonymat, la pression du nombre, le poids des distances, le rôle aliénant des migrations journalières (le *commuting* est alors en plein essor). Enfin, à une culture traditionnellement centrée sur le métier, sur le lieu de travail et sur la communauté d'atelier *(work-centred)*, commence à se substituer une culture orientée vers le lieu de résidence, le quartier et la maison *(home-centred)*. On comprend dès lors pourquoi un homme de l'expérience de Ben Tillett voyait dans le mouvement ouvrier londonien une énigme pour les militants et baptisait la capitale « *the Sphinx of Labour*[2] ».

De fait, de cet environnement urbain découlent en pratique, à travers les mille facettes des comportements individuels, trois types principaux d'attitudes vis-à-vis du syndicalisme et de la politique. Chez beaucoup de salariés, c'est l'apathie qui domine, comme on l'a déjà relevé à Birmingham parmi les compagnons de jeunesse de Thorne. Sentiment d'écrasement et peur de l'insécurité entraînent repli sur soi et allergie à tout engagement collectif. L'indifférence à l'égard de la politique, un monde qui apparaît aussi étranger qu'étrange, est spécialement répandue dans le milieu des manœuvres, victimes par excellence de la quotidienneté et dont les deux centres d'attraction sont le *pub* et le *music-hall*. Jadis déjà Mayhew voyait dans les *unskilled* des êtres « aussi apolitiques que des valets de pied[3] ». La chose reste toujours aussi vraie à la fin du siècle.

Autre attitude non moins fréquente : l'identification à l'idéologie dominante. Que ce soit par volonté d'intégration, par mimétisme ou par déférence, c'est là une mentalité très commune. D'autant que dans la capitale s'affichent en permanence les symboles du pouvoir et de l'argent, la monarchie et l'aristocratie, la Cour et la Cité, le tout rehaussé par le luxe du cérémonial et le cérémonial du luxe. « Ce qu'il y a de répugnant ici, s'indigne Engels, c'est la " respectabilité " bourgeoise dont les ouvriers sont imprégnés jusqu'à la moelle. La division de la société en gradations innombrables, chacune reconnue sans problème, chacune secrétant son orgueil propre, mais aussi son respect inné pour ses supérieurs (*its betters*) [...] est si ancienne et si solidement établie qu'il est toujours aussi facile aux bourgeois de faire avaler leur salade [4]. »

Ce qui est sûr, en tout cas, c'est l'emprise du conservatisme dans les milieux populaires. On le voit de manière manifeste aux élections. Ainsi, l'*East End*, en dépit de son caractère ouvrier à 80 %, envoie régulièrement au Parlement une proportion élevée de députés conservateurs. Il en va de même à West Ham, où la plus prolétarienne des circonscriptions prolétariennes donne en 1886, en 1895 et en 1900 la majorité au candidat *tory*. Il faut dire que nombre de salariés et au premier chef les *unskilled* sont sensibles aux mots d'ordre conservateurs leur promettant du travail grâce à des tarifs protectionnistes et à l'arrêt de l'immigration et leur garantissant, à l'encontre des tenants de la tempérance, l'ouverture sans limite des *pubs*, à quoi s'ajoutent la vogue de l'impérialisme et de temps à autre les poussées de fièvre nationaliste.

Enfin, troisième volet de cette typologie, l'attitude de contestation et de revendication. Certes une telle attitude dispose à Londres de prestigieuses lettres de noblesse depuis les temps héroïques de la London Corresponding

Society et du chartisme. Mais maintenant, après une phase de calme social et d'entente cordiale entre le Libéralisme et le Travail — ce fut l'ère de l'alliance *Lib-Lab* —, l'action ouvrière connaît une authentique renaissance, et l'on assiste à partir des années 1880, dans l'entreprise comme dans la société, à un grand bond en avant des stratégies de lutte et de confrontation pour le pouvoir. La nouveauté, c'est qu'aux inspirations populistes du vieux radicalisme vient s'adjoindre, tantôt en synergie tantôt en divergence, la jeune et ardente revendication socialiste forte de ses promesses d'émancipation et d'harmonie. C'est pourquoi, face à l'abîme qui sépare plus que jamais les riches et les pauvres, l'heure est au refus, parfois même à la révolte. Comment, en effet, ne pas être ému par tant d'inégalité et tant d'injustice ? Pour les Londoniens existe-t-il d'ailleurs symbole plus voyant de l'opposition entre deux univers que la frontière séparant le *West End* et l'*East End* ? D'où une dialectique peut-être fruste, mais efficace et mobilisatrice des énergies. C'est celle même qui inspire Thorne lorsqu'il évoque sa rébellion d'alors contre « un système laissant les pauvres dépérir d'inanition dans l'*East End* alors que dans le *West End* d'autres avaient le ventre plein au milieu du confort et du bien-être [5] ».

*
**

Pour Thorne, les six années qui s'écoulent entre l'installation à Londres et l'émergence au premier plan de l'actualité en 1889 constituent une féconde période de formation marquée par deux faits essentiels : l'éveil à la politique, l'accès à la culture. Jusque-là il ne semble guère avoir été attiré par le moindre engagement. Il a beau prétendre dans son autobiographie s'être juré dès l'âge de quinze ans de tout faire pour mettre fin au régime d'exploitation des adolescents dans l'industrie, on ne voit nulle part qu'avant 1885 il ait cherché concrètement à changer la société, même s'il est hors de doute que les conditions de vie et de travail auxquelles il a été soumis dans sa jeunesse l'ont profondément meurtri et révolté[6].

En 1884 — sans doute vers la fin de l'année — Thorne accomplit en effet une démarche décisive qui va révolutionner son existence et faire de lui pour la vie *un militant* : il adhère à la Social Democratic Federation[7]. Cette Fédération social-démocratique ou SDF, fondée quelques mois plus tôt, présentait la triple originalité d'être socialiste, révolutionnaire et marxiste, trois traits propres à assurer à la minuscule organisation un statut pionnier dans l'histoire du *labour movement* britannique. Car la SDF (destinée à demeurer toujours un mouvement très minoritaire) compte alors en tout et pour tout un demi-millier d'adhérents, moitié intellectuels, moitié travailleurs manuels, et la section de Canning Town à laquelle appartient Thorne totalise 14 militants dans une commune ouvrière de plus de 150 000 âmes.

Quelles raisons ont-elles amené au socialisme un jeune gazier aussi apolitique ? A la suite de quel cheminement ? Quelles influences, quels contacts ont-ils joué pour le convertir à l'idée d'une révolution radicale de la société ? Nous n'en savons rien, et nous resterons sans doute dans l'ignorance, lui-même ne s'étant jamais expliqué là-dessus et aucun témoignage ne permettant de combler cette lacune. Ce que nous savons, en revanche, c'est que le nouveau militant se jette aussitôt avec ardeur dans l'action, à l'image de tous les néophytes qui au même moment se font les apôtres passionnés de l'évangile socialiste.

De 1885 à 1887 on le trouve effectivement sur tous les fronts : propagande locale à West Ham, campagnes d'agitation politique dans Londres, manifestations de rues pour les chômeurs, action en faveur des Irlandais, réunions et meetings de toute sorte. De manière significative — et ceci nous éclaire malgré tout sur la psychologie de Thorne —, il associe à la cause du socialisme la cause de la tempérance, puisqu'en septembre 1885 il prend, on l'a vu, l'engagement de s'abstenir d'alcool, et la cause de la libre pensée — il fréquente assidûment les séances au cours desquelles les deux principaux champions de l'athéisme, Charles Bradlaugh et Annie Besant, pourfendent alors les croyances religieuses. Socialisme, tempérance, libre pensée : une trinité classique, qui jalonne l'itinéraire de bien des militants ouvriers depuis le milieu du XIXe siècle jusqu'à la Première Guerre mondiale.

Au niveau local, sur le territoire de West Ham, Thorne fait l'apprentissage du métier d'organisateur et de propagandiste aux côtés de ses camarades de section. Car l'activité principale de la SDF à ses débuts consiste à faire connaître les principes du socialisme, conformément aux enseignements de Marx, et à annoncer la révolution prochaine : tâche malaisée, car les idées collectivistes se heurtent en milieu ouvrier à des interlocuteurs réfractaires, sinon hostiles. Beaucoup haussent les épaules avec scepticisme, d'autres, à l'occasion, en viennent aux mains avec les militants qui tentent de leur apporter la bonne parole — Thorne est lui-même molesté à plusieurs reprises. La technique la plus courante est en effet de tenir des réunions en plein air, deux à trois fois par semaine, à un emplacement plus ou moins toléré par la police. En quelques années ce carrefour, Beckton Road Corner, va devenir l'un des hauts lieux du *labour movement* de Londres. Pour Thorne, tout est neuf : tâches d'organisation, meetings, discours, slogans, cris, chansons. Mais il apprend peu à peu à parler, à s'imposer à un auditoire, à répondre aux interruptions. D'autant qu'il a à exercer pendant un temps les fonctions de secrétaire de la section de Canning Town. On fait même appel à lui dans d'autres sections : ainsi à Battersea, où la SDF dispose d'une base active autour de la personnalité de John Burns et où Thorne parle aux meetings en plein air tenus dans Battersea Park.

Il arrive aussi que l'on fasse venir de l'extérieur des orateurs chargés de donner du lustre à une soirée. Une fois, c'est l'éloquent Tom Mann, un ouvrier qui sait parler aux ouvriers. Une autre invitation, en revanche, se solde par un échec patent : celle de Bernard Shaw, dont l'auditoire, au demeurant clairsemé, n'apprécie ni l'esprit caustique ni le style recherché. Une leçon que retiendra Thorne, lui qui, en bon syndicaliste — et à l'instar de la plupart des leaders du *labour*, de Keir Hardie à Bevin — restera toute sa vie méfiant envers les intellectuels qualifiés de « grosses têtes » (*highbrows*) ou de « têtes d'œufs » (*eggheads*) et accusés d'être des cérébraux dépourvus du sens pratique des hommes de terrain. Pour l'heure, cependant, les intellectuels ne sont pas de trop dans un mouvement socialiste encore balbutiant et ultra-minoritaire. Et Thorne lui-même, alors en train de remédier tant bien que mal à son manque d'instruction en ingurgitant livres et brochures (signe qu'à cette date il sait lire), ne laissera pas d'éprouver une réelle fierté à fréquenter d'ici peu les célébrités de l'heure : Hyndman, William Morris, Engels, Edward Aveling et, plus que tout autre, Eleanor Marx.

Au combat pour le socialisme viennent justement se mêler d'autres combats, ce qui élargit le domaine d'action et l'expérience de Thorne. Ainsi en va-t-il au cours de l'été 1885 de l'agitation menée par la Fédération radicale de Londres (*Metropolitan Radical Federation*), relayée par les organisations socialistes, pour le droit à la liberté de parole. En vue de faire respecter ce vieux droit de la démocratie anglaise, l'espace public symboliquement choisi est une rue décrépite de l'*East End,* Dod Street, à Limehouse, et de fréquentes manifestations s'y déroulent durant des semaines. Première occasion pour Thorne d'assister aux harcèlements par la police et aux heurts avec les manifestants. Première occasion aussi pour lui de voir défiler à la tribune la fine fleur du socialisme londonien. Finalement, la campagne organisée par les radicaux et les socialistes obtient gain de cause, et la victoire est célébrée par un grand meeting aux portes des West India Docks, qui rassemble entre 30 000 et 50 000 personnes : Thorne y préside l'une des nombreuses estrades dressées pour les orateurs.

Autre thème de mobilisation dans les milieux avancés : la question irlandaise, c'est-à-dire la revendication nationaliste en faveur du Home Rule et la lutte contre la répression menée en Irlande. Un sujet d'autant plus sensible à West Ham qu'y vivent et y travaillent de nombreux Irlandais : aux yeux de Thorne, c'est la cause des opprimés que défendent les ouvriers anglais quand ils soutiennent les Irlandais, car l'exigence de justice est identique des deux côtés du canal Saint-Georges. D'ailleurs socialistes de la Social Democratic Federation ou de la Socialist League, radicaux de la Metropolitan Radical Federation et Irlandais de la Ligue nationale irlandaise, mêlent souvent leurs mots d'ordre et leurs troupes dans les manifestations où on voit flotter au vent au-dessus des cortèges trois bannières différentes : le drapeau rouge des socialistes, le drapeau vert des Irlandais et le drapeau rouge-jaune-vert des radicaux.

Cependant, au même moment, une violente dépression cyclique s'abat sur l'Angleterre. Du coup l'agitation révolutionnaire prend une tout autre dimension. La crise, déjà sévère en 1885 et bientôt aggravée par les rigueurs de l'hiver, atteint son apogée en 1886, puis se prolonge durant toute l'année 1887, frappant de plein fouet la population laborieuse de Londres toutes catégories confondues et jetant sur le pavé les chômeurs par milliers. Dans les quartiers populaires, la misère et le désespoir sont terribles. Hâtivement des secours s'organisent. Des soupes populaires surgissent ici ou là (Thorne, de son propre chef et avec ses seuls moyens, en met une sur pied pour les enfants affamés de West Ham). Mais ce ne sont là que des palliatifs : la loi d'airain du marché est la plus forte. Partout dans les rues c'est le même spectacle : des hommes amaigris et déguenillés qui déambulent en quête de travail, parfois groupés en petites processions où on chante indéfiniment le même lugubre refrain :

> *We've got no work to do-oo-oo,*
> *We've got no work to do-oo-oo,*
> *We're all froze out poor labouring men,*
> *And we've got no work to do*!*

Pour les socialistes qui rêvent de mobiliser les masses, l'aubaine paraît inespérée. Peut-on imaginer démonstration plus éclatante de la cruauté et des vices du régime capitaliste ? Aussi s'emploient-ils à tirer parti de la conjoncture en prenant en main manifestations et défilés de sans-travail qui se succèdent pendant des mois à travers la capitale. Devant cette agitation de rue endémique, la panique saisit les classes possédantes. Crise sociale, mais aussi crise politique : la révolution serait-elle aux portes ?

* *On n'a pas de boulot-oh-oh!* (bis)
On est tout gelés, nous pauv'-z-ouvriers,
Et on est toujours sans boulot!

La subversion ne risque-t-elle pas de triompher l'année même du jubilé où l'on célèbre avec faste les cinquante ans de règne de Victoria ? Où s'arrêteront donc ces foules grondantes aux réactions imprévisibles, où prédominent les plus défavorisés des *unskilled*, ceux qu'on englobe sous le terme méprisant « *the residuum* » ?

Durant cette période agitée, deux événements spectaculaires ont particulièrement frappé l'opinion et focalisé dans la mémoire collective le souvenir des affrontements : le « lundi noir » 8 février 1886 *(Black Monday)*, journée de désordres et de pillages dans le *West End ;* le « dimanche sanglant » 13 novembre 1887 *(Bloody Sunday)*, grande manifestation populaire violemment réprimée par la police. Si Thorne a sans conteste pris part au second épisode, il n'est nullement certain, en revanche, qu'on doive le compter au nombre des manifestants du 8 février 1886 : son autobiographie reste fort évasive quant à sa présence sur les lieux [8].

Ce jour-là s'était rassemblée au centre de Londres une foule hétéroclite, composée de quelques militants socialistes, de travailleurs en chômage réclamant des mesures protectionnistes, à l'appel d'une organisation para-conservatrice, et d'une majorité très apolitique de sans-travail poussés à bout par la misère, prêts, au moindre incident, à exprimer physiquement leur exaspération. Après une prise de parole enflammée des représentants de la SDF accrochés aux grilles de la National Gallery, de petits cortèges déchaînés se répandent à travers l'opulent quartier des clubs ; rendus furieux par les quolibets lancés à leur endroit, ils se livrent au pillage et à la casse des devantures luxueuses du *West End*. A lire les remontrances que la reine Victoria juge nécessaire d'adresser à Gladstone, alors Premier ministre (« la reine ne peut exprimer assez son indignation devant cette émeute monstrueuse — triomphe momentané du socialisme[9] »), on prend la mesure de la colère et de la peur qui s'emparent de la *upper class*[10].

Beaucoup plus significatif, toutefois, pour l'histoire du *labour movement* est le « dimanche sanglant » de 1887, journée qui dans la geste ouvrière a pris rang parmi les batailles de légende. Au point de départ il y a l'appel à une grande manifestation populaire à Trafalgar Square lancé en commun par les organisations avancées de Londres — socialistes, radicaux et Irlandais —, alors que la police interdit depuis des mois tout rassemblement dans le centre. Dès le matin du dimanche 13 novembre, quatre mille *policemen* quadrillent le quartier, appuyés en renfort par des détachements d'infanterie et de cavalerie de la Garde (*Grenadiers* et *Life Guards*). Tout est donc prêt pour l'affrontement. A la section SDF de West Ham on a mobilisé toutes les (maigres) forces disponibles. C'est ainsi que Thorne et ses camarades, en raison de la distance, ont loué un break à deux chevaux pour se rendre au lieu de rassemblement. Bientôt la minuscule troupe retrouve la foule des manifestants, au nombre d'environ vingt mille, en train d'affluer de tous les points de la capitale, de l'est, de l'ouest, du sud de la Tamise, musiques en tête, bannières et drapeaux rouges déployés. Les premières échauffourées ne tardent pas à éclater. Sans relâche, la police à pied et à cheval charge à coups de matraque. Il s'ensuit des mêlées confuses. Une partie des manifestants ripostent, armés de pique-feu et de tuyaux de plomb, mais la plupart refluent en désordre et s'enfuient. Bilan : plus de trois cents blessés et autant d'arrestations. L'ordre a triomphé.

Thorne, pour sa part, après avoir réussi à approcher de Trafalgar Square, s'en tire avec un coup de matraque sur la tête. Chez les leaders socialistes, venus en force et dont plusieurs sont frappés ou même arrêtés, on saura retenir, sans le dire ouvertement, la leçon : les ouvriers ne sont ni politiquement mûrs ni techniquement organisés pour la révolution. D'ailleurs, en dépit de quelques soubresauts (un manifestant est même tué peu après dans un autre affrontement de rue), l'agitation retombe. D'autant que dès le début de 1888 intervient une vigoureuse reprise économique, ce qui met fin à la stratégie de mobilisation des sans-travail. Dès lors une étape des campagnes socialistes s'achève.

En effet, dans la renaissance du socialisme en Angleterre après 1880, il convient de distinguer chronologiquement trois phases successives. La première, qui dure jusqu'en 1885, a été une phase doctrinale : c'est le socialisme des intellectuels. Elle s'accompagne de structurations ondoyantes au sein de petites organisations rivales, animées par des bourgeois appartenant principalement aux professions libérales et au monde littéraire : la Social Democratic Federation dirigée par Hyndman, avec à ses côtés Henry Champion, et quelques travailleurs manuels tels John Burns et Harry Quelch (un ouvrier emballeur qui devient rédacteur en chef de l'hebdomadaire *Justice*); la Socialist League, autour de William Morris, Walter Crane, Edward Aveling, Eleanor Marx; la Société Fabienne, avec Bernard Shaw et Sidney Webb (celle-ci ayant l'ambition de « briser l'enchantement du marxisme » et d'élaborer une idéologie de type social-démocrate entièrement autonome par rapport à lui); enfin, des anarchistes de tout poil et de toute obédience.

Durant cette phase — qui n'a eu évidemment guère d'impact sur Thorne, puisqu'il s'agit d'un socialisme de cabinet, sinon de salon —, les militants, emportés par des espoirs sans borne et convaincus que la révolution est pour demain, ont eu beau déployer des trésors de dévouement, leurs campagnes d'opinion ont peu porté. Si l'on en croit un témoin aussi engagé qu'Eleanor Marx, plutôt que de céder aux illusions de tel ou tel leader sur la croissance du mouvement, mieux valait reconnaître franchement que le socialisme ne dépassait pas le cadre de quelques chapelles d'intellectuels. « En dépit de certains succès, écrit-elle, le mouvement socialiste en Angleterre reste un mouvement littéraire [...] Pour lui le jour viendra, peut-être bientôt, mais ce jour n'est pas encore arrivé[11]. »

Néanmoins, il est vrai que le climat intellectuel a commencé de changer. Le libéralisme, naguère triomphant, est maintenant en pleine crise. De tout côté des voix s'élèvent pour en dénoncer les failles et les lacunes, quand ce n'est point les tares et les injustices. N'a-t-on pas entendu, en 1880, un Matthew Arnold, quintessence du victorianisme, accuser le régime de marché de « matérialiser la classe supérieure, vulgariser la classe moyenne et brutaliser la classe inférieure » ? Nul n'a mieux évoqué l'atmosphère de ces années troublées et inquiètes que Winston Churchill dont l'enfance et l'adolescence se sont déroulées en cette fin de règne du libéralisme : « Les grandes batailles avaient été gagnées [...]. Les esclaves étaient libres. Les consciences étaient libres. Les échanges étaient libres. Mais la faim et la misère et le froid étaient libres aussi, et le peuple réclamait quelque chose de plus que la liberté[12]. »

Dans une deuxième phase, centrée sur les années 1886 et 1887, le socialisme s'est donc efforcé d' « aller au peuple ». D'où la tactique d'agitation de rue, en mettant à profit la conjoncture et en tentant de mobiliser la masse de manœuvre constituée par les sans-travail. Autrement dit, on a voulu substituer à un socialisme de chapelle un socialisme de masse. Mais, comme on l'a vu, en pure perte. C'est à ce stade que Thorne arrive sur la scène. Au mouvement il apporte alors un engagement militant, en acteur modeste de la base.

De l'action ainsi menée au sein de la SDF à partir de 1885, le jeune ouvrier a beaucoup bénéficié. Il a appris les nécessités de la solidarité et de l'unité entre les travailleurs pour gagner dans les luttes. Il a appris aussi que la force du nombre n'est rien sans celle de l'organisation. Il a fait ses classes en assimilant les techniques nécessaires à tout agitateur et à tout meneur, dans le syndicalisme comme dans la politique. Bref, pour lui comme pour des centaines d'autres militants, le grand mérite de la SDF, quel qu'ait pu être par ailleurs son sectarisme, a été de servir d'école de cadres : une école où il a acquis une formation de premier ordre. Mais simultanément il a pris conscience de l'erreur stratégique cardinale commise par Hyndman en refusant la voie du trade-unionisme et en privilégiant l'action politique par rapport à l'action industrielle. Car la conviction profonde de Thorne, celle qui le guidera sa carrière durant, c'est qu'il faut impérativement allier les deux voies et les deux tactiques, même si selon les circonstances il convient de mettre davantage l'accent sur l'une ou sur l'autre.

Précisément la troisième phase du socialisme, qui commence en 1889, peut être qualifiée de syndicale. Après les déceptions de la phase intellectuelle et plus encore de la phase d'agitation des masses, l'heure est venue de l'entrée en scène de nouveaux acteurs sociaux : les travailleurs *unskilled,* si négligés jusque-là. C'est grâce à eux que le « nouvel unionisme » est en mesure de remporter des succès spectaculaires, contrastant avec le piétinement socialiste antérieur. Sa réussite tient à ce qu'il a su — malgré des hauts et des bas, car le reflux a été aussi rapide que le flux — capter, encadrer et canaliser les énergies neuves surgies des profondeurs du monde du travail. Mais du même coup le réformisme est appelé à l'emporter sur la révolution. De cette évolution Will Thorne va être comme le paradigme historique, lui que cette troisième phase a projeté sur le devant du théâtre social et promu à la tête du mouvement. Mais en choisissant la stratégie de la réforme, personne — et c'est là une contradiction qui n'apparaîtra qu'à terme — ne renonce aux espérances messianiques inspirant la foule des militants qui continueront de vouloir

> *Bâtir Jérusalem*
> *Sur la si douce terre*
> *De la verte Angleterre.*

***

Si l'obscur gazier de Beckton fait preuve d'un militantisme aussi passionné, ce n'est pas seulement parce que dans l'atmosphère politique du jour la vague socialiste le pousse et le porte, c'est aussi parce qu'il prend confiance en lui en acquérant une culture. Période de formation dans tous les domaines (une formation complétée par la suite, sous la pression des circonstances, aux premiers temps de la *Gasworkers' Union*), les années 1884-1889 constituent en effet pour Thorne des années d'apprentissage intellectuel autant que politique. Grâce à son ouverture d'esprit, à sa curiosité et plus encore à sa volonté, le manœuvre ignorant et gauche qu'il était passe par une véritable mue : ayant réussi à assimiler et à maîtriser un bagage culturel adapté aux nécessités de la bataille sociale, le voici capable de tenir bientôt son rang dans la phalange des jeunes syndicaliste dont le dynamisme et la dynamique vont renouveler le mouvement ouvrier en Grande-Bretagne. Certes les limitations et les lacunes de ce bagage sautent aux yeux, mais Thorne, avec le flair qui le caractérise, a tout de suite su en tirer le meilleur parti.

Pour analyser le contenu d'un acquis culturel formé de sédimentations successives et en faire en quelque sorte l'étude géologique, nous disposons de deux sources provenant de Thorne lui-même : des sources à interpréter avec toute la prudence critique nécessaire, mais au total assez éclairantes sur son parcours mental. La première nous est déjà connue : c'est son autobiographie. L'autre est tirée d'une enquête conduite en 1906 par le grand journaliste libéral W. T. Stead. Celui-ci, à la suite de la victoire remportée par le *Labour* aux élections, avait adressé aux nouveaux élus travaillistes un questionnaire leur demandant quels étaient les livres qui avaient façonné et marqué leur itinéraire politique. Des réponses, et notamment de celle de Thorne, ressort un tableau instructif sur le paysage mental et la culture des militants du *Labour*[13].

Parmi les écrits qui ont exercé une influence intellectuelle sur Thorne, on relève un mélange d'œuvres marxistes et de classiques du socialisme anglais. Dans la première catégorie il faut ranger Hyndman, avec *England for All*, abrégé doctrinal publié en 1881 qui a servi de premier véhicule à la pensée de Marx en Angleterre ; Engels, avec *Socialisme utopique et socialisme scientifique*, traduit en anglais en 1892 par Aveling ; les publications et brochures de la Fédération social-démocratique destinées à populariser les thèmes collectivistes (dans ses souvenirs, Thorne cite un épisode de 1888 où, devant les fours brûlants de l'usine de Beckton, il a récité tout un discours de John Burns à un ingénieur médusé)[14] ; enfin, bien sûr, Marx lui-même avec *Le Capital*, dont Thorne a reçu en 1890, après une grève spectaculaire et réussie des gaziers à Leeds, un exemplaire envoyé par Engels et dédicacé de sa main (« À Will Thorne, vainqueur de la bataille de Leeds, avec le salut fraternel de Frederick Engels »[15]).

Du côté de la tradition socialiste et radicale anglaise, une place à part semble devoir être faite à un ouvrage assez obscur de John Sketchley intitulé *A Review of European Society and an Exposition and Vindication of the Principles of Social Democracy*. L'auteur, ancien chartiste, s'était fait remarquer pour avoir tenté de mettre sur pied en 1879 à Birmingham une Association des Midlands pour la Social-Démocratie. Dans son livre il opposait aux énormes dépenses militaires des grands pays européens l'étendue de la misère dans les classes laborieuses. Si l'on voulait remédier à un état de choses aussi scandaleux, l'avenir passait, selon lui, par la représentation des ouvriers au Parlement — une idée qui fera son chemin dans le cerveau de Thorne [16]. Par ailleurs, celui-ci cite pêle-mêle les Fabiens (en particulier les *Fabian Essays*, parus en 1889, mais aussi les tracts), Owen, Bellamy, Blatchford (sans doute pour son ouvrage très populaire, *Merrie England*, publié en 1894). En revanche, on remarquera l'absence de deux auteurs dont l'influence pourtant a été énorme sur les hommes de la génération de Thorne : John Ruskin et Henry George. De même on ne relève pas la moindre attache avec la tradition mi-littéraire mi-religieuse s'exprimant dans des œuvres comme celle de Bunyan.

Sur le plan des croyances, Thorne tient justement à spécifier en 1906 qu'il n'appartient à aucune confession religieuse, ce qui traduit bien l'empreinte de la libre pensée sur toute sa carrière militante [17]. Encore que cela ne l'ait pas empêché, du début à la fin de son existence, pour chacun de ses mariages et pour ses funérailles, de recourir aux « rites de passage » de l'Église anglicane — le « christianisme à quatre roues » selon l'expression anglaise consacrée (c'est-à-dire les quatre roues de la voiture d'enfant pour le baptême, du coupé pour le mariage, du corbillard pour l'enterrement).

Que penser du bagage livresque ainsi accumulé par Thorne, un bagage somme toute assez rudimentaire ? Deux observations viennent ici à l'esprit. D'une part il convient d'accueillir avec précaution la présentation donnée par les leaders ouvriers de leurs lectures et de leur cheminement intellectuel : souvent déformée, biaisée, enjolivée, elle reflète en creux leur handicap culturel, handicap qu'ils ressentent d'autant plus vivement qu'ils ont accédé à la force du poignet à un univers où la culture est la règle. La preuve, c'est que presque aucun, à commencer par Thorne, ne mentionne le rôle considérable joué par les illustrés et revues à bon marché, les journaux et magazines comme véhicules et instruments de la culture ouvrière [18]. Il est vrai qu'une autre source, émanant de Clynes, le collègue et compagnon de Thorne dans son action trade-unioniste et parlementaire, apporte un son de cloche différent. Néanmoins, lorsque Clynes nous dépeint un Thorne grand lecteur de romans, d'histoire, d'économie, voire de poésie, et fréquentant assidûment la bibliothèque de la Chambre des Communes, on reste quelque peu sceptique, à moins que la description ne s'applique à l'ultime tranche de la carrière de Thorne, une fois celui-ci déchargé de ses responsabilités syndicales [19].

De surcroît, il suffit de lire d'un œil critique la réponse de Thorne au questionnaire de 1906 pour constater qu'il donne une version très arrangée de son parcours militant : « Enfant, écrit-il, j'ai toujours fait preuve d'un esprit décidé et indépendant, et j'ai toujours étudié la littérature la plus révolutionnaire que je pouvais trouver. Quand je voyais que moi j'étais forcé de travailler à l'usine et à l'atelier depuis l'âge de six ans, alors qu'au même moment des gens vivaient dans le luxe et l'oisiveté, ma réaction était qu'il y avait quelque chose de radicalement vicié dans le système social. Aussi me suis-je résolu à tout faire pour

changer la situation de la classe à laquelle j'appartiens [20]. »
Si la tonalité psychologique de la description sonne
indéniablement juste, l'anachronisme n'est-il pas évident,
puisque tout dans cette évocation du passé est antidaté de
quelque dix ans ?

Seconde observation : dans le développement personnel
de Thorne, les livres n'ont tenu qu'une place secondaire.
Quoi d'étonnant, du reste, si l'on songe que c'est seulement vers 1889-1890, c'est-à-dire à l'âge de trente-deux
ans, qu'il est parvenu, grâce aux leçons d'Eleanor Marx, à
lire couramment ? On peut également remarquer que dans
la liste de ses lectures la plupart des ouvrages mentionnés,
si l'on excepte la littérature de la SDF, datent des années
1890, autrement dit de sa période de maturité et de
rayonnement, et non de sa période de formation.

L'essentiel de son acquis intellectuel — lui-même a été
le premier à le mettre en évidence —, c'est l'expérience
vécue et les contacts humains qui le lui ont fourni. En
somme, il est l'un des derniers représentants d'une culture
ouvrière appelée à disparaître au xxe siècle. Non point une
culture de l'écrit, mais une culture à dominante orale. Une
culture de l'oreille plutôt que de l'œil. C'est pourquoi
Thorne, aidé par une mémoire de premier ordre, doté
d'une intuition sélective le rendant apte à saisir et assimiler
son bien partout où il le trouvait, que ce fût dans les
meetings, les réunions de travail ou les rencontres avec les
personnalités du socialisme international, a su élaborer à
son usage un équipement culturel honorable et raisonné
qu'il a fort bien utilisé comme atout dans l'action. Au fond
sa conviction a été d'un bout à l'autre de sa carrière que la
meilleure lecture, c'est le grand livre de la vie.

*

Reste à élucider un point capital pour définir la personnalité de Thorne. Dans quelle mesure a-t-il été marxiste ? A-t-il réellement contribué, comme certains le voudraient, à faire pénétrer le marxisme dans la classe ouvrière britannique ? On a invoqué à cet égard sa fidélité à la SDF durant un tiers de siècle. Or la SDF n'a pas seulement été le premier parti socialiste constitué en Angleterre. Elle s'est donné pour mission historique d'y introduire et d'y diffuser le marxisme, doctrine restée jusque-là l'apanage de l'Europe continentale. Marx, en effet, avait eu beau passer la plus grande partie de son existence à Londres, il y était quasi inconnu, et sa mort en 1883 serait passée inaperçue s'il n'y avait pas eu le correspondant du *Times* à Paris pour signaler l'événement [21].

Mais, alors que toutes les conditions favorables semblaient réunies dans l'Angleterre des années 1880 et 1890, l'entreprise de la SDF s'est soldée par un échec patent. Malgré des efforts sans nombre de communication et de vulgarisation de la part des militants, le marxisme n'a point réussi à s'implanter en profondeur dans la culture politique britannique, pas plus que la révolution annoncée par ses prophètes n'y a éclaté. A aucun moment non plus le marxisme n'est parvenu à capter ni à canaliser les aspirations des masses populaires qui lui ont préféré une *via media* de type « labouriste ». Il est vrai que la SDF a donné du matérialisme historique une vision dogmatique et sectaire qui a détourné bien des adhérents potentiels et qui lui a accolé une image indélébile d'idéologie étrangère à la mentalité insulaire. Engels était d'ailleurs le premier à se désoler d'un tel état de choses. Critiquant cette façon de réduire le marxisme à « une orthodoxie rigide », il dénonçait en ces termes la méthode suivie : « On fait ingurgiter de force cette théorie aux ouvriers, d'un seul coup et comme un article de foi, au lieu de les aider à s'élever graduellement vers elle sous la pression de leur instinct de classe [22]. » Le résultat, c'est que la SDF, ravagée de surcroît par les dissensions internes, est demeurée à l'état de groupuscule.

Will Thorne, pour sa part, s'il a œuvré activement à la SDF des temps héroïques, si ensuite, pendant sept à huit ans, il a vécu pour ainsi dire dans l'intimité de la famille Marx, au contact d'Eleanor et de son cercle d'amis anglais et étrangers, a toujours manifesté, malgré cette longue trajectoire dans la mouvance marxiste, une complète allergie à l'égard de l'idéologie. Celle-ci n'a donc guère eu de prise sur lui. Mû par le cœur plutôt que par l'intellect, Thorne se soucie peu de théorie. Chez lui pas la moindre trace de matérialisme dialectique, pas la moindre référence à la dictature du prolétariat, et dans son discours fort peu de phraséologie marxiste.

En revanche, les notions de lutte des classes, d'esclavage capitaliste, de solidarité internationale des travailleurs, d'émancipation par la substitution de la propriété publique à la propriété privée des moyens de production non seulement lui sont familières, mais s'intègrent à ses convictions profondes, parce qu'elles correspondent à une expérience personnelle. Surtout, en Marx, Thorne voit d'abord l'homme qui a planté le drapeau de la révolution en donnant au socialisme international sa base doctrinale. Une doctrine perçue et conçue comme un humanisme, annonciateur de progrès et de bonheur : par la fin de l'exploitation de l'homme par l'homme, par la conquête de l'égalité au moyen de la société sans classes.

Dans ces conditions, plutôt que d'adhésion à la pensée marxiste, ne vaut-il pas mieux parler de fidélité personnelle à Marx (et peut-être aussi à sa descendance, charnelle ou spirituelle) ? Et n'est-ce pas en ce sens qu'il convient d'interpréter la décision symbolique de Thorne de prénommer deux fils de son deuxième mariage, nés dans les dernières années du siècle, l'un *Karl* (il mourra prématurément en 1924), l'autre Edwin *Marx* (Marx servant ici de second prénom), en signe d'hommage et de reconnaissance envers le pionnier du socialisme scientifique ?

Au fond, tout compte fait, la fonction du marxisme chez Thorne est de servir de cadre de référence historique dans lequel s'inscrit la marche ascendante de l'humanité : une sorte de *Broad Church*, sans culte ni dogme, où chacun est appelé au salut. D'autant qu'aux promesses du collectivisme il associe la tradition démocratique anglaise, avec sa philosophie individualiste et sa quête de liberté, de dignité et de justice. En d'autres termes, dans son socialisme s'allient deux messianismes réunis en une commune espérance : le messianisme de Marx et le messianisme de Blake. Dès lors, Thorne, porté par un puissant élan intérieur, peut prêcher avec détermination la bonne parole. Désormais, proclame-t-il au terme de ces années de formation, « j'avais un but, un objectif, un message [23] ». Effectivement un militant est né. Le temps de l'action approche.

III

Debout, les damnés de la terre !
(1889-1894)

Dans l'histoire de la Grande-Bretagne, l'année 1889 bénéficie d'une chance singulière. Caractérisée par un grand mouvement social — la poussée des travailleurs *unskilled* revendiquant leur place au soleil — elle fait figure d'*annus mirabilis* aussi bien dans l'historiographie de droite que dans l'historiographie de gauche. Pour la première, elle illustre les vertus d'une démocratie constitutionnelle capable de normaliser, puis d'intégrer dans le giron de la société des masses exclues jusque-là et tenues à l'écart des institutions établies : à travers l'organisation syndicale en effet se met en place un processus de régulation permettant à ces classes dangereuses surgies des profondeurs d'accéder au statut policé et responsable de classes laborieuses. Dans la mémoire de la gauche, en revanche, 1889 marque une étape décisive dans la marche en avant du *Labour :* année bénie de conquêtes sociales, pacifiquement obtenues, grâce à l'entrée massive dans le champ social de nouvelles catégories de travailleurs prenant conscience de leurs droits — un peu à la manière de 1936 en France.

L'année, d'ailleurs, a bien commencé. Le climat est à l'optimisme, car le *boom* cyclique inauguré en 1888 s'accélère — il durera jusqu'en 1891. Dans cette conjoncture de bonnes affaires, où l'économie tourne à plein, où les commandes affluent, où l'embauche s'améliore, les salariés se sentent en position de force pour faire pression sur les entrepreneurs : occasion trop favorable et trop peu fréquente pour n'en point profiter. Un peu partout, dans le Nord industriel comme à Londres, on enregistre mille frémissements sur le front social, plus spécialement parmi les manœuvres de l'industrie et des transports. Escarmouches sur les salaires, contestations sur les conditions de travail : autant de signes avant-coureurs d'une explosion sociale appelée à se muer aussitôt en explosion syndicale.

C'est sur les bords de la Tamise que le mouvement va atteindre le maximum d'extension et recevoir le maximum de publicité. Ici les premiers à se porter en avant, alors que personne ne s'attendait à les voir à la pointe du combat, sont les gaziers. En effet, si dans le passé les efforts n'avaient pas manqué pour syndiquer les travailleurs du gaz, toutes les tentatives avaient échoué, sans exception, sous l'influence conjuguée de trois facteurs : l'obstruction patronale, les aléas de l'embauche, l'apathie de salariés peu motivés et dépourvus d'éducation. A chaque fois, l'usine de Beckton avait servi de foyer à l'agitation, sans doute parce que c'était là qu'était concentrée la main-d'œuvre la plus nombreuse et que se trouvaient les éléments les plus combatifs, égaillés dans les petites communautés de quartier du voisinage.

La première tentative remontait à une quinzaine d'années, lorsqu'au début des années 1870 le monde des *unskilled* avait connu un commencement de mobilisation sous la forme d'un grand élan de syndicalisation. Accès de fièvre soudain et sans lendemain, mais demeuré dans les annales ouvrières, car à cette occasion les gaziers de Beckton avaient attiré sur eux l'attention à cause de la sévérité de la répression dont ils avaient été victimes.

Ayant formé en 1872 un *trade union,* puis déclenché une grève qui avait gagné la plupart des usines de Londres, ils s'étaient heurtés à une riposte si vive de la part des compagnies, bien décidées à casser le syndicat, que les meneurs avaient été traduits en justice et condamnés à des peines de prison. Du coup, toute trace d'organisation ouvrière avait disparu.

Par la suite, d'autres initiatives s'étaient fait jour, mais n'avaient abouti qu'à démontrer derechef la vulnérabilité du syndicalisme dans cette profession. Thorne cite dans son autobiographie deux tentatives auxquelles il paraît avoir été mêlé, l'une en 1884, l'autre en 1885[1]. Dans le premier cas la peur des représailles était si forte que l'initiateur du mouvement, camouflé derrière un pseudonyme, avait jugé prudent de procéder dans une semi-clandestinité. Quant à la seconde tentative, partie également de Beckton et due à George Angle, l'un des futurs lieutenants de Thorne à la *Gasworkers' Union,* elle avait échoué aussi misérablement au bout de quelques mois.

Cependant, chez Will Thorne persiste la volonté tenace de former un *trade union,* seul moyen à ses yeux de changer les conditions de travail et de vie des ouvriers du gaz. C'est devenu pour lui une sorte d'idée fixe. Aussi le trouve-t-on en 1887 parmi les animateurs d'un syndicat éphémère, dont l'existence est restée ignorée jusqu'ici, mais qui apparaît comme l'ancêtre immédiat de la *Gasworkers' Union.* Sous le nom ambitieux de Syndicat unifié des gaziers du Royaume-Uni (*Amalgamated Association of Gasworkers of the United Kingdom*), la fragile organisation n'a duré que huit mois, de janvier à août 1887, car après des débuts énergiques — campagnes de recrutement et d'agitation au moyen de tracts et d'affiches —, elle bat déjà de l'aile au bout de quelques semaines. D'après les documents fragmentaires qui subsistent, le *trade union* semble n'avoir compté qu'une quarantaine de cotisants. A voir l'écriture hésitante des procès-verbaux et la quantité des fautes d'orthographe, transparaît l'origine prolétarienne des animateurs (parmi lesquels on retrouve le meneur clandestin de 1884). On relève aussi les noms de plusieurs de ceux qui vont constituer après 1889 le noyau du syndicat des gaziers, notamment un solide Irlandais, William Ward, appelé à devenir l'assistant de Thorne comme secrétaire adjoint de la *Gasworkers' Union*[2].

La preuve est donc faite qu'existe parmi les ouvriers du gaz une minorité militante, mais pour l'heure sans prise sur le gros des salariés. Pour que de l'étincelle jaillisse la flamme, autrement dit pour que la masse rompe avec la passivité et entre en action, il faut qu'interviennent de nouvelles données de nature à provoquer chez elle un sentiment d'exaspération en même temps que de solidarité : ainsi deviendra-t-elle accessible aux arguments inlassablement développés par Thorne et ses amis. Or c'est justement ce qui se produit en 1888-1889. Coup sur coup, à l'usine de Beckton, on assiste à l'introduction d'une nouvelle technologie — une machine à air comprimé surnommée « *iron man* » — qui rend le travail à la fois plus dur et plus hasardeux, à une intensification des cadences par l'alourdissement des tâches imposées aux équipes, à une multiplication des brimades par les petits chefs, à un conflit sur les horaires des trains ouvriers, enfin à l'échec de la revendication d'une semaine de congés payés[3].

Cette fois-ci, la température a monté. Les esprits s'échauffent. Chez les gaziers l'idée de former un syndicat fait du chemin et la bonne conjoncture économique aide les rêves en train de s'ébaucher à mûrir. Malgré tout rien n'est encore joué. Car si la chronique a retenu comme acte de naissance de la *Gasworkers' Union* la triomphale journée du 31 mars 1889, celle-ci a été précédée d'une première

DEBOUT, LES DAMNÉS DE LA TERRE !

tentative beaucoup moins réussie. Thorne, quant à lui, dans un texte contemporain de l'événement, date, en effet, du 12 mars la création du syndicat[4]. Ce jour-là est convoqué par le petit groupe des militants un meeting de protestation et de revendication (« *Indignation Meeting* »), auquel ne prend part qu'un public clairsemé — et dont aucun ouvrage ne parle. S'ensuit une pétition qu'une délégation de six gaziers est chargée de présenter à la direction de l'usine de Beckton. La réponse est immédiate : c'est un refus sur toute la ligne en termes méprisants. Du coup l'indignation grandit, et c'est alors que Thorne organise pour le dimanche 31 mars un grand meeting en plein air. Les gaziers cette fois répondent en nombre à l'appel, puisqu'ils arrivent par centaines. Pour tous l'enjeu est clair et le moment historique : les damnés de la terre des fournaises de l'*East End* vont-ils rester à l'état de masse amorphe et atomisée, ou bien s'organiser en *trade union* pour tenter de prendre en main leur destin ?

A la tribune, il y a deux hommes qui dans quelques semaines seront célèbres à travers toute l'Angleterre : Thorne et Ben Tillett (ce dernier est un magasinier du port, qui a mis sur pied deux ans plus tôt un petit syndicat de dockers, mais surtout c'est celui qui va prendre bientôt la tête de la grande grève des docks). A côté, d'autres orateurs : Hobart, imprimeur appartenant à la SDF et trade-unioniste expérimenté, ainsi que plusieurs gaziers de l'usine de Beckton. Avec des accents passionnés, Thorne, qui sent la chance venue, place les ouvriers devant leurs responsabilités. Il leur peint l'avenir s'ouvrant à eux s'ils se décident à l'aventure syndicale. Ses premiers mots : « Camarades d'esclavage, quelle joie de contempler un tel rassemblement de travailleurs et d'amis ! » déclenchent un tonnerre d'acclamations. Puis, après avoir rappelé la dureté du métier de gazier, les longues journées de travail, la fatigue, l'épuisement, il poursuit :

« Cet état de choses a assez duré. Nous avons protesté, mais à chaque fois on nous a ri au nez, on nous a ignorés, on n'a apporté aucune amélioration. Sachez-le bien, vous n'obtiendrez rien ni à propos de votre paye ni à propos du travail du dimanche ni sur quoi que ce soit à moins de vous organiser ensemble et de former un syndicat fort [...]. Pourquoi le patron aurait-il le pouvoir de vous dire : tu vas faire ci, et ça, et encore ça ? C'est votre travail qui produit les biens utiles à la collectivité, c'est lui qui crée de la richesse et des dividendes ; et pourtant vous n'avez pas la parole, vous n'avez que le droit de vous taire.

« Tout cela peut changer si vous vous unissez, si vous constituez un syndicat puissant qui rassemble non seulement les travailleurs du gaz, mais tous les manœuvres de tous les métiers [...]. Aujourd'hui, tous ensemble, tenez bon. Oubliez les efforts que nous avons faits autrefois pour vous grouper dans un syndicat. Si nous avons échoué, c'est uniquement parce que vous n'avez pas répondu à nos appels. Certains parmi vous avaient peur même de leur ombre, mais ce matin vous allez jurer que cette fois c'est pour de bon et que rien ne vous détournera du but.

« Il est facile de briser un seul bâton, mais quand cinquante bâtons sont attachés ensemble en faisceau, cela devient beaucoup plus difficile. Depuis des années c'est un traitement de brute que vous subissez à l'usine ; c'est quelque chose de scandaleux et d'inhumain. Je vous donne ma parole que si vous tenez bon, si vous ne flanchez pas, d'ici six mois nous aurons gagné nos 8 heures et notre repos du dimanche. Et nous aurons mis fin aux méthodes d'esclavage qui règnent à Beckton et dans toute l'Angleterre. Maintenant, la parole est à vous ! [5] »

Ce discours enflammé, bien fait pour toucher l'auditoire dans ses cordes sensibles, obtient l'effet escompté : des clameurs d'approbation et des vivats réitérés après chacun des discours suivants. Sur-le-champ la décision est prise de lancer un *trade union* et, dans l'enthousiasme général, les adhésions affluent. Thorne parle de 800 cotisations recueillies à la ronde ce jour-là, mais le chiffre est vraisemblablement exagéré [6]. En même temps on désigne un comité provisoire chargé de mettre en place la nouvelle organisation : à la tête Thorne, assisté du fidèle Angle comme secrétaire et d'un trésorier nommé William Byford, un ancien souffleur de verre du Yorkshire devenu propriétaire d'un « bistro de tempérance » (*temperance bar*) à West Ham. Le soir de ce dimanche, Will, le cœur gonflé et l'esprit satisfait, peut retourner prendre sa place dans l'équipe de nuit à l'usine de Beckton.

En vérité tout est maintenant à faire. Car il s'agit de bâtir le syndicat à partir de rien, et pour les néophytes que sont Thorne et ses camarades la tâche apparaît singulièrement redoutable. Les premiers pas se déroulent donc dans l'improvisation. D'abord il y a l'organisation interne : il faut tout à la fois présenter les revendications à la direction, recruter de nouveaux syndiqués, mettre sur pied des réunions et des meetings, imprimer des affiches, fabriquer des cartes d'adhérent... Ensuite, l'urgence commande d'étendre très vite le mouvement, en persuadant les ouvriers de toutes les usines à gaz de Londres de s'inscrire en masse au syndicat. Effectivement, au bout de deux semaines, on se targue d'un chiffre de 3 000 adhérents et, après deux mois, on compte déjà 12 sections locales réparties dans tous les secteurs géographiques de la capitale[7]. Au comité provisoire on ne chôme pas : 28 réunions entre le début d'avril et la fin de juin — la plupart le soir, mais parfois entre 6 heures et 8 heures du matin ! —, réunions tenues au début dans un local prêté par la section de Canning Town de la Ligue nationale irlandaise. Dans les procès-verbaux, on retrouve d'ailleurs la même gaucherie de style et la même orthographe défaillante que naguère.

Au milieu de cette activité fébrile émergent trois priorités pour le jeune syndicat : la rédaction des statuts, le choix d'un nom, l'élection d'un secrétaire général. En ce qui concerne la première tâche, confiée à Ben Tillett, des contretemps ne tardent pas à surgir, car le service officiel chargé d'enregistrer les *trade unions* rejette les textes préparés pour les gaziers, en alléguant notamment du fait qu'a été repris purement et simplement le nom du syndicat avorté de 1887. Aussi doit-on trouver une autre appellation ; le 20 mai, on décide, à une large majorité, de baptiser la nouvelle organisation « Union nationale des gaziers et des manœuvres de Grande-Bretagne et d'Irlande » (*National Union of Gasworkers and General Labourers of Great Britain and Ireland*), un nom qui traduit bien la volonté dès le départ d'ouvrir le recrutement au maximum, bien au-delà de l'industrie du gaz, afin de constituer un véritable « syndicat général »[8]. Par ailleurs le *trade union* adopte pour devise la formule « Amour, Unité et Fidélité » — tout un programme en perspective.

Le climat, du reste, est à l'euphorie, et la combativité devient contagieuse. Même si pour le moment l'opinion ne prête guère attention à ce qui se passe chez les gaziers (ce n'est que plus tard qu'elle prendra conscience de la portée du mouvement). A cet égard Thorne a beau prétendre dans ses souvenirs que les media ont donné un large écho aux faits et gestes des *unskilled*, en fait la presse en parle à peine, à l'exception de *Justice*, l'hebdomadaire de la SDF, et surtout du *Labour Elector*, le journal d'Henry Champion, qui mène campagne sur les conditions de travail dans les usines et en faveur de la journée de huit heures et qui va devenir pour quelque temps une sorte d'organe officiel de la *Gasworkers' Union*. Mais, même circonscrit au prolétariat des usines à gaz, le mouvement, emporté par un authentique élan collectif, ne cesse de gagner en ampleur. C'est qu'à vrai dire il plonge des racines profondes dans la psychologie ouvrière. Longtemps contenue, la révolte a fini par éclater au grand jour, ainsi qu'en témoigne l'enrôlement massif des gaziers dans les rangs du nouveau syndicat. Afflux qu'avec son langage imagé un trade-unioniste décrivait en ces termes au reporter du *Labour Elector* : « Bon Dieu, les gars se précipitent comme s'ils venaient prendre un billet d'excursion. Faut dire qu'on les avait sacrément brutalisés — à se demander s'ils avaient même une âme ! Maintenant, les contremaîtres et les ingénieurs commencent un brin à les traiter comme des hommes [9]. »

Cependant, derrière la façade d'optimisme, les difficultés internes ne manquent pas. A scruter les procès-verbaux du syndicat on relève bon nombre de dissensions plus ou moins mesquines entre les gaziers. Les plus graves concernent le choix du secrétaire général. Ici, en effet, se heurtent les ambitions rivales de Will Thorne et de Ben Tillett. Assez controversé, ce dernier mène un jeu personnel obscur, encore que ses manœuvres tournent à son détriment. Sommé de faire savoir s'il se porte candidat, il finit par se déclarer, mais Thorne l'emporte haut la main avec 2 296 voix contre 69 à son concurrent [10].

***

Voici donc Thorne permanent syndical, à dater du 1er juillet 1889, avec un salaire hebdomadaire de 2 livres et 5 shillings. Sans qu'il en ait la moindre conscience ce jour-là, c'est quarante-cinq années de métier de syndicaliste qui débutent pour lui. Quel tournant dans sa destinée ! Et quel changement inopiné d'existence ! Lui qui tous les jours, depuis un quart de siècle, a travaillé de ses mains, le voici soudain projeté dans un autre univers et chargé de responsabilités entièrement nouvelles. Dorénavant il lui faut se consacrer à des activités auxquelles rien ne l'a préparé, s'asseoir à un bureau, organiser et administrer, passer d'innombrables heures en réunions, en voyages, en rapports, en discours. C'en est fini du labeur quotidien auprès des fournaises de Beckton. Jamais plus il ne travaillera comme ouvrier. Et s'il jette un regard en arrière, quel chemin parcouru depuis le temps où le petit prolétaire de Birmingham n'était qu'un adolescent ignorant et ignoré, perdu parmi des centaines de milliers d'autres jeunes Britanniques ! Maintenant, au poste qu'il occupe, il va devenir un personnage en vue, un pionnier, presque une vedette...

Dans l'immédiat, la première tâche est de faire aboutir la revendication majeure mise en avant par le syndicat : la journée de huit heures. Car Thorne, guidé par une intuition très sûre, a jugé que toute la stratégie des ouvriers du gaz devait être axée sur cet objectif, et sur lui seul. Il a même dû batailler ferme là-dessus avec nombre de ses camarades qui auraient voulu mâtiner de revendications sur les salaires la demande de réduction de la durée du travail. Finalement il l'a emporté grâce à un slogan de son cru : « Raccourcissez vos horaires, allongez vos vies [11] ! »

Aussi est-ce avec impatience et anxiété que les responsables du syndicat attendent les réponses, qui tardent, des compagnies du gaz. La première à se prononcer, la Gas Light and Coke Company, concède en juillet la journée de huit heures, sans modification du salaire : immédiatement au lieu des deux équipes de douze heures, les « trois-huit » entrent en vigueur à Beckton ainsi que dans toutes les usines du groupe. Les deux autres compagnies adoptent peu après la même attitude, malgré quelques résistances de la part de la South Metropolitan Gas Company. Chez les ouvriers du gaz, c'est une explosion de joie et de fierté. Pour célébrer la grande victoire ainsi remportée — pacifiquement et par la seule pression de l'unité et du nombre — une fête musicale est organisée le 17 juillet au cours de laquelle, en signe de reconnaissance, l'on remet à Will Thorne, « champion des droits du travail », une montre et une chaîne en argent : preuve incontestable d'amitié, mais aussi de respectabilité ouvrière et signe que les *unskilled* et le « nouvel unionisme » savent à l'occasion prendre modèle sur l'aristocratie du travail et sur le « vieil unionisme ».

Cependant la bataille sociale se poursuit. Maintenant que le mouvement des *unskilled* est lancé, il gagne chaque jour du terrain à travers le pays. Après les gaziers, c'est le tour des dockers. Autre section des « damnés de la terre », mais en nombre quatre à cinq fois supérieur, les dockers fournissent depuis longtemps des bataillons serrés à l'armée du travail londonienne, au point de figurer comme l'archétype du *casual labour*. Aussi la grande grève des docks de Londres au cours de l'été 1889 — le seul épisode de l'histoire du mouvement ouvrier britannique, a fait observer Ben Tillett, à avoir droit à un nom écrit en majuscules : *the Dock Strike*[12] — domine-t-elle sans conteste le paysage social. Avec elle on atteint le point culminant de l'agitation dans le monde du travail, si bien que par ses dimensions comme par son caractère spectaculaire elle a éclipsé le mouvement des gaziers. Il faut dire que tous les éléments étaient réunis ici pour créer un énorme choc dans l'opinion : la masse des travailleurs concernés, prolétariat du prolétariat ; la paralysie durant plusieurs semaines du plus grand port du monde ; les défilés quotidiens à travers les rues de Londres des parias de l'*East End*, tout droit sortis de leurs *slums* et étalant leur misère, au cœur même de la Cité, devant les forteresses du Capital symbolisées par les grandes compagnies des docks, le tout sans violence, sans désordre, au son de *La Marseillaise* ; si l'on ajoute l'active couverture médiatique par la presse et l'intervention médiatrice de la haute figure du cardinal Manning, on comprend l'immense retentissement de l'événement — un événement au demeurant de portée considérable, où s'unissent et dialoguent ensemble le réel et le symbolique.

A l'origine du conflit il y a le système d'organisation du travail et de l'emploi dans le port de Londres, tel qu'il s'était développé depuis le début du XIXe siècle. Le port, espace immense et en continuelle expansion (12 millions de tonnes de navires en 1889 contre 6 millions vingt ans plus tôt, sans compter le commerce de cabotage), se composait d'une succession de docks, de quais et d'entrepôts aménagés sur les rives de la Tamise sur une quarantaine de kilomètres entre le pont de Londres en amont et Tilbury en aval. Tout cet ensemble était géré par un conglomérat d'entreprises, dont les plus importantes étaient les compagnies des docks, au nombre de quatre : la London and St Katharine's Dock Company, propriétaire également des Victoria and Albert Docks à West Ham, la East and West India Dock Company à Poplar, qui contrôlait aussi les Tilbury Docks ; la Millwall Dock Company, également à Poplar ; enfin, sur la rive droite

de la Tamise, la Surrey Commercial Dock Company.
Les travailleurs du port, de leur côté, formaient un réseau complexe de main-d'œuvre, réunissant d'une part une minorité d'ouvriers qualifiés (les gabariers et mariniers, profession ancienne appartenant à l'aristocratie ouvrière et pratiquant la *closed shop*, et les arrimeurs, bien organisés depuis 1872 dans un syndicat solide, la *Stevedores' Union*), d'autre part une population flottante de dockers, portefaix, débardeurs, magasiniers, ouvriers de quai, à l'emploi souvent très irrégulier et mal rémunéré, recrutés parmi la foule des manœuvres de la capitale. Ainsi, à West Ham, l'effectif employé aux Victoria and Albert Docks variait-il d'un jour à l'autre du simple au double, oscillant entre 2 400 et 4 700 [13].

Ce qui aggravait encore le sort de cette main-d'œuvre — la catégorie la plus dégradée du prolétariat londonien —, c'étaient les conditions de travail et de salaire. Pour beaucoup d'entre eux, il fallait faire la queue à la porte des docks pendant des heures dans l'attente d'une hypothétique embauche, et même il n'était pas rare, si l'on voulait avoir sa chance, de devoir « traiter » au cabaret voisin le contremaître ou le sous-traitant. Pire encore : comme la règle était d'engager les salariés à l'heure, le travail pouvait aussi bien durer la journée que la demi-journée ou encore seulement deux ou trois heures. De là le gaspillage économique et humain, la passivité plus ou moins résignée et la démoralisation qui caractérisaient le métier de docker.

Comme pour les gaziers, toutes les tentatives faites jusque-là pour organiser sur le plan syndical ce monde instable et ignorant s'étaient heurtées à des obstacles à première vue insurmontables. Encore récemment, le *trade union* lancé en 1887 par Ben Tillett sous le nom d'Association des débardeurs de thé et des manœuvres (*Tea

Operatives and General Labourers' Association), et auquel Thorne, dans sa fringale de militantisme syndical, avait adhéré dès l'origine, n'avait réussi qu'à vivoter, avec des effectifs fluctuants et dérisoires (de 300 à 800 adhérents selon le moment) et après l'échec cuisant d'une grève menée en 1888 à Tilbury, le syndicat se trouvait au plus bas.

Pourtant Ben Tillett était un leader doué qui allait bientôt démontrer avec éclat ses capacités d'entraîneur d'hommes. Personnalité flamboyante, réunissant imagination créatrice, sens tactique et ardeur militante, puissant orateur au verbe incantatoire, il revendiquait avec passion pour les dockers la reconnaissance de leur dignité d'hommes — comme il l'avait fait pour les gaziers au printemps 1889 —, et c'est pourquoi les travailleurs du port se reconnurent en lui dès les premiers jours de la grève et par la suite lui demeurèrent fidèles pendant plus de trente ans. Mais en même temps c'était un être imprévisible, impulsif, susceptible, en proie aux sautes d'humeur et prompt au découragement : bref l'antithèse même de Thorne.

Aussi quand la grève éclate dans les docks le 12 août 1889, sans la moindre préparation, la surprise est générale. Fruit d'un sursaut spontané, l'explosion qui embrase soudain les bords de la Tamise traduit à nouveau la puissance de la révolte longtemps contenue chez les *unskilled*. Malgré tout, il convient d'insister, comme l'ont fait les observateurs contemporains, sur l'impact considérable du mouvement des gaziers[14]. L'exemple donné par les travailleurs de Beckton s'est révélé contagieux, et les succès de la *Gasworkers' Union* ont servi à redonner espoir à nombre de dockers déçus et découragés. D'autant plus qu'entre gaziers et dockers les frontières sont perméables, les contacts et les échanges fréquents (tout particulièrement dans un secteur comme West Ham). A cela plusieurs raisons : l'appartenance à la même catégorie de *casual labourers*, le logement dans les mêmes bas quartiers à proximité du port, mais plus encore les fluctuations saisonnières d'activité qui amènent les gaziers à aller s'embaucher dans les docks l'été, les dockers à venir travailler dans les usines de gaz l'hiver. D'ailleurs, depuis la formation de la *Gasworkers' Union*, on a vu à maintes reprises des dockers demander leur affiliation au syndicat, à quoi Thorne a dû répondre par la négative.

Bien que le succès fût loin d'être assuré pour les 30 000 travailleurs du port en grève et que l'issue demeurât incertaine jusqu'au bout des cinq semaines d'interruption du travail — du 12 août au 16 septembre —, la grève a bénéficié dès les premiers jours de cinq atouts déterminants.

Primo, la résolution et la pugnacité des dockers eux-mêmes. Leur esprit combatif, leur discipline, leur solidarité sans défaillance qui mettent en échec les tentatives de débauchage surprennent tout le monde. *Secundo*, les autres catégories de travailleurs du port se joignent vite au mouvement, notamment les arrimeurs, sous l'impulsion du secrétaire de leur *trade union*, Tom McCarthy, dont le rôle a été décisif d'un bout à l'autre : pour les dockers, il n'y a pas seulement là un renfort appréciable, celui de syndicalistes expérimentés, il y a plus encore la garantie d'une grève effective, puisque toute activité s'arrête et que le trafic du port de Londres est paralysé. *Tertio*, les grévistes trouvent pour les diriger des figures charismatiques en la personne de leaders socialistes déjà célèbres : à côté de Ben Tillett (dont la conversion au socialisme s'effectue seulement alors), Tom Mann, puis John Burns : d'où un encadrement de premier ordre par des meneurs d'hommes hors de pair et une excellente organisation technique des opérations — défilés, piquets de grève, collectes de fonds, relations publiques, etc. *Quarto,* l'opinion, par sympathie pour les *underdogs,* se montre en général favorable aux dockers, victimes misérables de l'injustice du *casual labour :* un sentiment largement relayé par la presse, ce qui apporte un soutien de poids à la cause des grévistes. *Quinto, last but not least,* l'attitude de la police : la neutralité bienveillante pratiquée par celle-ci favorise de manière indirecte mais efficace les dockers — on pourra faire bientôt la différence lorsque la brutalité anti-ouvrière des forces de l'ordre se manifestera à l'endroit des gaziers.

Néanmoins, la grève connaît des passes difficiles. En particulier parce que les compagnies des docks tentent désespérément de remplacer la main-d'œuvre défaillante par des jaunes recrutés par cargaisons entières soit dans les campagnes du bassin de Londres, soit dans le *lumpenprolétariat* de la capitale (sur le territoire du port on avait d'ailleurs l'habitude d'étranges *trade unions* développés dans les années 1880, sortes de « syndicats-maison » faisant appel à une population interlope, gros bras, voyous et loubards pêle-mêle, en vue de créer le grabuge dans les réunions socialistes et de casser la figure aux militants récalcitrants). La seule riposte possible à l'afflux des jaunes, c'est la multiplication des piquets de grève. Mais du coup augmente le risque de désordres, et par là, le danger d'aliéner une opinion qu'avaient favorablement impressionnée jusqu'ici l'ordre et la discipline régnant chez les grévistes.

Au prix de quelques bagarres et échauffourées mineures (Thorne écope d'un bon coup au cours de l'une d'elles [15]), les leaders du mouvement parviennent à conjurer la menace, et la grève s'achemine vers le succès grâce à la médiation d'un comité comprenant le lord-maire, l'évêque (anglican) de Londres et l'archevêque (catholique) de Westminster, ainsi que deux autres personnalités. Dans ce comité la figure de proue est le cardinal Manning : c'est lui qui à la fois tient la vedette et joue le rôle déterminant, d'autant qu'une proportion importante de la population des docks, d'origine irlandaise, est catholique. Au terme d'un conflit qui a pris l'allure d'une épopée, les dockers obtiennent satisfaction sur leurs principales revendications : nouvelle et éclatante victoire du prolétariat londonien et deuxième brèche spectaculaire pratiquée sur le front social. A la mi-septembre le malingre *trade union* des débardeurs de thé de Ben Tillett s'est transformé en un puissant Syndicat des Dockers et des Manœuvres (il a été rebaptisé *Dock, Wharf, Riverside and General Labourers' Union*) fort de 18 000 adhérents.

Reste à déterminer et à comprendre le rôle exact de Will Thorne dans cet épisode dramatique de l'histoire du *labour movement*. Autant son action est claire et cruciale dans la première phase de la révolte ouvrière — et c'est à lui que revient sans le moindre doute la première place dans le mouvement des gaziers —, autant dans la grève des docks sa contribution, majeure dans le déclenchement, mineure dans le déroulement, est mal élucidée, sinon ambiguë. Deux faits, en vérité, se dégagent avec certitude : d'une part Thorne a donné au lancement de la grève une impulsion incontestable, quoique surprenante, d'autre part il n'apparaît plus par la suite que comme un comparse à l'arrière-plan.

Reprenons donc les faits. A la fin de juillet 1889 (c'est-à-dire quelques jours après la victoire des gaziers et les célébrations qui l'accompagnent), une certaine agitation se fait jour dans les Victoria and Albert Docks à West Ham. A la tête, un ouvrier nommé Harris, qui travaille sur un remorqueur et qui est un ami de Thorne. L'idée est de mettre sur pied un syndicat pour les travailleurs des docks et le nom est même trouvé : Syndicat unifié des dockers et manœuvres ou *Amalgamated Society of Dock Companies' Servants and General Labourers* (il s'agit donc d'un rival direct du Syndicat des débardeurs de thé, organisé deux ans plus tôt par Tillett et dont on a vu qu'il végétait). Harris, par ailleurs encouragé par Champion et le *Labour Elector,* convoque donc un meeting à West Ham le 3 août pour lancer à cette occasion le nouveau *trade union* : à ce meeting où il y a beaucoup de monde (on fait état de 3 000 personnes) prennent la parole Will Thorne et John Burns.

Une semaine plus tard, le samedi 10 août, comme l'agitation se poursuit, mais cette fois dans les West India Docks à Poplar, Thorne reçoit un télégramme de Harris lui demandant de venir parler aux dockers le lundi matin. Le lundi 12 août au matin, Thorne est au rendez-vous, à la porte du South West India Dock où il trouve, outre Harris, Tom McCarthy, le leader du Syndicat des arrimeurs. Tous deux haranguent la foule des dockers présents, en les appelant à faire grève et à former leur propre syndicat. Or aux West India Docks on se trouvait en plein fief de Ben Tillett et de son *trade union* : il ne s'agit donc plus seulement de concurrence comme à West Ham, il s'agit carrément de débauchage. D'où la fureur des militants de la *Tea Operatives' Association.* Aussi Ben Tillett est-il piqué au vif et, sentant la pression monter chez les dockers et l'humeur combative les gagner, il se lance de toute son énergie dans la bataille. En moins de quarante-huit heures il reprend la situation en main, capitalise l'effervescence suscitée par ses rivaux et assume la direction des opérations qu'il va garder jusqu'au bout. Il faut dire que si jusque-là, malgré l'agitation endémique, il n'avait pas bougé, c'est que ses expériences précédentes l'avaient rendu pessimiste sur les capacités d'action des dockers. Selon certains témoignages, il semble même avoir passé à ce moment par une phase de dépression consécutive à son double échec de l'automne 1888 aux Tilbury Docks et du printemps 1889 auprès des gaziers. Toujours est-il que, même s'il a été le premier surpris par la combativité toute neuve des dockers, il saisit l'occasion et réussit, grâce à son flair et à son sens de l'improvisation, à s'imposer à la tête de la grève (on n'entend du reste plus parler de Harris ni de son syndicat [16]).

Comment interpréter l'événement ? Car si l'attitude de Tillett s'analyse assez bien, on s'explique mal celle de Thorne. Mauvaises relations entre les deux hommes depuis l'élection au poste de secrétaire général de la *Gasworkers' Union* ? Choc d'ambitions rivales, avec cette fois des positions inverses, Thorne ayant le dessous du côté des dockers après avoir eu l'avantage chez les gaziers ? On a même émis l'hypothèse (la suggestion vient du petit-fils de Tom McCarthy) selon laquelle Thorne et McCarthy, inquiets de la passivité de Tillett, auraient voulu secouer sa torpeur et le forcer à agir en allant appuyer ses concurrents — tactique qui aurait parfaitement réussi [17]. Ne convient-il pas plutôt d'envisager l'établissement d'une sorte de *modus vivendi* — explicite ou tacite — entre Thorne et Tillett, chacun délimitant son *imperium* où il s'installe désormais en maître et renonçant en contrepartie à chasser sur les terres du voisin — ce qui expliquerait le profil modeste adopté, une fois la grève déclenchée, par Thorne, puisque celui-ci se contente de monter des actions mineures et de fréquenter de temps à autre le quartier général des grévistes [18] ?

Ajoutons un facteur d'un autre ordre qui aide à mieux comprendre le comportement de Thorne durant l'été et l'automne 1889. Maintenant qu'il est investi de la fonction de secrétaire général de la *Gasworkers' Union*, c'est-à-dire qu'il a sur les bras la responsabilité d'une organisation de 20 000 personnes en plein essor, il se trouve accaparé, sinon débordé, par les tâches, toutes nouvelles pour lui, d'administration et de secrétariat au jour le jour. Non seulement il lui faut faire face à un volumineux courrier, mais la comptabilité représente un continuel casse-tête pour lui, surtout avec l'afflux des adhésions qui parviennent de tout le Royaume-Uni. Souvenons-nous que ni l'écriture ni les écritures ne constituaient son fort...

Outre les incidents qui surgissent en province, où un peu partout les *unskilled* sont entrés en effervescence, à West Ham même, au cœur du territoire de Thorne, un âpre conflit éclate le lendemain du jour où se termine la grève des dockers et lui-même doit se jeter incontinent dans la bataille. Le théâtre en est une grosse entreprise de caoutchouc, la Silver's India Rubber and Telegraph Company, qui emploie plus de 2 000 personnes et dont l'importance dans la géographie industrielle de West Ham se mesure au fait qu'elle a donné son nom à tout le district, Silvertown, à l'extrémité sud de la commune, en bordure de la Tamise. Là, dans ce quartier de *slums*, au milieu des émanations des usines chimiques, vit une population misérable, qui n'a jamais connu le moindre encadrement syndical, mais que la commotion de la grève des docks incite à la revendication. Comme la plupart des ouvriers appartiennent à la catégorie des *unskilled*, il est immédiatement fait appel à la *Gasworkers' Union*, et Thorne se dépense sans compter. Tout ce que Londres compte de figures de proue du socialisme, Eleanor Marx en tête, se mobilise pour soutenir les grévistes. Mais après douze semaines d'une lutte de plus en plus désespérée et devant l'intransigeance de la direction (confortée par le fait qu'elle est parvenue à diriger une partie des commandes sur l'usine jumelle située en France, à Persan-Beaumont), les ouvriers, réduits à la dernière extrémité, doivent reprendre le travail. Échec durement ressenti : après les avancées sans précédent de l'offensive du prolétariat britannique, l'heure de la reconquête patronale a sonné.

*
* *

C'est à ce moment-là, à l'automne de 1889, que se produit une rencontre appelée à exercer sur Thorne une influence profonde : la rencontre avec Eleanor Marx. Nom illustre, personnalité brillante, figure passionnée et tragique : c'est le point de départ, malgré le gouffre social les séparant, de huit années de coopération étroite et même d'amitié, qui vont marquer à jamais le double destin de syndicaliste et de socialiste de Will Thorne. Du côté d'Eleanor Marx, ce travail en commun avec le leader des gaziers a également beaucoup compté et elle y a beaucoup investi, car la *Gasworkers' Union* — « *my union* », comme elle aimait à dire — ne lui a pas seulement conféré un statut de légitimité et de représentativité dans le mouvement ouvrier britannique et international, elle-même y a trouvé le moyen de canaliser son impatience révolutionnaire dans une action effective au cœur du prolétariat.

Lorsqu'Eleanor Marx fait la connaissance de Will Thorne, elle est au zénith de sa courte et dramatique carrière — ce que sa plus récente biographe a appelé « les années de couronnement ». Par ses dons intellectuels éclatants, par sa force de caractère, par son talent de parole et de plume, ainsi que par sa culture étendue et cosmopolite — elle est aussi à l'aise en français et en allemand qu'en anglais —, elle impressionne alors tous ceux qui l'approchent, sans parvenir toutefois à masquer une anxiété profonde ni une fragilité aggravée par les épreuves successives d'une existence vouée à l'infortune.

Née en 1855, « Tussy », comme on l'avait surnommée, était la dernière des trois filles de Marx, et sa vie s'était d'abord déroulée, jusqu'à l'âge de vingt-huit ans, au sein de sa famille, dans l'ombre de son redoutable père, quoique son indépendance d'esprit l'ait fait parfois entrer en conflit avec lui. A partir de la mort de Marx, avait commencé pour elle une nouvelle tranche d'existence : Eleanor s'était lancée à corps perdu dans la propagande et l'agitation révolutionnaire par le verbe et par l'écrit, présente à toutes les réunions, à tous les meetings, à toutes les manifestations, aux côtés d'Edward Aveling, dont elle s'était éprise et avec qui elle vivait une difficile union libre. En effet, si le personnage était brillant et séduisant, c'était en même temps un être sans scrupules, tout en duplicité et en combinaisons louches, dont les trahisons répétées conduiront Eleanor au suicide en 1898.

La voici donc devenue l'une des personnalités les plus en vue de l'univers composite et bouillonnant du socialisme londonien, en contact étroit avec Engels, mentor proche et affectueux, et en relations suivies avec l'élite socialiste européenne. Heureusement, chez elle la rigueur doctrinale — une rigueur tournant souvent à la rigidité doctrinaire — était compensée par un naturel agréable et chaleureux, plein de vivacité et de sens de la repartie, qui la rendait populaire aussi bien auprès d'ouvriers sans instruction que dans les milieux de l'intelligentsia.

Car cette lutteuse passionnée, férue d'internationalisme, apôtre de la cause des femmes, traductrice de *Madame Bovary* et d'Ibsen, était avant tout une intellectuelle. Toutefois, en 1888, elle avait décidé d'entreprendre une exploration de l'*East End* à la découverte du prolétariat de chair et de sang, et cette découverte l'avait à la fois scandalisée et bouleversée. De fait, jusque-là, vivant dans un monde intellectuel, elle gardait une vision intellectuelle du monde. Aussi sa connaissance de la réalité sociale était-elle surtout à base livresque et théorique. Maintenant, au spectacle de la vie ouvrière concrète, des taudis, de la misère des enfants, de l'avilissement quotidien, son combat prend une autre dimension, mobilisant le cœur autant que le cerveau, et la vision abstraite s'enrichit de l'expérience du vécu. D'où une phase nouvelle qui s'ouvre dans la vie d'Eleanor Marx à la faveur de l'explosion sociale de l'année 1889 et de la rencontre avec Will Thorne — une phase qui va durer jusqu'à sa mort et qui sera insculpée par l'action militante dans le cadre de la *Gasworkers' Union*.

Au fond, Eleanor Marx s'est toute sa vie comportée en idéaliste impénitente, assoiffée de justice et d'amour. Encore qu'en elle l'idéalisme se doublât d'un moralisme strict, voire d'un rigorisme candide, comme lorsqu'elle exhortait lors d'un meeting, devant des grévistes affamés, les jeunes ouvrières à mettre à la porte leur fiancé s'il n'était pas en mesure de présenter une carte syndicale à jour[19] ! C'est pourquoi un adversaire du socialisme aussi déterminé que William Collison, le leader du *free labour*, c'est-à-dire des jaunes, n'a pu s'empêcher de rendre hommage au dévouement de cette âme généreuse capable de consacrer tant de temps et d'efforts à l'éducation de Will Thorne et à la cause des gaziers : « Si la foi lui faisait défaut, écrit-il, elle avait toutes les vertus chrétiennes[20]. » Outre la malédiction qui l'a poursuivie dans sa vie affective — un amour malheureux pour Lissagaray d'abord, une passion funeste pour un être aussi destructeur qu'Aveling ensuite —, Eleanor Marx a été victime d'une triple contradiction : contradiction entre des certitudes intellectuelles hautaines et une sympathie invétérée pour l'humble humanité des classes populaires ; entre l'intégration dans une culture internationaliste et dans le *British way of life* et une conscience aiguë de sa judéité (« Je suis la seule de ma famille, confiait-elle vers la fin de sa vie, à me sentir portée vers le peuple juif ») ; enfin, entre une inclination irréversible et morbide à la dépression (Beatrice Webb, qui l'avait rencontrée toute jeune à la bibliothèque du British Museum avait aussitôt remarqué « la pâleur de son teint et l'expression de ses traits trahissant une existence maladive et fiévreuse ») et une force de caractère qui donnait à cette militante une énergie peu commune [21].

Quant aux liens unissant Eleanor Marx avec Will Thorne et la *Gasworkers' Union,* on a beaucoup brodé sur eux. En particulier, toute une tradition historiographique a attribué à la fille de Marx un rôle moteur depuis l'origine dans l'action des gaziers et de leur chef [22]. En réalité, si l'on veut échapper aux approximations, sinon aux affabulations, il importe de répondre à trois questions : à partir de quand Eleanor et Will se sont-ils connus et ont-ils travaillé ensemble ? A quel stade de l'histoire de la *Gasworkers' Union* Eleanor est-elle intervenue et comment son insertion dans les instances dirigeantes s'est-elle opérée ? Enfin, quelle place a-t-elle tenue effectivement et quelle influence a-t-elle exercée ?

Sur le premier point, on peut répondre de manière assez précise. En ce qui concerne Thorne, s'il est certain que dès les premiers temps de son engagement dans le mouvement socialiste il a eu l'occasion de voir et d'entendre des personnages aussi en vue qu'Eleanor Marx et Edward Aveling (soit lors de la bataille pour la liberté de parole à Limehouse en 1885, soit au cours des multiples réunions et manifestations organisées par les milieux avancés de la capitale), lui-même à ce stade n'était qu'un militant de base anonyme que rien ne distinguait des autres. Au demeurant, de sa place, qui n'eût repéré sur les estrades ou dans les assemblées cette jeune femme brillante et passionnée que tout désignait à l'attention, depuis son nom jusqu'à son association avec une personnalité socialiste de premier plan, sans parler de sa qualité de femme à une époque où dans les sphères dirigeantes du socialisme, en dépit du féminisme théoriquement en vigueur, on pouvait compter les femmes sur les doigts d'une seule main ? Par la suite, durant la grande grève des docks, quand Eleanor Marx assurait le secrétariat du comité de grève, il est tout à fait possible qu'elle ait rencontré Thorne au quartier général des grévistes, d'autant plus qu'à cette date ce dernier a cessé d'être un inconnu.

Mais si l'on en croit le témoignage de Thorne lui-même, c'est à l'automne de 1889 qu'il a fait la connaissance d'Eleanor Marx, à l'occasion du conflit du travail de l'usine Silver à West Ham, ce qui situerait la rencontre vers le 7-8 octobre, puisque c'est seulement à cette date qu'Eleanor se jette dans la bataille aux côtés des grévistes [23]. Et nous n'avons aucune raison de mettre en doute la mémoire de Thorne, cette chronologie étant parfaitement corroborée par les autres éléments du puzzle. En effet, du côté d'Eleanor Marx — dont la vie est amplement documentée et la correspondance abondante —, on ne trouve pas la moindre mention de la personne de Thorne ni de l'existence des gaziers avant la même date. Au contraire, à partir de là, les références abondent. Ainsi l'on peut considérer comme acquis que la collaboration entre eux a commencé à l'automne de 1889 et plus précisément dans les premiers jours d'octobre. En revanche, les hypothèses de rencontres antérieures ne reposent que sur le vide.

Du même coup est résolue la question de savoir si Eleanor Marx a participé ou non à la création de la

Gasworkers' Union. Pour expliquer qu'elle n'y ait tenu aucune place, on a avancé l'argument selon lequel, Thorne et les gaziers ayant partie liée avec la SDF, Eleanor Marx — très hostile ainsi qu'Aveling et Engels à Hyndman et à Champion — se serait tenue délibérément à l'écart [24]. En réalité il n'y a nul besoin de recourir à une explication aussi idéologique — d'autant que dans le mouvement très spontané des prolétaires du gaz on ne voit guère la main de la SDF. Car au printemps de 1889 Eleanor Marx se trouve accaparée par de tout autres préoccupations.

On est alors en effet en pleine préparation du congrès destiné à créer la IIe Internationale à Paris au mois de juillet, et Eleanor y consacre tout son temps et tous ses efforts. Pour elle, d'ailleurs, étant donné le rôle joué par son père dans la Ire Internationale, comment ne pas être mobilisée à fond par l'idée exaltante de fonder une nouvelle Internationale des travailleurs? A côté d'un objectif aussi grandiose, que pèse une obscure agitation d'ouvriers du gaz à Beckton, qu'elle semble ne même pas avoir remarquée? Ce n'est que plus tard qu'elle prendra conscience de l'importance du mouvement des *unskilled*. Dans l'immédiat, elle est toute à sa tâche de préparation au milieu des intrigues et des rivalités, comme l'atteste une lettre qu'Engels adresse en mai à Paul Lafargue, l'un des organisateurs parisiens du congrès : « Depuis trois mois Tussy et moi n'avons fait que travailler pour vous [25]. » De fait, Eleanor Marx, qui passe presque tout le mois de juillet 1889 à Paris, ne reviendra prendre part aux luttes ouvrières de Londres qu'avec la grève des dockers.

Cependant, si l'absence complète d'Eleanor Marx dans la gestation et les premiers pas du syndicat des gaziers doit être considérée comme un fait établi, les choses changent très vite et du tout au tout. A peine le syndicat a-t-il six mois d'existence que la jeune femme lui apporte son soutien et son adhésion avec éclat. A peine a-t-elle fait ses débuts de militante que la voici déjà organisatrice et inspiratrice. Certes elle s'investit sans réserve dans cet apostolat au service de la classe ouvrière, mais le résultat est là : en l'espace de quelques semaines, son rôle est devenu crucial et son ascendant sur Thorne considérable.

De cette entrée à toute allure dans le syndicalisme *unskilled* et dans la coopération journalière avec Thorne, la chronologie témoigne éloquemment. Alors que la première intervention d'Eleanor se situe, on l'a vu, vers le 7 octobre 1889 — quand elle vient témoigner sa solidarité aux grévistes de l'entreprise Silver à West Ham —, trois jours après, le 10 octobre, elle a déjà formé avec la centaine d'ouvrières de l'usine une section féminine de la *Gasworkers' Union,* et elle-même est aussitôt admise dans les rangs du syndicat comme secrétaire de la section. Au début de novembre 1889 a lieu une première assemblée semestrielle des gaziers : c'est Eleanor qui prépare le rapport et les comptes présentés par Thorne. Le mois suivant on la retrouve membre du comité de grève lors du violent conflit qui oppose les gaziers à la South Metropolitan Gas Company.

Tout au long de l'année 1890 se poursuit la même activité débordante : prises de parole, voyages en province, assistance apportée à Thorne dans le travail de secrétariat et d'administration. C'est aussi l'époque où Eleanor prend en main l'éducation du leader des gaziers dans le domaine de la lecture, de l'écriture, de l'acquisition des connaissances. Déjà elle siège au comité des délégués de section du syndicat, et, en mai 1890, lors du premier congrès annuel dont elle assure avec Thorne le secrétariat, elle est élue à l'unanimité au conseil exécutif de la *Gasworkers' Union.* Il faut du reste pour cela modifier les statuts afin de permettre à une femme d'occuper ces fonctions. Mais en fait c'est elle qui a rédigé l'ensemble des nouveaux statuts, de même que le préambule où sont exposés les principes et le programme du syndicat [26]. Sans doute, quand à cette époque Engels observe dans une lettre à Sorge : « C'est Tussy qui — en sous-main — dirigent les gaziers », syndicat qu'il considère comme « de loin le meilleur », faut-il faire la part d'une certaine forfanterie, mais l'affirmation n'en contient pas moins une forte dose de vérité [27].

A notre sens, un tel constat s'explique aisément. En effet, chez les théoriciens du marxisme groupés à Londres autour d'Engels, d'Aveling, d'Eleanor Marx et de quelques réfugiés de la social-démocratie européenne, la déflagration sociale de 1889 avait entraîné une révision déchirante des plans de campagne révolutionnaires. Devant leurs yeux éblouis autant que stupéfaits, voici que la poussée des *unskilled* révélait des potentialités inédites. Il fallait donc sauter sur l'occasion et exploiter sans attendre le grand mouvement de syndicalisation en cours. D'où une nouvelle stratégie, à la conquête de ces tout jeunes *trade unions* encore inexpérimentés. Or il ressort très vite qu'il vaut mieux miser sur le syndicat des gaziers que sur celui des dockers. Car autant le second apparaît flottant dans sa ligne politique comme dans sa direction, autant le premier, plus prolétarien, plus fruste et, comme le dit Eleanor Marx, pur de tout « patronage de la bourgeoisie », semble offrir un meilleur terrain d'action, un espace disponible et privilégié pour la lutte des classes. Les circonstances font le reste : la grève des travailleurs de Silvertown, les évidents besoins d'encadrement des gaziers, la volonté passionnée d'Eleanor de concourir sur le tas au combat pour l'émancipation du prolétariat.

Du côté de Will Thorne, on imagine l'émerveillement et la fierté lorsqu'il voit arriver comme recrue dans les rangs de la *Gasworkers' Union* la propre fille de Marx. Quelle aubaine et quel honneur pour le syndicat ! Et pour lui quelle collaboratrice prestigieuse ! Dès lors, pendant plus de cinq ans, de la fin de 1889 au milieu de 1895, l'influence d'Eleanor, malgré son statut *middle class*, va être considérable [28]. On peut même parler, au cours des deux premières années, d'une impulsion décisive donnée au syndicalisme des gaziers, tant pour structurer l'organisation que pour façonner la stratégie syndicale. C'est ce qui, en conjonction avec le charisme personnel de Thorne, a donné à la *National Union of Gasworkers and General Labourers* une place à part dans le mouvement ouvrier britannique — originalité qui durera jusqu'au début du XXe siècle.

Pour Eleanor Marx, le syndicat de Thorne n'a pas seulement constitué un lieu providentiel pour étancher sa soif d'apostolat et de dévouement à la cause ouvrière, il a servi de laboratoire privilégié pour la mise en œuvre des principes du marxisme adaptés au contexte du trade-unionisme britannique. Manipulation, pourra-t-on dire, et certains à l'époque ne s'en sont point privés, mais la robuste personnalité des ouvriers du gaz, Thorne en tête, n'était pas de nature à laisser une intellectuelle, si illustre fût-elle, télécommander leur mouvement.

Sur le plan personnel, ce travail commun a créé entre Will Thorne et Eleanor Marx un attachement profond, mélange de sympathie spontanée, d'estime mutuelle et de sentiment de complémentarité. Entre ces deux êtres si dissemblables par l'origine, la culture et le destin, on peut même parler de fascination réciproque. Au point que durant le reste de sa vie Thorne ne cessera de célébrer avec attendrissement et nostalgie les mérites d'une femme exceptionnelle qui, écrit-il dans son autobiographie, si elle avait échappé à la tragédie, se serait imposée devant tout autre à la tête du mouvement ouvrier. Octogénaire, il la dépeignait encore comme la femme la plus intelligente qu'il ait jamais rencontrée[29]. De la puissance de ce lien affectif témoignent deux épisodes symboliques. Le jour des funérailles d'Eleanor Marx, Thorne est si bouleversé d'émotion qu'il fond en larmes au moment de prononcer son discours et ne peut que balbutier quelques paroles inaudibles. Quelques années plus tard, il aurait voulu donner à sa fille née en 1903 le prénom d'Eleanor en hommage à la disparue, et c'est seulement à cause de l'opposition de sa femme, très stricte sur le plan de la morale et horrifiée à l'idée de voir l'enfant porter le nom d'une personne de vie notoirement irrégulière (« *living in sin* », disait-on), qu'il doit renoncer[30].

***

Mais revenons au front social, où nous avons laissé Thorne et ses gaziers face à la lourde tâche de bâtir un *trade union* solide et durable en exploitant la dynamique créée au printemps 1889. La scène industrielle est alors dominée par le « nouvel unionisme ». Au flux succède bientôt le reflux, tandis que la bataille sociale se durcit sous l'effet de la contre-offensive patronale déclenchée à partir de l'automne 1889. On entre donc dans une phase d'affrontements sévères sur la question du pouvoir ouvrier dans l'entreprise et dans l'État. Affrontements où Thorne et son syndicat occupent une place centrale, le premier parce qu'il est devenu une figure de proue du *labour movement*, le second parce qu'il constitue un élément moteur du « nouvel unionisme ».

Dans l'immédiat, l'objectif numéro un pour Thorne est d'organiser la *Gasworkers' Union*, de la consolider, de lui donner une identité. A l'image de son secrétaire général, le syndicat se veut un *trade union* militant — un « syndicat de combat [31] ». Mais pour répondre à pareille ambition deux conditions sont à remplir : d'abord être fort, d'une force équilibrée et structurée ; ensuite choisir une stratégie originale. C'est là qu'on voit à l'œuvre le talent de leader de Will Thorne.

La force de la *Gasworkers' Union*, elle provient en premier lieu du nombre. Dans l'enthousiasme des débuts la croissance a été fulgurante, puisque, parti de rien, le syndicat compte au bout de six mois d'existence 15 000 à 20 000 adhérents, répartis en une quarantaine de sections [32]. Bien que la majorité d'entre eux soit concentrée à Londres, le mouvement s'est rapidement étendu à tout le pays, jusqu'à l'Écosse et à l'Irlande. Par la suite l'évolution est moins claire. Comme toujours pour les statistiques syndicales, les chiffres varient dans des proportions considérables, d'autant que, le découragement aidant, l'instabilité se développe et que les fluctuations rendent les dénombrements délicats. Néanmoins, on peut dégager un mouvement d'ensemble et des ordres de grandeur relativement fiables. Après les succès initiaux qui aboutissent à une pointe de 30 000 à 40 000 adhérents en 1890, les chiffres retombent, puis se stabilisent. C'est-à-dire que de tous les syndicats nés du « nouvel unionisme », les gaziers sont ceux qui tiennent le mieux le coup. Ainsi, compte-t-on en 1892 25 000 syndiqués pour l'ensemble du Royaume-Uni, dont 16 000 pour le district de Londres [33]. En 1894, tandis qu'on retrouve le même effectif pour Londres, on enregistre une sensible remontée en province où les chiffres doublent [34]. A partir de là, on entre dans une phase de stagnation jusqu'au tournant du siècle, puisqu'en 1900 le chiffre de Londres est resté le même (15 000) et qu'en 1902 le total pour la Grande-Bretagne (43 000) n'a guère varié [35].

Autre source de force pour la *Gasworkers' Union* : son style. Un style neuf, décidé, dynamique, expression d'une nouvelle pratique syndicale, à la fois très combative et très concrète, alternant la négociation collective et la grève. A l'image d'une clientèle trade-unioniste, elle aussi neuve et encore inexpérimentée, pour qui la priorité, c'est la lutte au niveau de l'atelier afin d'améliorer les conditions de travail, les tâches, l'embauche, les horaires, le salaire. Et qui dans son impatience et son activisme n'hésite pas — du moins dans un premier temps — à faire grève dès qu'un conflit surgit avec l'employeur.

Certes l'acquis majeur de l'action des gaziers, c'est d'avoir introduit un nouveau type de relation dans l'entreprise, comme l'exprime bien le langage employé : on est passé de l'ère de la « pétition » ouvrière et de la « concession » patronale à l'ère de la négociation collective, le *collective bargaining*. Mais au lieu de prendre modèle sur les syndicats du « vieil unionisme » et d'engoncer la *Gasworkers' Union* dans des règles restrictives et rigides, en l'alourdissant par une gestion compliquée de cotisations élevées et de garanties multiples, Thorne et ses camarades ouvrent tout grand les portes du syndicat, avec un taux de cotisation fixé à dessein très bas, donc accessible à tous (2 *pennies*, soit 4 sous, par semaine) et limitent les indemnités versées par le *trade union* à la seule allocation de grève et de lock-out ainsi qu'à la protection légale des adhérents. Foin des garanties mutuelles en cas de maladie, de chômage, de décès, ces étançons du « vieil unionisme » ! Il ne s'agit surtout pas, explique Thorne, de transformer le syndicat en société d'assurance, encore moins en confrérie de funérailles. Le meilleur moyen d'éviter la maladie et le chômage, c'est de changer les conditions de travail et de réduire les horaires, ce qui automatiquement améliorera la santé et l'emploi des salariés[36].

Un tel style tranche évidemment avec la pratique compassée des syndicats traditionnels, mais il donne à la gestion de la *Gasworkers' Union* un élan, une jeunesse, un esprit combatif où l'on reconnaît la marque de la personnalité du secrétaire général. Ce qui n'a nullement empêché les experts de l'inscrire par la suite au tableau d'honneur syndical en rendant hommage à la compétence et au doigté de Thorne et en reconnaissant aux gaziers « les meilleurs états de service de tout le nouvel unionisme »[37].

C'est que, par rapport aux autres unions syndicales ses contemporaines, la *Gasworkers' Union* s'est imposée aussi par l'originalité de sa stratégie. Originalité due d'abord à la triade idéologique qui la guide et l'inspire (et où l'on sent la main d'Eleanor Marx) : marxisme, féminisme, internationalisme. La chose est assez exceptionnelle dans le *labour movement* pour mériter d'être soulignée. Encore qu'il convienne de rester prudent et de ne rien exagérer. Car l'idéologie a peu de prise, on l'a vu, sur les prolétaires du *casual labour*. Et le vernis marxiste ne doit pas faire illusion : on est là surtout dans le domaine du discours et de la phraséologie, loin d'une culture ouvrière traditionnellement dominée par les aspirations morales et affectives au bien commun et à la fraternité.

Le féminisme, pour sa part, est caractérisé par la volonté systématique — et inédite — de syndiquer les femmes au travail. Au sein d'une main-d'œuvre particulièrement défavorisée et proportionnellement nombreuse parmi les *unskilled*, le syndicat recrute surtout des ouvrières des industries chimiques, du coton, de l'alimentation (en particulier dans les usines de confitures), des blanchisseuses, des travailleuses de l'aiguille — au total 1 200 syndiquées en 1892, soit 5 % de l'effectif total[38]. D'autre part, et plus encore, sur le plan des principes, l'égalité des sexes est proclamée dès le début : refus de toute discrimination, admission des femmes sur un pied d'égalité dans toutes les instances syndicales, revendication « à travail égal salaire égal ». Thorne, quant à lui, avait tenu à conclure son premier rapport par ces mots : « Je suis heureux que nous ayons les femmes avec nous, car c'est notre devoir de soutenir nos camarades ouvrières et de les arracher à leur condition famélique[39]. » Certes ce féminisme est davantage théorique que pratique, plus riche de virtualités d'avenir que d'applications concrètes dans le présent. Il n'empêche qu'en cette fin de l'ère victorienne les jalons posés frappent par leur audace et leur modernité.

Sans être aussi innovateur, l'internationalisme a en revanche un contenu beaucoup plus effectif et il confère à la *Gasworkers' Union* un statut en flèche dans le mouvement britannique. Thorne, sensibilisé là encore par Eleanor Marx, a pris de bonne heure conscience de la nécessité pour les ouvriers de dépasser le cadre national et de coordonner leur action d'un pays à l'autre, en particulier pour assurer la solidarité en cas de grève. Aussi le syndicat prend-il l'initiative de proposer la création d'un Secrétariat international du Travail qui servirait de lien entre les organisations syndicales du monde entier[40]. Surtout, il apporte une participation active aux Congrès de la IIe Internationale. Sur l'activité internationaliste de la *Gasworkers' Union,* nous disposons du témoignage d'une de ses recrues de choix : George Lansbury. Celui-ci, qui était alors au début de sa carrière de leader vénéré du *Labour,* avait rencontré Thorne en 1889 et aussitôt pris sa carte syndicale à la section de Bow, carte qu'il gardera jusqu'à sa mort en 1940, bien qu'il n'eût jamais été ni gazier ni manœuvre. Dans ses souvenirs, il évoque les meetings en plein air de West Ham où, entouré *d'unskilled* venus tout droit de leurs usines et de leurs *slums*, il lui est arrivé d'entendre Liebknecht, Bebel, Singer (on peut ajouter Lafargue), bref toute la fine fleur du socialisme européen conviée là par Thorne : un privilège dont peu de modestes syndicalistes peuvent se targuer[41]...

Cependant l'originalité de Thorne et de son syndicat ne se limite pas là. De grande portée pour l'avenir est la stratégie consistant à former un « syndicat général » (*general union*), même si dans l'immédiat l'organisation s'est trouvée quelque peu tiraillée entre l'aile des « gaziers » et l'aile des « manœuvres ». Car Thorne a beaucoup milité dès l'origine pour faire confluer les deux courants. Il tenait d'ailleurs énormément à l'intitulé complet : *National Union of Gasworkers and General Labourers*. A ses yeux, il était capital de ratisser aussi large que possible afin d'enrôler et de mobiliser non seulement la foule bariolée et jusque-là amorphe des manœuvres de l'industrie et des transports, mais aussi un grand nombre de *semi-skilled* — ce qui allait tout à fait dans le sens de l'évolution technologique et sociologique de la classe ouvrière (on a montré du reste que parmi les gaziers une proportion importante, notamment les « chauffeurs » — les *stokers* comme Thorne lui-même — devait être rangée dans la catégorie des *semi-skilled*[42]).

D'où la diversité du recrutement, où briquetiers, charretiers, camionneurs, ouvriers du caoutchouc, de la chimie, des cimenteries, ouvrières de l'aiguille et de l'alimentation, débardeurs de charbon, fossoyeurs, teinturiers et bientôt employés des services municipaux s'associent aux gaziers pour constituer une véritable fédération regroupant plusieurs dizaines de métiers. Thorne aurait même voulu élargir encore en fédérant son syndicat avec celui des mineurs et celui des charbonniers. Son principe, c'est un syndicalisme « ouvert », et même avec le slogan « *one man one ticket* », l'intervalidité des cartes syndicales : ni domaine réservé ni frontière étanche pour l'embauche, à l'encontre du *trade union* des dockers, adepte de la formule « *one ticket one job* », afin de réserver l'emploi dans les docks aux adhérents du syndicat, ce qui produit à diverses reprises des frictions entre les deux organisations. Car si la conquête de la *closed shop* apparaît à Thorne un objectif majeur — quoique hors d'atteinte — pour le *labour*, c'est en vue d'imposer le monopole syndical d'embauche au patron, non de défendre égoïstement une catégorie ouvrière contre d'autres syndiqués. On retrouve là l'influence du socialisme, avec sa doctrine d'organisation de classe et son refus de laisser prédominer, comme dans le trade-unionisme classique, les intérêts corporatifs et catégoriels *(sectional interests)*.

Dernière originalité du syndicalisme des gaziers : l'union dans la bataille sociale entre la lutte syndicale et la lutte politique. Pour Thorne, ici encore bon élève de l'enseignement social-démocrate, la conquête du pouvoir dans l'entreprise est indissociable de la conquête du pouvoir dans l'État : principe capital pour l'avenir, mais dont la mise en œuvre ne s'opérera véritablement qu'au milieu des années 1890 et sur lequel nous aurons à revenir longuement.

**

Parallèlement à ses problèmes d'organisation interne, la *Gasworkers' Union* doit faire face, à partir de l'automne 1889, à une menace mortelle : la contre-offensive en règle que déclenche le patronat du gaz — entrepreneurs privés ou publics — et qui provoque des conflits en chaîne, dans un climat de vive tension ponctué d'affrontements violents. En vérité ce qui est en jeu ici, c'est l'existence même du syndicat. Aussi Thorne est-il obligé de consacrer le plus clair de ses énergies à des batailles sur le terrain soit à Londres soit en province. Finalement, de l'épreuve de force le syndicat sortira blessé, appauvri, diminué, mais vivant et même aguerri.

En effet, si les compagnies du gaz ont cédé avec autant de facilité apparente aux revendications des gaziers, c'est parce qu'elles ont été prises complètement au dépourvu. Mais elles ne tardent pas à se ressaisir et à préparer leur revanche contre ce qu'elles appellent déjà la « tyrannie » du *trade union* dans l'entreprise. Pouvoir patronal contre pouvoir syndical : l'enjeu est clair, et c'est la South Metropolitan Gas Company qui se place à la pointe du combat.

Pour bien saisir la signification de l'affrontement, il est nécessaire d'avoir à l'esprit la situation de l'industrie du gaz, car celle-ci présente des caractéristiques tout à fait spécifiques. D'abord la prédominance de Londres, qui représente, dans les années 1880, le tiers de la production britannique et où règnent trois compagnies d'importance inégale : entre la géante Gas Light and Coke Company, de loin la première avec ses douze usines et ses 10 000 salariés en pleine saison, et la petite Commercial Gas Company, qui dessert seulement une partie de l'*East End* et ne fait guère parler d'elle, la South Metropolitan Gas Company, qui alimente en gaz presque toute la rive droite de la Tamise et emploie 3 000 à 4 000 ouvriers répartis en six usines[43], fait figure d'entreprise moderne et dynamique, une sorte de laboratoire social servant de modèle aux tenants du capitalisme éclairé en matière de relations industrielles.

D'autre part, l'industrie du gaz, secteur protégé, bénéficie d'une situation très particulière de monopole, à l'abri de la concurrence. Monopole à vrai dire double, puisque au statut juridique, territorial et financier conféré par l'État au moyen d'une série de mesures législatives s'ajoute l'exclusivité du produit fourni, dans la mesure où les consommateurs ne peuvent recourir à un produit de remplacement. Il est vrai que depuis 1887 l'électricité vient de faire une timide apparition à Londres, mais seuls quelques milliers de privilégiés du *West End* bénéficient du nouveau mode d'éclairage, si bien que la menace de concurrence ne pèse pas, pour le moment, sur les compagnies du gaz.

Pour celles-ci, au contraire, l'expansion continue à belle allure, d'autant qu'à côté des usages traditionnels — éclairage public, éclairage des collectivités et des magasins, éclairage de quelque 600 000 particuliers — se développent vers la fin du siècle les usages domestiques. C'est ainsi qu'entre 1882 et 1892 la production d'ensemble augmente de 54 %. Qui dit expansion dit aussi en général prospérité : à preuve les beaux dividendes versés par les trois compagnies aux actionnaires — en moyenne 12 % par an [44]. On s'explique par là la facilité avec laquelle a été absorbée la charge imposée par l'introduction de la journée de huit heures (à vrai dire par suite de l'organisation du travail dans les ateliers, le surcoût s'est avéré bien moindre qu'on pouvait l'escompter).

Troisième caractéristique de l'industrie du gaz : une stagnation technique, assez inattendue dans un secteur aussi capitalisé. Les compagnies, bien protégées par la réglementation et peu motivées pour développer l'innovation technologique, ont préféré, au lieu de favoriser la mécanisation, s'en tenir aux procédés traditionnels en comptant sur l'abondance de la main-d'œuvre — de surcroît licenciable à volonté en fonction des besoins de la production. Jusqu'à 1889 on a donc misé sur le labeur physique plutôt que sur les machines. Mais, du même coup, le patronat se retrouve à la merci des gaziers qui, malgré les fluctuations d'un emploi saisonnier, occupent une position stratégique, en particulier les chauffeurs, indispensables à la fabrication du gaz. Comme l'a montré l'habile exploitation de cette situation par Thorne et ses camarades, il ne reste en cas de conflit aucune marge de manœuvre aux compagnies. D'où le dilemme : ou céder ou arrêter la production. Or le cahier des charges impose de fournir régulièrement du gaz à la clientèle ; par ailleurs, quand on fabrique un produit de consommation aussi vital, on ne peut jouer avec les nerfs du public. La pression de l'opinion accroît donc encore les contraintes de l'industrie.

C'est précisément pour ne plus être soumises à cette position vulnérable que les compagnies décident en 1889 de réagir. Il s'agit pour elles de reprendre au plus vite l'initiative malencontreusement abandonnée pendant quelques mois aux gaziers. A moyen terme d'ailleurs la syndicalisation va entraîner la mise en œuvre d'un programme de modernisation, d'innovation technologique et de mécanisation (moins pour réduire les coûts de production que pour diminuer le rôle de la main-d'œuvre dans le procès de production). Dans l'immédiat, le premier objectif est d'enrayer la diffusion du trade-unionisme en barrant la voie au « contrôle ouvrier » et à la *closed shop* et de briser, si possible, le pouvoir du syndicat.

Dans les milieux patronaux beaucoup croient du reste à la fragilité du mouvement des *unskilled :* fièvre passagère, pense-t-on, que l'on va calmer bien vite en mettant les ouvriers à la raison, comme on l'a déjà fait au début des années 1870. Le ton est donné par les commentaires méprisants que l'on peut alors lire dans le *Journal of Gas Lighting,* organe professionnel des administrateurs et ingénieurs du gaz, à propos de la *Gasworkers' Union,*

« ourson pataud, doté d'une sensation de force, mais inconscient des ennuis qui l'attendent », *trade union* à tolérer, mais seulement « tant qu'il se contentera d'amuser les salariés le dimanche »[45].

Dès lors tout est en place pour la bataille : une bataille de six mois, qui prend aussitôt valeur de symbole et de test, entre la South Metropolitan Gas Compagny et les gaziers de Thorne. Le conflit, dont le retentissement est grand, soulève trois questions : quelles étaient les stratégies face à face ? Pourquoi l'échec de la grève ? Quel bilan et quels résultats ?

Au point de départ, il y a d'un côté l'offensive des ouvriers du gaz en faveur de la *closed shop*, de l'autre la volonté de George Livesey, président de la South Metropolitan et adversaire implacable du syndicalisme, d'en découdre avec la *Gasworkers' Union* et de la tailler en pièces. En effet, les gaziers, enhardis par leurs succès et désireux de pousser au maximum leurs avantages, s'efforcent d'imposer partout le monopole syndical d'embauche. Ce à quoi s'oppose farouchement la South Metropolitan au nom de la liberté du travail, en accusant en outre le syndicat d'empiéter sur les droits du *management*. Parallèlement, d'autres revendications portent sur le repos hebdomadaire et sur le paiement à un tarif double du travail du dimanche. D'où, en septembre et octobre 1889, une série d'incidents dans les ateliers et une menace à peine voilée de Livesey : « A ce régime, déclare-t-il, votre syndicat ne durera pas un an[46] ! »

Cependant les gaziers, en dépit, semble-t-il, des conseils de modération de Thorne, accentuent leurs revendications, sans se ménager de position de repli. C'est alors que Livesey, dont l'idée bien arrêtée était de casser le syndicat et qui avait déjà accumulé les préparatifs en vue du choc décisif, sort son arme secrète le 30 octobre : un plan de participation aux bénéfices, comportant un système de primes ou de bonifications en échange d'un engagement des ouvriers à ne pas faire grève durant un an et à obéir aux ordres des contremaîtres. Plan habile, calculé pour diviser les salariés et les détacher du syndicat. Thorne a beau rétorquer avec indignation qu'ils seraient ainsi pieds et poings liés à la direction, le piège se referme sur la *Gasworkers' Union,* qui, face à l'intransigeance patronale, ne peut plus reculer et se trouve obligée, sous la pression même de ses adhérents, de déclarer la grève. Le 13 décembre, 2 000 ouvriers cessent le travail.

Or la grève va très vite tourner à la déconfiture des syndicalistes. Dès le début, en effet, la South Metropolitan s'est assuré deux avantages majeurs. D'abord, le remplacement des grévistes par des jaunes : 4 000 hommes ont été recrutés durant l'automne et sont acheminés sous bonne garde dans les usines où des baraquements temporaires ont été édifiés pour les héberger, si bien que la production redémarre assez vite. D'autre part, Livesey s'est abouché, plusieurs mois auparavant, avec le chef de la police de Londres et a obtenu de lui l'assurance que « tout ce que la police pourrait légalement faire, elle le ferait ». Effectivement d'énormes effectifs sont mobilisés pour protéger les jaunes : 3 000 *policemen* à pied ou à cheval [47] ! D'où des bagarres et des échauffourées fréquentes avec les piquets de grève. Quel changement par rapport à la grève des docks ! Cette fois-ci, l'hostilité et la brutalité des forces de l'ordre sont patentes. Thorne lui-même est victime de violences policières à deux reprises, et lorsqu'il va se plaindre de ces « bavures » à un inspecteur, se voit répondre que les *policemen* ont à peine été au-delà de l'exercice de leurs fonctions [48]... En revanche, le *Times* se félicite hautement du soutien apporté au *free labour :* « L'événement a montré, écrit l'éditorialiste, comment des entreprises d'intimidation et de pression injustifiables peuvent être écrasées dans l'œuf par l'intervention opportune de la police[49]. »

Au bout de quatre à cinq semaines, en dépit des défilés et des meetings des syndicalistes, il faut se rendre à l'évidence : la grève est perdue. Et la South Metropolitan peut imposer ses conditions le 4 février. Bien plus, tirant argument de menaces quelque peu imprudentes de Thorne, Livesey décide d'interdire désormais d'embauche tout adhérent de la *Gasworkers' Union* et fait afficher des placards à cet effet à la porte de toutes les usines de la compagnie[50]. Geste qui vaut à ce grand patron un commentaire cinglant du cardinal Manning : « Il n'y a ni justice ni miséricorde ni pitié dans la ploutocratie[51]. »

Quant aux résultats et à la signification du conflit, il y a lieu de distinguer entre les perspectives à court et à long terme. Dans l'immédiat, c'est pour la *Gasworkers' Union* une défaite sévère : sur le plan financier d'abord, où le syndicat a englouti 11 000 livres sterling, soit 275 000 francs-or, dans la bataille[52] (à la South Metropolitan la grève aurait coûté 100 000 livres), mais plus encore sur le plan psychologique, car la marche ascendante du trade-unionisme a été stoppée net. Un échec qui affecte durement Thorne, malgré qu'il en ait et même si son tempérament de lutteur le met à l'abri du découragement.

De fait, la victoire remportée par la South Metropolitan (Livesey se vante d'avoir « brisé un système devenu intolérable de tyrannie sur les patrons et les salariés »[53]) n'a pas seulement pour résultat d'éliminer le syndicalisme gazier dans la moitié de Londres — toute la rive droite de la Tamise — pour des années, elle entraîne aussitôt des conséquences au niveau national, bien au-delà de l'industrie du gaz, en renversant le courant et en redonnant confiance au front patronal, qui partout reprend l'avantage. Désormais c'est le reflux pour la *Gasworkers' Union*, contrainte à la défensive.

Ce reflux, on peut l'observer partout. Déjà il avait commencé à Manchester où, à l'automne de 1889, la municipalité avait brisé une grève du gaz sans que Thorne, accouru d'urgence, ait pu l'empêcher (il faut savoir que dans beaucoup de grandes villes du centre et du nord de l'Angleterre le gaz était municipalisé, mais pour la gestion de la main-d'œuvre cela ne faisait aucune différence). D'autres conflits, de Norwich à Dublin, se soldent pour le syndicat par des échecs en chaîne. Surtout, il faut abandonner les tentatives de « contrôle ouvrier » dans l'atelier et le mot d'ordre de la *closed shop*. Ainsi à l'usine de Beckton, où toute une agitation s'était développée du printemps à l'automne de 1890 autour du monopole syndical d'embauche et de l'introduction de nouvelles machines destinées à réduire les effectifs. Cette fois, la direction réagit avec une extrême fermeté, n'hésitant pas à faire appel à la troupe. Un millier d'hommes appartenant à l'infanterie de marine et à l'infanterie de ligne, avec armes et munitions, sont prêts à être transportés par la Tamise sur des navires de guerre de Chatham à Beckton, et c'est seulement parce que Thorne adopte des positions conciliantes dans les négociations avec la compagnie qu'il désamorce le conflit et évite l'affrontement [54].

Certes, on pourra citer en sens inverse la victoire remportée à Leeds par les gaziers au début de l'été 1890 : victoire célébrée sur le mode lyrique et qui va alimenter pendant des années la geste syndicale. Dans ce conflit entre la municipalité gestionnaire du service du gaz et les grévistes un épisode est resté fameux dans les annales : la « bataille de Wortley Bridge », durant laquelle une foule d'ouvriers armés de bâtons, de pierres et de billots de bois fait pleuvoir une pluie de projectiles sur la police et sur les jaunes, qui sont mis en déroute et doivent abandonner le terrain. Dans la bagarre Thorne reçoit un grand coup sur la tête et s'évanouit sur la chaussée; il sera plus tard inculpé de rébellion à agent. Mais, en réalité, si du côté des gaziers, on a autant monté en épingle ce succès, c'est parce que l'on a tenté par là de contrebalancer une série de défaites. Leur victoire a, en effet, été avant tout due aux erreurs de tactique et de logistique de la municipalité de Leeds. Partout, au contraire, où le camp patronal s'est bien organisé, c'est lui qui a eu le dessus.

En revanche, si l'on considère le rapport des forces à moyen et à long terme, on doit conclure que la défaite des gaziers ne représente qu'un recul momentané. Au contraire, la victoire tactique de la South Metropolitan apparaît comme un échec stratégique, dans la mesure où elle n'a pas réussi à casser le syndicat de Thorne, puisqu'il résiste et tient bon. Certes un homme comme Livesey continuera de poursuivre la *Gasworkers' Union* de son hostilité tenace et de claironner son credo néo-corporatiste d'association capital-travail, comme il le fera encore près de vingt ans plus tard devant la Commission royale sur la loi des pauvres : « A quoi bon les syndicats ? déclare-t-il. [...] Le trade-unionisme est synonyme de division : les maîtres d'un côté, les salariés de l'autre, dans des camps opposés. Ce qu'il faut, c'est les unir, et seule l'association peut le faire [55]. » Mais l'essentiel, c'est que la *Gasworkers' Union* survit, se renforce, s'adapte.

Car il est vrai qu'à la lumière des défaites essuyées le syndicat infléchit sa ligne. Thorne est le premier à reconnaître les erreurs de tactique, les prétentions excessives, les objectifs très au-delà des moyens, et d'ailleurs à force d'arrêts de travail, les caisses sont quasi vides. C'est pourquoi, dans le *collective bargaining*, l'accent est mis dorénavant sur la négociation plus que sur la grève. Et l'on se réfère complaisamment au nouvel article 2 des statuts prescrivant « le règlement de tous les conflits du travail par accord amiable ou arbitrage chaque fois que possible ». Compte tenu de la conjoncture économique qui s'assombrit à partir de 1892 et tourne en 1893-1895 à la crise cyclique brutale, Thorne incite les syndicalistes à la modération et à la prudence : « Étant donné que nous entrons dans une de ces dépressions périodiques que connaissent si bien les ouvriers, il nous faut agir avec beaucoup de discernement. En traitant avec les patrons les problèmes de travail et de salaire, toutes les fois que nous pouvons le faire sans perdre notre dignité ni notre respect de nous-mêmes, il convient de régler pacifiquement les conflits de la manière la plus opportune[56]. » Le lion du syndicalisme commencerait-il à rentrer ses griffes ? Disons plutôt que l'expérience lui enseigne le réalisme. Mais sans nul doute se profile à l'horizon une étape nouvelle de sa carrière, celle où le lutteur commencera à s'assagir.

IV

Will of Iron :
portrait d'un syndicaliste

Will of Iron : c'est là le titre d'une pièce de théâtre contemporaine mettant en scène la jeunesse de Thorne il y a un siècle, à l'intention de la jeunesse anglaise d'aujourd'hui. Un beau titre en vérité, adroitement amphibologique, et riche de résonances : Will, l'homme de fer, lisse et dur comme le métal... Will, l'homme à la volonté de fer, conduisant inébranlablement ses frères de labeur, malgré toutes les traverses, sur le chemin de la terre promise...

Telle est bien, à vrai dire, l'image que nous livrent les rares photographies subsistant de Thorne autour de la trentaine. Un jeune ouvrier bien mis, aux cheveux noirs et à la moustache drue, quelque peu apprêté pour l'opérateur, mais l'air décidé et volontaire. Un regard concentré où se lisent la ténacité et l'ambition. Un visage direct et sans détour. Bref un être respirant la force physique et la vitalité, mais aussi l'application et la détermination réfléchie.

Par la suite l'homme s'épaissira, prendra du poids en même temps que de la surface ; mais jusqu'à l'aube du XXᵉ siècle il gardera son aspect juvénile. Celui-là même que décrit, aux alentours de 1888-1889, un jeune militant socialiste de dix-sept ans, familier des meetings en plein air à Battersea Park où il venait écouter, parmi d'autres

« évangélistes du *Labour* », Will Thorne accouru porter la bonne parole. « Svelte et les traits fins, malgré le lourd labeur de son rude métier, il arrivait sur l'estrade tout droit de l'usine à gaz avec encore sur le visage le sombre reflet de la fournaise; autour des yeux on discernait des cercles noirs de poussière de charbon; les mains étaient noueuses et rugueuses à force de manier les outils servant au chargement des cornues. La voix [...] n'était pas très puissante ni la parole aisée, mais son évidente sincérité était plus persuasive que de belles phrases [1]. » D'autres descriptions, relatives aux années ultérieures, vers le tournant du siècle, insistent sur le teint pâle, l'allure ascétique, la vie frugale et sévère d'un militant ouvrier capable de se muer à l'occasion en meneur bouillant ou en tribun soudain indigné par un scandale ou une injustice, sorte d' « enfant terrible » du travaillisme, « *the stormy petrel of Labour* » [2].

Physiquement, Will Thorne était un homme de grande taille, solidement bâti, à la forte constitution. Guilleret et plein d'allant, il avait une endurance remarquable, et sa santé de fer lui permettra de connaître une vieillesse avancée, ferme et droit jusqu'au bout, sans même ressentir les effets de l'âge. Toujours tôt levé, on le trouve dans la petite pièce qui sert de bureau à la *Gasworkers' Union* dès 7 heures du matin, et, même lorsque le syndicat sera devenu une machine considérable dotée d'un personnel abondant, il gardera ses habitudes matinales. Si la fatigue ne semble avoir guère de prise sur lui, en revanche Will aime la dépense physique, en guise de compensation. On l'a montré dans sa jeunesse passionné de sport, adonné à la boxe, à la course, aux compétitions avec ses jeunes camarades de Birmingham. Les occupations venant et lui laissant peu de loisirs, il doit se limiter à la marche, à la bicyclette, quelquefois à la nage. Du congrès de la

IIe Internationale à Zurich en août 1893, Bernard Shaw a gardé le souvenir de Thorne se plongeant à la fin de chaque séance dans les eaux du lac et nageant « comme un centaure » : un être « extraordinairement costaud », précise-t-il, tandis que, de son côté, Bernstein parle de « colosse ». Autre épisode attestant de la même vitalité : lors de la grève mouvementée de Leeds en 1890, les gaziers tout surpris avaient vu arriver un Thorne chaussé de grandes bottes de terrassier, un large mouchoir rouge noué autour du cou[3].

Chez lui force physique et force morale ne font qu'un. Foncièrement sa nature est une nature de lutteur et de militant. Ne jamais se résigner, tel est son ressort profond. Battu, il se redresse ; tombé à terre, il se relève. Un optimisme invétéré l'empêche de céder au découragement, *a fortiori* de renoncer. Au service du syndicat, tout le monde admire son dévouement à la tâche, son énorme capacité de travail — il abat la besogne de bureau avec la même vigueur que naguère il chargeait les tonnes de charbon dans les cornues à gaz de l'usine de Beckton. C'est qu'il a le sentiment, comme il le dit, de remplir là « une mission sacrée à l'instar d'une religion[4] ». Ce qui ne l'empêche nullement au besoin, comme on a pu le voir, de faire lui-même le coup de poing. Bagarres, pugilats, échauffourées ponctuent durant plusieurs années son activité militante, car lui-même ne recule pas devant l'arme de la violence, notamment contre les jaunes, du moment que le pain des ouvriers est en jeu. Quand, devant la Commission royale sur le travail, on lui reproche l'emploi par les syndiqués, lors de la grève de Leeds, d'épieux et de bâtons cloutés, il se limite à nier l'existence de clous et de pointes sur les gourdins utilisés par les ouvriers[5]...

Sa conviction fondamentale en effet, c'est que le seul

pouvoir des travailleurs réside dans leur capacité à s'organiser. Hors de l'union, point de salut. Quand on se demande ce que pouvait au juste signifier le socialisme pour Thorne et pour ses camarades, tous ces *unskilled* aux mains calleuses, on doit admettre qu'il s'agissait d'un socialisme simple, taillé dans l'étoffe de la vie, fait d'aspirations très concrètes : la fin de l'injustice, de la pauvreté, des taudis, du travail des enfants, des cadences abrutissantes. Changer la propriété, cela voulait dire changer la répartition du pouvoir et de l'argent, au bénéfice du peuple, pour faire triompher le bien commun. Idéalisme profond qui traduisait une volonté tenace de démocratie et qui rendait Thorne inflexible, dès que l'essentiel, c'est-à-dire la dignité et le bien-être de la classe ouvrière, était en jeu. De là une foi et une espérance, qui faisaient sa raison de vivre.

Toutefois n'idéalisons pas. Will Thorne a beau être un homme de caractère, à la droiture et à la loyauté reconnues par tous, y compris par ses adversaires, il n'a rien d'un être exceptionnel. Sa caractéristique majeure, au contraire, c'est d'être un individu ordinaire, le type même de l'*uomo qualunque, the man in the street.* Par sa nature fruste, voire primitive à l'occasion, il reste un intuitif, manquant de raisonnement, à la culture courte et limitée. Son éducation par « l'université de la vie » n'a pas suffi pour apporter à ses schématismes raffinement et subtilité, ni pour élargir le champ quelque peu terre à terre de ses goûts et de ses curiosités. Lui-même s'est comparé un jour devant un auditoire de gaziers à un diamant non taillé — entendons par là un matériau précieux, dur et pur, mais à l'état brut et sans apprêt. On le voit du reste partager les préjugés les plus courants de son temps. Il n'est que de lire à cet égard ce qu'il écrit dans son autobiographie sur la malhonnêteté des Juifs de l'*East End,* ou la polémique qui l'oppose en

1917 aux représentants des Soviets à Londres à propos des Juifs de Russie, à qui il reproche de noyauter le nouveau pouvoir révolutionnaire et de vouloir faire la paix avec les Empires centraux[6].

Un trait curieux de la carrière de Thorne, c'est le prestige et l'attrait qu'il a exercés auprès de grandes dames de l'aristocratie, que ce soit l'aristocratie de l'intelligence ou celle de la naissance. Tour à tour en effet Eleanor Marx, la comtesse de Warwick, la vicomtesse Astor ont éprouvé pour lui une sympathie remarquable et remarquée. Chacune, à sa manière et dans son univers propre, l'a encouragé, l'a reçu, l'a soutenu personnellement dans sa vie publique. Faut-il attribuer cette *special relationship* à la fascination pour un authentique prolétaire de la part, dans les deux premiers cas, de socialistes nées dans un monde privilégié, dans le troisième, d'une conservatrice fortunée ? Ou bien à un besoin protecteur de personnalités brillantes et favorisées, soucieuses d' « aller au peuple », nouvelles Pygmalion conquises par un *self-made man* autodidacte ? On ne peut que s'interroger, mais quelles que soient les différences de contextes et de motivations, la chose mérite d'être notée.

Thorne, quant à lui, protégé par son naturel simple, son sens commun à la bonne franquette, ses inclinations modestes et familières, a longtemps résisté aux séductions de l'*Establishment* et à l'infatuation du beau monde. Mais entre la cinquantaine et la soixantaine on le voit céder peu à peu à une vanité complaisante, celle du personnage qui fraie avec la bonne société, avec les hautes personnalités et même avec la famille royale. Du reste, maints passages de son autobiographie respirent la gloriole du parvenu fier de l'itinéraire parcouru à la force du poignet.

Ce qui en définitive a sauvé Thorne et lui a conféré son génie propre parmi d'autres figures de proue du *Labour*, c'est d'une part un solide bon sens, d'autre part un caractère irréductiblement plébéien. Toujours son action a été guidée par le réalisme et l'esprit pratique. Ainsi prémuni contre les pièges du verbalisme et ne risquant pas de s'abreuver à la fontaine de l'idéologie, il a réussi à régulièrement mettre à son actif des réalisations concrètes et efficaces. En même temps, son côté peuple — par l'accent, le costume, le style — lui assurait une communication immédiate aussi bien qu'un lien viscéral et permanent avec la communauté des humbles.

Là réside le secret de la synthèse que Thorne a su opérer entre syndicalisme et socialisme. Dans les années 1880, on avait prêché la révolution, on avait brandi de grands principes et affiché de grandioses programmes politiques, mais avec la *Gasworkers' Union*, organisation syndicale sortie des entrailles du prolétariat, voici que le socialisme offre quelque chose de tangible et d'opératoire. Cette voie claire et définie, destinée à arracher les ouvriers à leur esclavage en changeant leurs conditions de travail et d'existence, c'est celle-là même dont Thorne se fait l'apôtre et sur laquelle il s'efforce d'entraîner la masse avec une totale dévotion au *trade union*. On comprend que les Webb, pourtant si critiques dans leurs jugements sur les syndicalistes britanniques, aient tout de suite diagnostiqué en lui « un homme d'une grande capacité et d'une grande intégrité »[7].

D'autant que dans l'action Thorne fait preuve non seulement de flair mais aussi d'un étonnant sens tactique. A tous, alliés ou adversaires, il s'impose vite comme un syndicaliste habile, décidé, calculateur, sachant tantôt pousser l'avantage en discernant la faille de l'interlocuteur, tantôt procéder avec prudence en couvrant ses arrières. Surtout, au lieu de disperser les efforts, il a l'art de les concentrer sur un objectif majeur choisi pour ses vertus stratégiques. Ce fut le cas de la journée de huit heures ; puis la négociation collective s'est focalisée — sans succès, il est vrai — sur la réglementation du travail aux pièces et le contrôle ouvrier à l'usine ; bientôt viendra la représentation ouvrière dans les assemblées municipales et au Parlement.

Au service du *trade union*, Thorne apporte un excellent sens de l'organisation, et c'est là un autre de ses atouts. Pourtant, il est toujours resté handicapé par le maniement de la plume. Sur ses lettres manuscrites, on est frappé par la maladresse de l'écriture : caractères mal formés, irréguliers, liés avec gaucherie. Même si l'orthographe est correcte, on sent l'application — signe de l'apprentissage tardif. Lui-même reconnaît dans son autobiographie le mal qu'il a encore, la soixantaine passée, à écrire correctement [8].

Autre déficience : dans le domaine du discours, bien que Thorne ait eu à prendre la parole à d'innombrables occasions dans les meetings et les réunions et ensuite à intervenir souvent au Parlement, il n'a jamais été un grand orateur, en dépit de sa voix puissante — une voix de stentor, rapportent certains. Sans doute son langage simple et direct savait-il capter l'attention et même l'adhésion des auditoires populaires. Mais tout au long de sa carrière ses discours n'ont brillé ni par le poli des phrases ni par la séduction du verbe, et le débit impétueux sinon précipité, coupé par de brusques arrêts, n'arrangeait rien. On en plaisantait même dans la presse, l'un comparant l'éloquence de Thorne à la mécanique d'un jouet d'enfant qui une fois le ressort remonté se dévide à grande vitesse puis s'arrête net, l'autre prétendant que son rythme torrentiel mettait au désespoir les sténographes de la Chambre des Communes [9]. Et pourtant, à travers le style, écrit ou oral, de Thorne — un style nourri de sève populaire à l'instar de sa personne — passait le sentiment irréfragable d'une communauté de destin avec les humbles, et c'est pourquoi le monde du travail s'est toujours reconnu en lui.

***

Avec un tel style d'existence, vie publique et vie privée ont du mal à coexister. De fait la vie militante l'emporte régulièrement sur la vie de famille. Une fois Thorne embarqué dans les responsabilités syndicales — des responsabilités qui vont aller croissant —, on ne le voit plus guère à la maison. Tôt levé, tard rentré, il passe ses journées à traiter les affaires du syndicat, administrant, négociant, voyageant, discourant, perpétuellement sur la brèche, obligé de répondre à mille sollicitations prévues ou imprévues. Doucement sa femme se plaint que les enfants ne l'aperçoivent plus, tout juste le dimanche, et encore [10]... Bref la vie de famille est sacrifiée.

Néanmoins Will reste très attaché à son foyer. La maisonnée s'est élargie : cinq enfants y grandissent au moment de la création de la *Gasworkers' Union,* et un petit garçon naîtra peu après (il mourra à l'âge d'un an). Cependant, le malheur vient brutalement frapper Will : en 1892 Harriet, sa femme, est emportée en quelques jours par une fièvre maligne, mal fréquent dans les quartiers de *slums* de l'*East End* au drainage déficient. C'est un grand choc, et le père de famille qui se retrouve seul avec sa nombreuse progéniture doit faire appel à l'une de ses sœurs, Clara, qui vient de Birmingham tenir la maison durant quelque temps.

En 1895, Thorne décide de se remarier. Son choix se porte sur la fille du trésorier du syndicat, ce William Byford, qui dans son « bistrot de tempérance » avait prêté une pièce à l'étage pour servir de local à la *Gasworkers' Union*. Emily Byford a alors vingt-trois ans, et Thorne trente-sept. C'est une personne douce, timide, un peu effacée, qui se cantonne dans son rôle de femme d'intérieur, obligée de faire face aux besoins d'une maisonnée remplie d'une ribambelle d'enfants, tandis que son mari passe son temps à l'extérieur, absorbé par les tâches syndicales et politiques. En effet, du mariage célébré à l'église anglicane de West Ham naissent six enfants : trois garçons (Karl l'aîné, prénommé d'après Marx, Edwin Marx, et un autre, mort en bas âge) et trois filles (Emily, Edna et Eva, nées entre 1898 et 1905). Contrairement à ce que Thorne a affirmé dans son autobiographie, les relations n'ont pas toujours été cordiales entre les enfants du premier et du second lit, et apparemment les frictions n'ont pas manqué, les premiers reprochant aux seconds d'avoir grandi dans une atmosphère plus favorisée au sein d'un foyer mieux argenté et plus confortable, sans avoir connu comme eux les affres de la gêne.

A la maison, Thorne impose une règle stricte : ni politique ni religion [11]. Séparation plutôt étonnante entre vie publique et vie privée chez un militant aussi engagé, mais qui trahit son aspiration à l'harmonie domestique. Au fond, il refuse de mêler sa carrière politique à l'existence familiale, mais même ses proches admettent ici un certain manque de courage de sa part derrière le prétexte de la paix du *home*. Quand il est chez lui, Thorne ne consacre guère de temps au loisir : jamais de vacances, sinon vers la fin de sa vie, pas de *hobby*, peu de lecture — à l'occasion un livre de Dickens, « *l'ami des pauvres* ». Il lui arrive, histoire de s'occuper et de se détendre, d'éplucher des légumes, de peler des pommes de terre, de bricoler dans l'arrière-cuisine. Ou parfois de jouer aux cartes — le plus souvent bésigue ou cribbage — avec ces jeux en usage dans les familles d'ouvriers militants où tous les rois, dames et valets ont été remplacés par des figures célèbres du *labour movement*[12].

Dans l'aménagement de sa vie personnelle, Thorne aime la rigueur. C'est un être à la fois très organisé et très réglé, d'une ponctualité extrême, que ce soit dans le domaine du temps ou de l'argent. Au groupe parlementaire travailliste il se rendra célèbre par son habitude d'utiliser un vieux sifflet de *policeman*, qu'il gardait toujours dans sa poche, afin de rappeler à l'ordre les orateurs trop diserts ou de signaler que l'heure de la fin de la réunion avait sonné[13]. Son honnêteté scrupuleuse le conduit à toujours régler ses factures sur-le-champ, et l'idée de crédit ou d'emprunt lui est totalement étrangère : de la même manière que l'heure c'est l'heure, un sou est un sou. Ce qui ne diminue en rien à l'occasion sa générosité pour mettre la main au portefeuille et venir en aide à une vieille traîne-misère ou à un adolescent en quête de travail[14].

Un autre trait du caractère et du mode de vie de Thorne, c'est la frugalité et la simplicité. On se souvient qu'au début de sa vie militante le jeune socialiste avait adhéré à l'une des ligues anti-alcooliques en vogue dans le mouvement ouvrier. Il semble avoir respecté cet engagement pendant plusieurs années, mais prétend y avoir mis fin ensuite. Pourtant une anecdote rapportée par Bernstein jette une lumière troublante sur ce point. C'était au congrès de l'Internationale socialiste à Zurich : Eleanor Marx, à la recherche des délégués des *trade unions* britanniques — tous adeptes, comme de juste, de la tempérance — les découvre attablés dans un café devant une pile de bocks de bière. Comme elle commence à les sermonner et à leur faire honte, Thorne l'interrompt en s'écriant : « Mais la bière blonde est un breuvage de tempérance[15] ! » Quoi qu'il en soit, ce qui est sûr, c'est que Thorne s'est toujours comporté très sobrement et sans jamais d'excès le restant de sa vie. D'ailleurs, de manière générale, les habitudes de vie frugale des jeunes années ont parfaitement survécu à sa promotion sociale. Jamais de repas fins ni d'hôtels de luxe, même dans la dernière tranche de sa carrière où la chose eût été aisée — la tentation ne l'effleure même pas. Autre signe : il continuera d'habiter sa vie durant la même modeste maison ouvrière au milieu du petit peuple de West Ham.

En revanche, le « protégé » d'Eleanor Marx a tâté, à l'époque, du lustre et du confort du milieu prestigieux que constitue le cercle de la famille et des amis d'Eleanor. Mais s'il y a goûté, il n'en a point été gâté. « Les Aveling », comme on les appelait, l'ont souvent accueilli chez eux, et à leurs côtés il se trouve parmi le petit groupe des invités à la fête du 70e anniversaire d'Engels, dans la demeure du « général », en compagnie des leaders du socialisme européen : soirée scintillante, abondamment arrosée de vins fins et agrémentée de douze douzaines d'huîtres. Une autre fois, c'est Paul Lafargue, en visite à Londres, que Thorne est chargé de piloter à travers l'*East End*, la nuit de Noël, pour lui montrer les abîmes de misère et de dégradation du prolétariat et l'initier aux secrets de l'*underworld*, la promenade se terminant à *Chinatown* dans les mystères interdits d'une fumerie d'opium[16].

***

Dans le domaine de la vie publique, Will Thorne ne tarde pas à déborder le cadre restreint du syndicalisme gazier et à acquérir une stature nationale. Thorne paradigme du « nouvel unionisme », Thorne porte-drapeau de l'internationalisme, voilà deux traits essentiels de sa personnalité, deux touches indispensables pour dresser de lui un portrait d'ensemble en pied et en cap.

Si l'on veut déterminer tant la représentativité que l'originalité de Thorne par rapport au « nouvel unionisme », il est nécessaire de rappeler en quoi consiste le phénomène. Derrière le nom de « nouvel unionisme », en effet, on doit comprendre un triple processus. D'abord la naissance de *trade unions* en des secteurs professionnels jusque-là non touchés par le syndicalisme et par conséquent l'entrée dans le champ social organisé et militant de nouveaux acteurs recrutés dans les strates *unskilled* ou *semi-skilled* du monde du travail : ainsi, face aux trois bastions classiques du syndicalisme — la métallurgie, le coton, les mines — se dresse une nouvelle trinité, celle des voltigeurs du nouvel unionisme — les gaziers, les dockers, les marins. Deuxième donnée : une stratégie et des pratiques syndicales inédites, tranchant par leur combativité avec les méthodes plus sophistiquées et les traditions plus prudentes du « vieil unionisme », c'est-à-dire du syndicalisme de métier mûri et épanoui à l'époque mid-victorienne. Enfin il y a l'implosion de nouvelles aspirations dans le champ politique et économique, avec l'idée de transformer le rapport d'une part entre l'État et le Travail, d'autre part entre la propriété et la société : c'est ici que l'idéologie socialiste pénètre et irradie le mouvement. A cet égard le nouvel unionisme peut être défini, selon la formule d'Eric Hobsbawm, comme « l'enfant du mariage entre le syndicalisme de classe des socialistes et les programmes plus modestes des *unskilled* »[17].

Mais soyons très net : par sa nature, le mouvement, dont la spontanéité a frappé tous les observateurs, est avant tout un mouvement syndical, répondant à une logique trade-unioniste. Si la greffe socialiste a pu prendre, c'est grâce à l'action habile et tenace de chefs ouvriers tels que Will Thorne, Tom Mann, John Burns ou Ben Tillett, bien décidés à saisir cette occasion inespérée pour opérer la synergie entre une rébellion ouvrière aux objectifs concrets, limités et immédiats et l'ample vision d'un socialisme régénérateur.

D'autant que l'agitation industrielle secrétée par les *unskilled* n'est pas plus socialiste dans ses origines que dans sa nature. Au point de départ et compte tenu d'une conjoncture économique exceptionnellement favorable (en 1889 le taux de chômage est tombé à 2 %), les causes de l'explosion sont à chercher en priorité du côté d'un système sclérosé et devenu intolérable de relations industrielles, d'organisation du travail et de régulation du marché de la main-d'œuvre. A partir des tensions sociales ainsi accumulées, la digue cède d'un coup, et c'est cette situation qu'exploitent les socialistes, en profitant de la brèche ouverte et en manœuvrant avec adresse pour capter, canaliser et en fin de compte diriger le courant.

Toutefois, ici la *Gasworkers' Union* se porte à la pointe du mouvement sous l'impulsion de Thorne. Car, si on la compare aux autres *trade unions* issus de la grande poussée des *unskilled*, c'est sans conteste le plus militant et le plus audacieux, le plus avancé et le plus socialiste, et en ce sens son originalité l'empêche d'être représentatif. De même, sur le plan des structures syndicales, c'est encore le syndicat de Thorne qui va le plus loin pour acclimater, aux antipodes du système fermé et restrictif des vieilles unions de métiers, un syndicalisme *général*, très ouvert, très dynamique, non sans résistances, d'ailleurs, en son propre sein, de la part d'éléments aux penchants corporatistes à l'instar des dockers ou des marins. Le rêve pour Thorne serait même de pousser la logique jusqu'au bout, c'est-à-dire une fédération dans un grand syndicat unique, *one big union*, selon la formule qui fera florès vingt ans plus tard.

Mais le jour où l'idée triomphera au temps du « grand malaise des travailleurs » chez les tenants du syndicalisme révolutionnaire, Thorne et les siens auront suffisamment évolué sur les chemins de la modération et du juste milieu pour ne plus être tentés du tout par le rêve d'autrefois.

En prônant dès 1889 la formule du syndicat « général », Thorne a tout de même vu juste, et son intuition l'a bien servi. Car une telle structure se révèle favorable aussi bien dans une phase offensive et conquérante, comme l'a vécue la *Gasworkers' Union* à ses débuts, que dans une phase défensive, comme c'est le cas après 1892. A cet égard, la ligne incarnée par Thorne est parfaitement représentative des deux tactiques successives mises en œuvre par le « nouvel unionisme » : d'abord la tactique agressive et ambitieuse d'un « syndicat de combat », puis une tactique plus prudente et plus circonscrite — plus catégorielle aussi — mais plus réaliste, quand sonne l'heure de la retraite et que le problème numéro un est la survie. Or, dans une telle conjoncture — et c'est là que se révèle le bon choix opéré à l'origine —, une armature de syndicat « général » favorise la défensive dans la mesure où elle dilue les menaces d'écrasement et diversifie les risques de conflits à travers des industries, des branches et des régions différentes. Mais, du coup, le corporatisme que l'élan socialiste avait tenté de faire refluer, sinon de briser, redresse la tête et reprend de la vigueur, y compris à l'intérieur de la *National Union of Gasworkers and General Labourers*.

Dernière caractéristique du « nouvel unionisme », une caractéristique essentielle, bien qu'on ait tendance à la perdre de vue : la dimension minoritaire du phénomène. De même que les socialistes ne sont qu'une minorité parmi les nouveaux unionistes, de même les nouvelles unions ne forment qu'une minorité dans l'ensemble du mouvement syndical. On a calculé qu'en 1892 elles comptent au maximum 200 000 adhérents sur un total d'un million et demi de syndiqués, soit un sur sept, et vers 1900 la proportion tombe à un sur dix[18]. Seulement, le propre des minorités agissantes, c'est justement d'exercer une influence hors de proportion avec leur nombre. La chose est vraie des groupuscules socialistes dans l'explosion ouvrière de 1889, mais elle l'est tout autant des nouveaux syndicats dans l'évolution générale du trade-unionisme. Ailes marchantes du mouvement social pendant quelques années, ces minorités ont contribué de manière notable à transformer le paysage social et mental de l'Angleterre par l'avènement d'une nouvelle culture politique.

En effet, en orientant l'action ouvrière vers la sphère du politique et la conquête de l'État au lieu de la centrer exclusivement sur l'entreprise et le lieu de travail, les leaders du « nouvel unionisme », Thorne en tête, ont amorcé un processus décisif pour le destin de la société et de l'État britanniques au XXe siècle. Derrière le projet de faire élire des ouvriers pour participer aux centres de pouvoir, que ce soit au niveau national (le Parlement) ou au niveau local (les municipalités), il y a bien sûr l'idée de bousculer les bases du libéralisme politique après avoir battu en brèche les postulats du libéralisme économique. Mais les vrais enjeux vont bien au-delà.

En préférant à une voie révolutionnaire, issue des fureurs plébéiennes et portée par une violence primitive, une voie réformiste fondée sur la reconnaissance d'une identité propre aux masses *unskilled* ou *semi-skilled* et sur l'intégration de l'ensemble de la classe ouvrière à l'État et à la constitution, le nouvel unionisme a puissamment œuvré à l'évolution pacifique de la société britannique. Par son travail d'encadrement syndical et de légitimation du pouvoir d'État — pourvu du moins que celui-ci représente le monde du travail —, il a détourné les masses des pulsions anarchiques de la nature et de l'instinct et les a orientées vers des revendications de gestion et de direction des affaires publiques au bénéfice d'un univers populaire désormais socialisé, maîtrisé, organisé. A cette canalisation ordonnée et disciplinée des potentialités révolutionnaires vers le syndicalisme on a reproché d'avoir provoqué une « délivrance cathartique » dans la classe dirigeante, jusque-là obsédée par la peur des foules incontrôlées, et plus encore d'avoir engendré une dérive lourde de conséquences pour l'avenir en déviant la stratégie ouvrière d'un objectif central, le pouvoir, vers un objectif utile, mais secondaire, le bien-être, le *welfare* — premiers pas vers les compromis du *Welfare State*[19]. Mais en fait c'est le choix même du socialisme démocratique qui découle de la stratégie alors adoptée.

Un texte exprime à merveille la philosophie du « nouvel unionisme », le souffle qui l'inspire, l'idéal qui l'anime, la dialectique qui relie la pratique trade-unioniste avec les principes du socialisme. C'est le texte officiellement élaboré par Will Thorne en 1890 en préambule aux statuts de la *Gasworkers' Union*, mais dont on a vu qu'en réalité il était dû à la plume d'Eleanor Marx. Paradoxe du mouvement ouvrier britannique et de la personnalité de Thorne : ce texte hautement « marxien », rédigé par l'éminence grise du syndicat des gaziers, réalise une parfaite synthèse entre les aspirations et les valeurs traditionnelles du trade-unionisme et les appels novateurs et enflammés à l'émancipation ouvrière, si bien qu'il peut servir de référence et de justification à une logique réformiste aussi bien qu'à une logique révolutionnaire :

> Camarades ouvriers,
> Dans le passé, le syndicalisme a accompli une œuvre remarquable, et c'est en lui que réside l'espoir

des travailleurs pour l'avenir : le syndicalisme, pour qui aujourd'hui il n'y a que deux classes — la classe des travailleurs et producteurs, la classe des maîtres et possédants. Les intérêts de ces deux classes s'opposent. Les patrons le savent depuis longtemps, les ouvriers commencent à s'en apercevoir. C'est pourquoi ils forment des syndicats pour se protéger et pour tirer le maximum possible du produit de leur labeur. Ils commencent à comprendre que leur unique espoir est en eux-mêmes et qu'ils ne doivent rien espérer des patrons en tant que classe. Divisés, ils perdent ; unis, ils résistent. Pour cette raison tous les métiers s'organisent désormais, même ceux que l'on appelle *unskilled* — les plus nombreux, les plus importants, les plus indispensables. C'est pour cela qu'a été créée l'Union des gaziers et des manœuvres, syndicat qui rassemble tous les *unskilled* et tous les travailleurs, hommes et femmes, sur pied d'égalité.

L'objet premier de ce syndicat, c'est d'améliorer la condition matérielle de ses membres ; de les faire passer de la condition de bêtes de somme au statut d'êtres humains ; d'embellir le foyer de chaque travailleur ; de faire échapper les enfants à l'existence dure et dégradante qu'ils ont à subir à présent ; de réaliser un partage plus équitable, entre tous les hommes et toutes les femmes, de la joie et du chagrin, du rire et des larmes, du travail et du temps libre.

Il est essentiel que chaque syndiqué prenne conscience de la nécessité de notre Union et de ses buts ; qu'il en accepte les règles et les applique loyalement ; qu'il n'oublie jamais que les intérêts de tous les travailleurs ne font qu'un et que tout préjudice porté à un ouvrier quel qu'il soit atteint la classe ouvrière tout entière. Dans l'Armée du Travail la victoire ou la défaite d'une section quelle qu'elle soit signifie un gain ou une perte pour toute l'Armée — cette Armée qui grâce à son organisation et à son union avance résolument et irrésistiblement vers son but ultime : l'émancipation de la classe ouvrière. Seuls les efforts acharnés et l'unité de la classe ouvrière conduiront à cette émancipation.

Travailleurs, unissez-vous ! [20].

*
**

C'est avec le même esprit et la même passion que Thorne s'est mué en internationaliste convaincu sous l'emprise d'Eleanor Marx. Car vraiment rien ne l'y préparait. A la différence des autres leaders du nouvel unionisme ou du *Labour,* tels Burns, Tillett, Mann, Lansbury qui tous ont voyagé, qui connaissent l'Europe et l'Amérique, parfois l'Afrique et l'Australasie, Thorne n'est jamais sorti de son pays. Son premier voyage à l'étranger, c'est à l'âge de trente-quatre ans qu'il l'entreprend, quand il est envoyé comme délégué de la *Gasworkers' Union* au congrès de l'Internationale à Bruxelles. Jamais jusque-là il ne s'était frotté au monde extérieur. Sa culture, son univers sont ceux d'un pur Anglais.

Et pourtant il va devenir un habitué des assemblées internationales où il côtoiera tout ce que l'Europe compte de socialistes de renom : non seulement ses connaissances londoniennes comme Bebel, Bernstein, Liebknecht ou Lafargue, mais aussi Jaurès, Vaillant, Plekhanov, Clara Zetkin, Adler, Vandervelde. De 1891 à 1913, il ne manque pas un seul des congrès de la IIe Internationale — ce qu'on a baptisé le « Parlement international du Travail » ou encore le « Futur Parlement international socialiste » —, puisqu'on le trouve, après Bruxelles en 1891, à Zurich en 1893, à Paris en 1900, à Amsterdam en 1904, à Stuttgart en 1907, à Copenhague en 1910, sans parler bien sûr de Londres en 1896 (il n'y a que le congrès de Bâle en 1913 où il fait défaut). A quoi il convient d'ajouter deux tournées outre-Atlantique, l'une aux États-Unis en 1898 pour représenter le Trades Union Congress au congrès de l'American Federation of Labor, l'autre au Canada en 1913 comme délégué britannique au Canadian Trades and Labour Congress. Rapidement d'ailleurs Thorne prend goût à ces déplacements à l'étranger. La curiosité toujours en éveil, il découvre avec intérêt les us et coutumes de chaque pays, et même si ses observations apparaissent plutôt superficielles, son naturel accueillant, sa bonne humeur, sa jovialité l'inclinent à de louables efforts de compréhension.

Pour lui, en vérité, l'internationalisme ouvrier est affaire de principe. Il le considère comme une arme dans la lutte à mener pour la défense et la libération du prolétariat. C'est pourquoi, avant même de prendre part aux activités de la IIe Internationale à l'extérieur, il se dépense sans compter pour mettre sur pied la version anglaise de la manifestation prévue partout à travers le monde pour le 1er mai 1890 en faveur de la journée de huit heures, conformément au mot d'ordre lancé par le Congrès fondateur de l'Internationale à Paris en 1889. C'est là, on le sait, le point de départ de la fête internationale du travail du 1er mai. A Londres, où le rassemblement est fixé au dimanche 4 mai 1890, Thorne est chargé de coordonner l'organisation, et la réussite de la manifestation monstre tenue à Hyde Park lui vaut les compliments d'Engels qui ne tarit pas d'éloges sur le syndicat des gaziers et sur les mérites de son chef[21].

Le rôle de Thorne est évidemment beaucoup plus limité

dans les congrès de l'Internationale, forum périodique de confrontation, d'échanges et de réflexion pour les organisations socialistes de chaque pays, et lui-même y participe plutôt en spectateur au milieu de centaines d'autres délégués. Deux questions fondamentales sont alors en débat. D'abord dans quelle mesure l'action parlementaire est-elle compatible avec l'action révolutionnaire ; autrement dit, la conquête du pouvoir peut-elle s'opérer par la voie électorale au lieu de la révolution violente ? D'autre part, comment, en régime capitaliste, les travailleurs peuvent-ils empêcher la guerre ? On est convaincu en effet qu'une fois réalisé le socialisme le problème ne se posera plus : le congrès de Zurich ne proclame-t-il pas que « la chute du capitalisme signifie la paix universelle » ?

Mais les premiers congrès sont en grande partie gâchés, au grand dam de Thorne, par d'âpres querelles entre collectivistes et anarchistes, où beaucoup ont le sentiment de revivre les batailles d'antan, si fatales à la Ire Internationale, entre partisans de Marx et partisans de Bakounine. C'est le cas en 1891 à Bruxelles, où la trentaine de délégués britanniques assistent avec consternation à ces pénibles affrontements. La chose se renouvelle deux ans plus tard à Zurich, où cette fois Thorne représente le TUC, tandis qu'Eleanor Marx est déléguée par le syndicat des gaziers. C'est elle qui assure à chaque fois la traduction en français, anglais ou allemand, ce qui permet à Thorne de mieux saisir les enjeux.

Le pire est atteint lors du congrès de Londres en 1896, pour lequel Thorne a fait partie du comité d'organisation et a été préposé au secrétariat. Au milieu du vacarme, des cris, des injures, on en vient presque aux mains. Encore Thorne a-t-il pris la précaution de mettre en place un service d'ordre musclé, tandis qu'Aveling est allé prévenir le commissariat de police de se tenir prêt à toute éventualité. On en arrive donc, malgré de vives protestations, à l'expulsion définitive des anarchistes, déjà exclus aux congrès précédents, et l'assemblée peut achever ses travaux dans un calme relatif. Si l'internationalisme de Thorne parvient à résister à ces déboires, il ira tout de même en déclinant de plus en plus à partir de la disparition d'Eleanor Marx, jusqu'à relever finalement davantage du credo rituel que de la certitude militante.

V

Les mirages du socialisme municipal
(1894-1899)

En cette fin de l'ère victorienne, dans les faubourgs de Londres, West Ham, le *home* de Will Thorne, offre l'aspect d'une commune ouvrière que rien en apparence ne distingue des districts populaires avoisinants de l'*East End* ou de la rive droite de la Tamise : même paysage portuaire et usinier, même prédominance du *casual labour,* mêmes *slums,* même pauvreté. Et pourtant, coup sur coup, cette banlieue industrielle, dont la plupart des Anglais ne connaissent même pas le nom, réalise une triple première.

Qu'on en juge : c'est à West Ham qu'est né au printemps 1889, avec le syndicat des gaziers, le « nouvel unionisme ». C'est West Ham qui, en 1892, élit, en la personne de Keir Hardie, l'un des deux premiers députés socialistes à la Chambre des Communes et le futur chef du parti travailliste. Enfin, c'est West Ham qui, en 1898, devient la première commune du Royaume-Uni à être gérée par une municipalité socialiste. Berceau du « nouvel unionisme », terre d'élection du *Labour,* haut lieu du socialisme municipal, voilà bien une triple performance apte à conférer à West Ham un statut pionnier dans l'histoire du travaillisme. Et, à chaque fois, on retrouve au centre de l'action et à la pointe du combat la même figure : Will Thorne.

Dans cette association entre Thorne et West Ham — une association pour la vie et qui façonne le destin de l'un et l'autre —, deux étapes se succèdent : la première, la plus courte, est dominée par les affaires locales ; avec la seconde en revanche, à partir de 1900, la politique nationale l'emporte. Car, quoique syndicaliste dans l'âme, Thorne n'a jamais été un adepte du syndicat pour le syndicat. Au contraire — et il y a là une constante de sa personnalité —, il a toujours voulu unir syndicalisme et politique. Pour lui, un trade-unionisme qui ne serait pas dynamisé par une vision et une visée politiques se condamnerait à n'être qu'un trade-unionisme tronqué, étriqué, débile. En effet, pouvoir politique et pouvoir économique sont indissociables. Par conséquent, l'émancipation économique des ouvriers passe par leur émancipation politique. D'où une stratégie de représentation dans les centres de pouvoir au niveau national et au niveau local : le Parlement et les municipalités.

C'est pourquoi, dès les premiers temps de son existence, la *Gasworkers' Union* se lance dans des élections locales afin d'y faire entendre la voix des travailleurs. En octobre 1889, à Barking, commune voisine de West Ham, elle présente avec succès deux candidats au bureau d'administration scolaire *(School Board);* le mois suivant, quatre syndiqués sont élus au conseil municipal de West Ham. En 1892, elle annonce fièrement un total de 18 élus dans les collectivités locales anglaises soit à Londres, soit en province [1]. Du reste, il est inscrit dans les statuts du syndicat que l'un des objectifs est d' « assurer l'élection de trade-unionistes aux conseils de paroisses, aux bureaux d'administration scolaire, aux bureaux d'assistance, aux conseils municipaux et à la Chambre des Communes [2] ».

Pour sa part, Thorne, quand Beatrice Webb l'interroge en 1891 sur le programme et les méthodes d'action des gaziers, insiste sur le fait que le syndicat participe activement à la vie politique locale et entend bien multiplier le nombre de ses représentants dans les instances municipales [3]. Justement, lui-même quelques semaines plus tard, en décembre 1891, entre au conseil municipal de West Ham et, en vue des élections législatives attendues pour 1892, incite les ouvriers à adopter une ligne politique indépendante. A l'heure du vote, une question — et une seule — doit être pour eux la pierre de touche par rapport aux programmes des candidats : la journée légale de huit heures. Pas de distinction à cet égard entre les deux partis : pour le *Labour*, libéraux et conservateurs, c'est blanc bonnet et bonnet blanc. Il ne faut donc voter que pour des candidats s'engageant à soutenir la législation sur les huit heures. Du reste le moment viendra où le monde du travail arrachera aux capitalistes la machine gouvernementale et municipale pour assurer sa propre protection [4].

On est alors, en effet, dans les milieux socialistes et trade-unionistes, en plein bouillonnement d'idées et de projets en vue de la création d'un parti indépendant du travail. De tout côté gagne la conviction qu'il est urgent de multiplier les élus ouvriers aux échelons locaux et que l'heure a sonné d'une représentation propre des travailleurs au Parlement. Effectivement l'*Independent Labour Party* voit le jour à Bradford en janvier 1893. A l'opposé des conservateurs, pour qui les ouvriers doivent être réunis et intégrés organiquement à la nation pour le bien commun (c'est là la doctrine héritée de Disraeli) et à l'opposé aussi des libéraux, qui reconnaissent une spécificité au monde du travail — le *labour interest* —, mais prétendent aussitôt assumer à son endroit le rôle de tuteurs et de représentants au Parlement (c'est la tactique de l'alliance *Lib-Lab*), la petite phalange des éléments avancés du

Labour se dresse pour revendiquer pour la classe ouvrière un statut adulte et à part entière, donc politiquement indépendant, puisqu'à ses yeux les intérêts des ouvriers sont opposés à ceux des propriétaires et des capitalistes dominant les deux partis alternativement au pouvoir.

C'est d'ailleurs en propres termes le discours tenu par Thorne : « Tant que le Capital régnera sur toute la machine du gouvernement et des collectivités locales, écrit-il, les travailleurs continueront d'être exploités à tour de bras [5]. » Et de dénoncer, railleur et amer, la duperie des deux partis : « Les jours de grève, il n'y a ni *tories* ni libéraux parmi les grévistes, il n'y a que des travailleurs. Les jours d'élections, il n'y a plus de travailleurs, il n'y a que des libéraux et des *tories*. Et ces capitalistes *tories* et libéraux se prétendent tous des amis des travailleurs. » En fait, avertit Thorne, ce sont « tous des ennemis des travailleurs [6] ».

Une telle stratégie de conquête du pouvoir d'État et du pouvoir municipal s'explique par deux séries de raisons. D'une part, si les pratiques de lutte changent, c'est que l'expérience a enseigné aux syndicalistes, surtout chez un homme comme Thorne très attentif à la réalité sociale, combien il est vain de s'acharner dans une stratégie industrielle condamnée par les circonstances. Après les hauts et les bas de l'agitation au niveau de l'entreprise — et du fait de la conjoncture les bas l'emportent de plus en plus —, il faut tirer la leçon des échecs subis et reconnaître l'incapacité des nouvelles unions d'*unskilled* à maîtriser les flux de main-d'œuvre. Impossible pour elles de contrôler l'accès au marché du travail et à l'embauche face aux légions toujours disponibles de manœuvres prêts à jouer les jaunes et maintenant organisés systématiquement à travers l'Angleterre sous les auspices du patronat dans la *National Free Labour Association* créée en 1893. Telle est la signification, amère mais incontournable, des batailles perdues en tentant d'imposer sur le tas la *closed shop*. C'est pourquoi les enjeux se déplacent en même temps que le terrain des affrontements. Puisqu'il se révèle impossible de briser les défenses patronales à l'usine ou à l'atelier, on va utiliser le bulletin de vote pour substituer au pouvoir de la classe dirigeante le pouvoir du nombre, c'est-à-dire le pouvoir du travail [7].

En un sens, cette stratégie de remplacement peut être interprétée comme un aveu de faiblesse du trade-unionisme, mais psychologiquement c'est le moyen de compenser les reculs sur le front syndical par des avancées sur le front politique. C'est donc une source de grandes espérances. Pourquoi en effet la voie politique ne conduirait-elle pas au succès là où la voie industrielle a déçu ? D'autant que la pression n'est nullement abandonnée au sein des entreprises, où les luttes se poursuivent à coup de *collective bargaining*, même si la tactique adoptée est plus prudente, puisque Thorne lui-même déconseille de recourir à la grève [8].

Mais, en même temps, cette stratégie alternative correspond à une analyse théorique. Ici se retrouvent toutes les familles socialistes : des marxistes groupés autour d'Eleanor Marx et Aveling à ceux de la *Social Democratic Federation* — à laquelle Thorne appartient toujours —, des Fabiens à Keir Hardie et aux « nouveaux unionistes », tout le *labour movement* choisit de concentrer ses énergies sur le nouvel objectif électoral et parlementaire. Gagner des sièges dans les institutions municipales et locales pour y conquérir la majorité et y démontrer la possibilité d'une alternative à la gestion capitaliste, faire élire en nombre des ouvriers à la Chambre des Communes, voilà le seul moyen de jeter le gant à l'État libéral et de lui ravir son pouvoir.

Ainsi Thorne n'hésite-t-il désormais plus à reconnaître franchement l'inspiration socialiste qui guide la démarche de la *Gasworkers' Union*. Aux voix qui s'élèvent dans la classe dirigeante ou parmi les « vieux unionistes » pour accuser le syndicat d'être d'abord une organisation socialiste, il rétorque : « C'est vrai que beaucoup d'entre nous sont socialistes. Nous croyons en effet que c'est seulement en réalisant le socialisme que l'on apportera le remède véritable à la misère de notre société [9]. » De là découle une exigence de logique : la solidarité ouvrière doit être identique sur le lieu de travail et au bureau de vote. « C'est de la folie pour un syndicaliste, proclame Thorne, de combattre *pour* sa classe lors d'une grève et de combattre *contre* sa classe en votant *tory* ou libéral lors d'une élection [10]. »

Dans l'immédiat, la priorité est donnée à la conquête du pouvoir local — objectif partiel, mais à la portée du *Labour*. D'où la popularité du socialisme municipal dans la dernière décennie du xixe siècle. C'est peut-être pourquoi Thorne n'a paradoxalement joué qu'un rôle insignifiant dans la fondation de l'*Independent Labour Party*, alors que Keir Hardie lui a fait des ouvertures très directes [11]. Il est vrai qu'il est aussi retenu par sa fidélité à la SDF et que deux de ses plus proches collaborateurs du syndicat des gaziers, Pete Curran et John Clynes, prennent une part très active aux débuts de l'ILP. Thorne, quant à lui, concentre maintenant ses efforts sur West Ham.

***

Fascinant laboratoire social — en attendant de devenir un laboratoire socialiste —, terrain d'expérience à grande échelle, West Ham, à la fin du xixe siècle, constitue une ville dans la ville. Si sur le plan administratif la localité a son autonomie et forme une commune séparée, sur le plan urbain c'est un simple fragment de l'immense agglomération londonienne, un prolongement de la ville vers l'est. Quand on vient de la capitale, sitôt franchie la rivière Lea dont les courbes dessinent la limite orientale du comté de Londres, on entre dans la vaste cité ouvrière — 6 kilomètres du nord au sud, 3 de l'est à l'ouest — sillonnée de lignes de chemin de fer, quadrillée de centaines de petites rues aux maisons grises toutes semblables, constructions médiocres et souvent malsaines, tandis que sur le pourtour, le long de la vallée de la Lea et des rives de la Tamise, s'étend le royaume des industries lourdes : là s'élèvent cheminées et hauts murs d'usines, gazomètres, entrepôts, scieries, hangars et ateliers en tout genre, au milieu des fumées et des odeurs de caoutchouc, de teinture, d'alcali.

Si, en revanche, on aborde West Ham par la Tamise, on découvre la zone des docks — les immenses Victoria and Albert Docks dont le trafic à lui seul à la fin du siècle dépasse celui de l'ensemble des docks de Londres étirés de la Tour à l'île des Chiens —, les hautes silhouettes des navires, des forêts de mâts, de cheminées, de grues. En bordure du fleuve se dresse un front usinier continu où alternent chantiers navals, raffineries de sucre et de naphte, silos, usines à gaz, fabriques de caoutchouc, de câbles, de confitures, de guano, tandis que sur le fleuve lui-même règne un va-et-vient incessant de grands et de petits bateaux, de remorqueurs, de barges, d'allèges, jusque dans la nuit éclairée par les lueurs de ces mastodontes industriels qui ont poussé là comme des champignons.

C'est bien d'ailleurs une ville-champignon que cette banlieue dont la population a doublé à deux reprises en l'espace d'une décennie : de 1851 à 1861, de 1871 à 1881. Modeste bourgade rurale peuplée de 6 000 habitants en 1801, la commune frôle les 20 000 âmes en 1851. Alors débute une poussée foudroyante : quand Thorne y arrive, la ville compte 129 000 habitants, et en 1901 elle atteint le chiffre de 267 000 — une augmentation de 138 000 habitants en vingt ans (remarquons qu'à cette date West Ham, qui vient au neuvième rang des villes d'Angleterre par la population, est exactement aussi peuplée que l'était Birmingham au moment de la naissance de Thorne). Le maximum sera atteint en 1921 avec 300 000 personnes, puis à partir de là le déclin s'amorce.

De cette croissance vertigineuse le coût social et humain est élevé. Déjà, vers le milieu du siècle, Dickens avait donné de ce faubourg de la capitale une sombre description :

« En bordure des marais de l'Essex existe une banlieue exclue de la protection de la loi sur les constructions dans la capitale *(Metropolitan Buildings Act)*. En fait, elle est située juste au-delà de la limite administrative de Londres, et c'est pourquoi, après avoir été chassées de la ville, se sont réfugiées là les fabriques les plus dangereuses — usines de couleurs, boyauderies, manufactures de vernis et d'encre d'imprimerie, et autres du même genre. Échappant aussi à la réglementation sur l'aménagement de la capitale *(Metropolis Local Managing Act)*, ce faubourg est libre d'aligner des rangées de maisons dépourvues d'égouts, de gaz, de rues, de trottoirs. C'est la paroisse de West Ham, où ont surgi deux villes nouvelles, Hallsville et Canning Town. [...]

« Le sol sur lequel Hallsville et Canning Town sont bâties est à deux mètres en dessous du niveau de la mer. Les deux petites agglomérations bordent Bow Creek, dont les eaux à marée haute sont retenues par de très vieux remblais de terre remontant aux Danois, aux Saxons ou aux Romains. La première fois que nous sommes venus ici, l'eau du fleuve montait plus haut que le sol sur lequel nous marchions. [...]

« On a construit des rangées de petites maisons (elles n'ont pas dû coûter plus de 80 livres sterling chacune) avec l'arrière systématiquement et volontairement adossé à des fossés marécageux privés de déversoir sauf en un point. [...] Chaque maisonnette dispose d'un tuyau d'évacuation de 2 à 3 mètres de long vers le cloaque à ciel ouvert sur lequel donnent les fenêtres arrière, à moins qu'elle ne le surplombe directement. On est gêné de parler de construction quand les maisons ressemblent à des séries de cartons à chapeaux posés sur le sol. Pendant l'hiver chaque pâté de maisons se transforme de temps à autre en une petite île [...], puis le courant nettoie les fossés et emporte les saletés, qu'il répand à la surface du voisinage. Il ne faut pas s'étonner si la nuit la puanteur des marais est effrayante à Hallsville et Canning Town. [...]

« Lorsqu'une épidémie frappe, elle est tout de suite très grave et dure pendant des mois. Comme l'étincelle sur l'amadou, le mal s'abat sur des corps anémiés par l'air vicié que l'on respire nuit et jour. [...] Selon le prêtre de la paroisse — l'église est trop loin pour les habitants de Hallsville, mais ils connaissent de vue le pasteur —, alors que Plaistow et Hallsville ont une population à peu près égale, on a compté, en six mois, 16 enterrements à Plaistow et 72 à Hallsville. [...]

« Canning Town est l'enfant des Victoria Docks. Les mauvaises conditions du secteur et des environs détournent les ouvriers qualifiés de s'y établir. Ils préfèrent Stratford ou Plaistow. Ceux qui choisissent d'y résider le font parce qu'ils sont déjà tombés si bas que la saleté ne les rebute plus ; les plus pauvres des manœuvres habitent ici, parce qu'ils ne peuvent pas payer plus cher, et la spirale de dégradation commence. Dans une large mesure la Compagnie des Docks est responsable des conditions régnant dans la ville qu'elle a fait naître. Beaucoup de maisons sont édifiées par de pauvres bonshommes ignorants qui, après avoir mis de côté une centaine de livres, ont l'espoir fallacieux d'un bon investissement ce qui les conduit fatalement à construire au rabais. Qui a bien pu baptiser ici une ruelle " rue Montesquieu " ? [...] Et qui a pu construire " Graves Terrace ", sinon un entrepreneur de pompes funèbres enrichi ici qui a investi ses bénéfices dans des immeubles capables de susciter de nouvelles affaires pour son entreprise [12] ? »

Un demi-siècle plus tard, une autre description, due celle-là à la plume d'un des animateurs du *Labour* à West Ham, montre que si la localité a plus que décuplé dans l'intervalle, elle continue de souffrir de la même désolation et de la même déréliction :

« West Ham est bâtie sur une vaste zone marécageuse située en bonne partie au-dessous du niveau de la mer et divisée par quantité de bras d'eau où remonte la marée et sur les rives desquels sont installées des usines en tout genre. A l'extrémité nord-est, la commune avoisine Wanstead Flats, mais à cette exception près le niveau de West Ham est si plat que l'égout-déversoir édifié à l'air libre de Temple Mills à Barking Creek et qui coupe la commune en deux, passe au-dessus des maisons environnantes sur presque tout son trajet. Le toit de l'égout a été aménagé en quai-promenade. C'est le " boulevard " de West Ham ! [...] Qu'on imagine des ouvriers se promenant le long de ce " boulevard " : à droite une usine à gaz, à gauche une station de pompage de vidange, deux usines chimiques par-derrière, et par-devant une fabrique de savon ! [...]

« Au sud de la commune s'étendent les Victoria and Albert Docks, entourés de leur armée d'ouvriers à l'emploi précaire, et au-delà, le secteur industriel de Silvertown, avec ses énormes usines et entrepôts le long de la Tamise — secteur si désolé qu'en comparaison Saint Helens ou Widnes passeraient pour de belles villes. L'atmosphère est noircie par la fumée, polluée par les émanations nocives des produits chimiques, empuantie par les fabriques d'engrais et de savon. Les seuls bruits qu'on entende sont le sifflement des locomotives et le lugubre mugissement des sirènes de brume sur les bateaux qui remontent la Tamise. C'est cela West Ham — un district que l'on ne peut comparer à aucun autre de taille équivalente dans tout le royaume. [...]

« En dehors de la pointe nord, vers Forest Gate, aucun bourgeois n'habite ici à moins d'y être obligé. 95 % des propriétaires des usines de West Ham résident ailleurs. [...] Non point bénéficiaire, mais victime de la proximité de Londres, West Ham est la poubelle où la capitale déverse ses déchets humains. [...] West Ham est solitaire. *West Ham farà da se*[13] ! »

Comment s'étonner dès lors que William Morris, dans les *Nouvelles de nulle part,* utopie rêvant d'un Londres régénéré et d'une Angleterre baignée d'harmonie et de bonheur, y brosse la vision d'espaces verdoyants étendus à nouveau sur les rives de la Tamise : à la place des misérables taudis de jadis, « sous l'immense voûte du ciel et sous les flots paisibles du soleil un endroit qui s'appelle Canning Town, et plus loin Silvertown, où les prairies sont plus charmantes que partout ailleurs [14] ».

*
**

Si l'on quitte le domaine du rêve pour la réalité, on doit mettre en évidence trois données maîtresses pour caractériser le paysage social de West Ham à la fin du XIXe siècle : d'abord la puissance de l'industrie concentrée en grands établissements, ensuite la prédominance des *unskilled* et du travail irrégulier, enfin le passage d'une culture ouvrière passive à une culture ouvrière militante. A ce triple point de vue, West Ham n'a pas seulement une originalité bien définie, c'est une banlieue qui, même si elle fait partie intégrante de l'économie et du marché du travail de Londres, présente un caractère tout à fait atypique par rapport à la capitale.

Sur le plan des structures industrielles West Ham a attiré les industries lourdes combinant besoin d'espace, nuisances, transport par eau et main-d'œuvre abondante et docile. Mais ce qui est plus remarquable encore, c'est la rapidité de rythme de la croissance, source d'une industrialisation galopante, et la prédominance des grandes entreprises modernes et concentrées, faisant travailler un grand nombre d'ouvriers, en contraste complet avec l'économie londonienne traditionnelle où les petites et moyennes unités de production constituent la règle.

En tête viennent quatre secteurs : la chimie, la métallurgie, l'industrie alimentaire, les docks. Sur un ensemble d'environ 125 établissements de taille importante, on compte une vingtaine d'usines chimiques (soude, engrais, caoutchouc) à quoi se rattachent une dizaine de savonneries et autant de fabriques de peintures et vernis, une quinzaine d'entreprises métallurgiques (dont un grand chantier naval), une dizaine de manufactures d'alimentation (deux puissantes raffineries de sucre, trois brasseries, trois grands moulins, des huileries, des confitureries, des chocolateries), une douzaine d'entreprises de bois et de scieries, deux usines à gaz (sans compter celle de Beckton dans la commune voisine d'East Ham, dont la majorité des ouvriers habite Canning Town). Au total usines et ateliers réunis emploient 20 000 hommes et 7 000 femmes.

La population active féminine, où l'on compte assez peu de femmes mariées et où dominent les jeunes filles (40 % ont moins de dix-huit ans), se divise en deux groupes distincts : d'un côté des ouvrières de la grande industrie (chimique ou alimentaire), de l'autre des travailleuses dans les secteurs traditionnellement dévolus aux femmes : blanchisserie, textile (en particulier les sacs de jute), vêtement, avec dans ce dernier cas beaucoup de couturières à domicile victimes du *sweating system*[15]. Ajoutons bien sûr la plus grande partie des 5 000 domestiques recensés[16].

Parmi les grosses entreprises qui donnent à West Ham sa personnalité industrielle, citons les deux célèbres raffineries de sucre, Tate (1 000 ouvriers) et Lyle, chacune alors au début de sa prospérité et qui fusionneront par la suite ; la fabrique de marmelade d'orange Keiller (800 salariés) ; le complexe chimique où se sont associés l'ingénieur britannique Brunner et le chimiste allemand Ludwig Mond, association appelée à former le géant ICI (Imperial Chemical Industries); les chantiers navals Thames Ironworks, les derniers d'une industrie jadis florissante mais dont l'activité fluctue au rythme des commandes de l'Amirauté : 1 500 ouvriers dans les années 1880, 3 000 en 1900, 1 000 en 1907, le chantier fermant en 1910 (les nouveaux *dreadnoughts* sont trop larges d'un mètre pour pouvoir entrer dans les cales sèches...). Nous connaissons déjà à Silvertown la puissante entreprise Silver's India Rubber and Telegraph Company, qui occupe 7 hectares sur un front de 300 mètres le long de la Tamise et qui fabrique du caoutchouc, des isolants électriques, des câbles sous-marins. La grève de 1889 ne l'a pas empêchée de prospérer, puisque quinze ans plus tard elle emploie 3 000 salariés.

Néanmoins, les deux plus gros employeurs de West Ham sont d'une part les Victoria and Albert Docks, qui font travailler selon les jours de 2 500 à 5 000 dockers (à côté d'eux il y a les arrimeurs, les débardeurs de charbon, les magasiniers, les bateliers, les gabariers), d'autre part le Great Eastern Railway, dont le complexe industriel géant occupe 30 hectares au nord de la localité, à Stratford : là sont rassemblés des ateliers de fabrication de matériel de chemin de fer (on y produit une locomotive par semaine, un wagon de voyageurs par jour, un wagon de marchandises par heure !), des hangars de réparation et une gare de triage. De 1 500 salariés en 1850, l'emploi est passé à 5 000 en 1890 et il atteint près de 7 000 en 1900 [17].

Ainsi, à la différence de Londres où la crise des principales industries contraint des pans entiers d'activité soit à disparaître peu à peu, soit à se restructurer de fond en comble pour s'adapter, West Ham — si l'on excepte la construction navale — est le siège d'industries modernes en expansion : industries à la technologie avancée, bien intégrées dans un réseau capitaliste britannique et international à la fois dynamique et sophistiqué. De surcroît, du fait de la présence de grands établissements concentrés, d'un marché du travail favorisant la montée des *semi-skilled*, et d'un système de relations professionnelles disciplinaire et anonyme, la conscience de classe va se développant, renforcée par la coupure tranchée entre salariat et patronat. Aussi, pour une partie du monde du travail, un choix s'impose de plus en plus : ou bien la continuation d'un apolitisme docile et aléatoire ou bien l'éveil à un engagement syndical et civique.

***

Sur le plan des structures sociales, il en découle que West Ham se définit avant tout comme une ville ouvrière. Très peu de bourgeoisie, sinon quelques *clergymen*, médecins, avoués, commerçants, à quoi s'ajoute la petite poignée de professeurs et d'étudiants animant les quatre *University Settlements*. D'ailleurs, remarquait le chanoine Barnett, pionnier de ce mouvement universitaire et recteur de Toynbee Hall à Whitechapel, « personne n'habite de son propre gré dans les quartiers de l'est de Londres »[18]. En revanche, un contingent non négligeable de petite bourgeoisie, fixée dans les secteurs plus favorisés de Forest Gate et de Upton : cols blancs dont beaucoup travaillent dans la Cité et dont le nombre va croître rapidement après 1900. Il existe en effet une nette dissymétrie entre le nord et le sud de la localité, l'un prenant un certain caractère résidentiel de commune-dortoir, l'autre surpeuplé, misérable, exclusivement prolétarien.

En termes statistiques éclatent à la fois le caractère

populaire de la commune, avec une prépondérance marquée des *unskilled* (la profession *general labourer* arrive de loin en tête du recensement), et le contraste entre West Ham et Londres, comme le montre le tableau suivant [19].

| STRUCTURE SOCIALE DE WEST HAM EN 1891 ||||
| Population active masculine ||||
Classe sociale	West Ham	Londres*
Bourgeoisie : patrons, professions libérales, cadres, clergé (*middle class*)	5 %	9 %
Petite bourgeoisie : commerçants et employés (*lower middle class*)	18 %	21 %
Ouvriers manuels : – qualifiés (*skilled*) – semi-spécialisés (*semi-skilled*) – manœuvres (*unskilled*)	37 % 10 % 30 %	38 % 15 % 17 %
* Comté de Londres.			

Anomalie majeure dans la composition sociale, la haute proportion des manœuvres à la fois cause et conséquence du sous-emploi chronique, lui-même lié au port et aux industries locales. C'est pourquoi West Ham, terre d'élection du *casual labour*, est ravagé par le chômage, phénomène qu'aggravent des crises cycliques encore plus durement ressenties ici qu'ailleurs : 1884-1887, 1893-1895, 1904-1905, 1908-1909... Loin de s'améliorer la situation de l'emploi a plutôt tendance à empirer au début du nouveau siècle, par suite de l'effondrement de la construction navale, du recul du bâtiment, du déplacement en aval de l'activité du port des Victoria and Albert Docks vers les Tilbury Docks. Experts et philanthropes ont beau se pencher sur le problème, leur diagnostic est frappé de pessimisme. Déjà à l'époque où Dickens explorait les bas quartiers du faubourg on dénonçait le fléau du travail intermittent [20]. Un demi-siècle plus tard, après une enquête sociologique approfondie, les auteurs concluent sans illusion : « Sur le plan industriel West Ham restera pauvre aussi longtemps que continuera le *casual labour* [21]. »

Le résultat, c'est effectivement une pauvreté endémique, qu'attestent tous les indicateurs sociaux. On a déjà évoqué la désolation de l'environnement urbain. S'y ajoutent les déficiences des équipements collectifs et la misère de l'habitat. Construction médiocre et conditions sanitaires déplorables se combinent avec la cherté des loyers et le surpeuplement : de 1880 à 1914 on compte en moyenne 6,5 personnes par maison à West Ham au lieu de 5,7 pour l'ensemble de l'Angleterre. A Canning Town, à Silvertown, les *slums* sont légion.

Autre signe du bas niveau de vie : la natalité et la mortalité infantile, qui se maintiennent à un taux élevé, alors que partout ailleurs la tendance est à la baisse. Ainsi, pour la proportion des moins de quinze ans, West Ham détient le record des villes anglaises derrière Saint Helens dans le Lancashire. Par rapport à Londres, le différentiel est considérable : en 1881 41 % contre 33 % ; en 1901 37 % contre 30 %.

Dans ces familles ouvrières très nombreuses beaucoup d'enfants sont si mal nourris que leur croissance est irrémédiablement entravée par le rachitisme, et bientôt les statistiques du recrutement de la guerre des Boers vont démontrer de façon alarmante les défaillances physiques des volontaires issus des quartiers prolétariens. En 1894, un *clergyman* nommé dans une misérable mission de Plaistow et horrifié par le paupérisme confiait à son journal quel crève-cœur c'était pour lui de faire réciter aux petits enfants : « Donnez-nous notre pain quotidien », en sachant qu'ils n'avaient chez eux presque rien à manger[22].

***

Troisième composante du paysage social : la culture ouvrière. A West Ham, ville peuplée en majorité de migrants, elle est d'abord tributaire de l'origine démographique et géographique de ceux qui sont venus chercher fortune dans cette banlieue populaire. Au terme d'une étude approfondie, John Marriott a montré que la population de West Ham provient essentiellement de deux flux migratoires : l'un, rural, venu de l'est et du nord-est ; l'autre, urbain, par transfert du trop-plein de la métropole londonienne (le cas d'un migrant comme Thorne, arrivé des Midlands, n'est nullement représentatif). D'un côté donc, un courant continu de campagnards, avant tout des journaliers agricoles, chassés par la misère rurale et attirés par la ville, représentant entre 1850 et 1910 un effectif d'environ 50 000 personnes, dont 30 000 originaires de l'Essex et 20 000 du Suffolk et du Norfolk. De l'autre, une émigration massive de Londoniens, atteignant peut-être 135 000 âmes, qui quittent les quartiers du centre et de l'*East End* pour se fixer en banlieue[23].

D'où le mélange d'une population rurale et d'une population urbaine, très différentes par leur environnement de départ, leur mode de vie, leur mentalité, mais dont l'amalgame s'opère assez vite. Sur le plan de la participation au *labour movement,* loin que le clivage urbains/ruraux favorise les premiers, on retrouve, au dire de Keir Hardie, bon nombre d'anciens journaliers agricoles parmi les cadres ou les militants de base des organisations avancées.

D'autre part la culture ouvrière est d'abord et avant tout entée sur le travail : façonnée et régulée par les modalités de l'embauche, le niveau de la paye, la discipline et le degré de satisfaction au travail, la sociabilité d'équipe ou d'atelier. Elle présente donc une grande diversité, en corrélation avec la qualification, puisqu'à West Ham s'étage toute la gamme de la stratification ouvrière, depuis les professionnels — l'aristocratie ouvrière fournissant un contingent appréciable dans la métallurgie, l'imprimerie, le bâtiment — jusqu'aux manœuvres qui prédominent dans la chimie, les industries alimentaires et les docks.

Sur le plan de la sociabilité et des croyances, les analyses divergent en ce qui concerne les influences religieuses. La thèse la plus courante, on le sait, est celle d'une déchristianisation très poussée des classes populaires dans l'Angleterre victorienne, tout particulièrement à Londres. Indiscutablement les statistiques de la pratique démontrent une indifférence massive et un détachement généralisé à l'égard des Églises. Mais, d'un autre côté, tout au long du siècle, il a été de bon ton dans les classes aisées de se lamenter devant l'étendue de la démoralisation et de l'incroyance ouvrières et de fustiger les progrès de la laïcisation. Or ce sont ces mêmes milieux qui ont défini les normes et les instruments de mesure de l'appartenance aux Églises. Des études récentes d'anthropologie religieuse ont insisté, en sens inverse, sur l'enracinement d'une certaine religion populaire et sur la force d'un *habitus* religieux qui entrent mal dans les critères officiels et institutionnels de rattachement aux diverses confessions chrétiennes.

Quoi qu'il en soit, si l'on se réfère à la grande enquête statistique conduite en 1902-1903 par le *Daily News* sur le comportement religieux des Londoniens — mais établie justement en fonction des critères classiques de la pratique —, les résultats pour West Ham sont ambigus, même s'ils ne laissent pas d'être très préoccupants pour les Églises. En effet, pour une population de 267 000 âmes, on relève un ensemble de 47 000 personnes fréquentant les divers lieux de culte, soit une sur six, en dessous du chiffre moyen du Grand Londres (une personne sur cinq) [24].

Ce n'est pas que les lieux de culte manquent ou soient trop distants, comme au temps de Dickens, puisque West Ham compte au tournant du siècle 30 paroisses de l'Église d'Angleterre, plus une dizaine de missions anglicanes, 41 chapelles non conformistes (20 méthodistes, 14 baptistes et 7 congrégationalistes), 5 églises catholiques, 6 halls de l'Armée du Salut, à quoi s'ajoutent une pléiade de temples et de chapelles pour les autres sectes [25]. Ce qui, en revanche, est significatif, c'est la répartition par quartier, par sexe et par âge. De là ressortent trois constatations principales : la faiblesse d'une Église établie fort délaissée, l'inégalité d'implantation du non-conformisme, la vitalité, mais le caractère très minoritaire, du catholicisme.

Du côté anglican, deux signes alarmants. D'abord sur un total de 15 000 pratiquants (soit le tiers seulement de l'ensemble), la moitié est formée par les enfants et parmi les adultes le nombre des femmes est le double de celui des hommes : ceux-ci ne constituent donc qu'un sixième des pratiquants. D'autre part, l'Église d'Angleterre n'apparaît pas seulement comme une Église de femmes et d'enfants, mais son anémie s'accentue dès qu'on pénètre dans les quartiers les plus pauvres à Silvertown et à Canning Town où, dans des assemblées dominicales squelettiques, la proportion des enfants grimpe aux deux tiers, parfois aux trois quarts du total. Chez les non-conformistes, plus nombreux que les anglicans (24 000 pratiquants), les chapelles sont surtout florissantes dans les zones plus aisées du nord de la commune, vers Forest Gate et Upton, puisque les communautés congrégationalistes et baptistes et à un moindre degré méthodistes se recrutent surtout parmi les commerçants et les employés ; au contraire, on relève une faiblesse accusée dans les districts populaires. En outre, la participation des hommes aux services est limitée à un quart, le reste de l'assistance se divisant à égalité entre les femmes et les enfants. Quant à l'Armée du Salut, après vingt ans d'efforts, elle enregistre des résultats bien décevants : pour l'ensemble de West Ham 1 400 personnes seulement viennent participer à ses séances de musique, de chant et de glossolalie.

Il n'y a que deux confessions à pousser des racines vigoureuses dans le monde du travail. D'une part un petit noyau de « méthodistes primitifs » recrutés parmi les ouvriers agricoles de l'Est-Anglie : ils ont bâti neuf chapelles dans la seconde moitié du siècle et y réunissent 2 000 à 2 500 pratiquants (encore que la moitié soit des enfants). D'autre part l'Église catholique, dont les fidèles sont les descendants des émigrés irlandais venus en nombre comme manœuvres vers 1850-1860 et qui réunit régulièrement à ses messes 5 000 personnes. Ici la répartition, équilibrée par sexe et par âge, témoigne de la bonne santé des communautés : un tiers d'hommes, un tiers de femmes, un tiers d'enfants [26].

Mais, à la sociabilité des paroisses et des chapelles, avec leurs groupes de jeunes et d'enfants, leurs réunions de mères de famille, leurs fêtes, kermesses et ventes de charité, leurs soirées récréatives, leurs sorties à la campagne et à la mer, une autre institution fait une dure concurrence : le cabaret — le lieu de sociabilité par excellence. Et les premiers à reconnaître cette attraction du *pub*, centre de la culture ouvrière, ce sont souvent les représentants des Églises : « Que trouve l'ouvrier au *pub* ? écrit avec perspicacité l'un d'eux. Il y trouve quelque chose qui brille, une oasis illuminée au milieu d'un désert de grisaille. Il y trouve un lieu chaleureux, d'une chaleur sympathique et accueillante, au cœur de la désolation. Mais surtout il y trouve de la compagnie, des relations, de la sociabilité [27]. »

***

C'est dans ce contexte d'une banlieue ouvrière démesurée, défavorisée et délaissée et en réaction contre la pauvreté et l'aliénation auxquelles la majorité de la population a été condamnée jusque-là, que se déroule dans les dernières années du siècle la bataille du socialisme municipal. Épisode qui domine la vie locale en atteignant son point culminant en 1898-1899 et qui commande l'activité de Will Thorne pendant un lustre. Pour Thorne le nouvel objectif, à savoir la conquête du pouvoir local, répond à une vision très claire et très consciente. Le calcul est de remédier aux difficultés de l' « aile industrielle » du *labour movement* en faisant entrer en lice l' « aile politique ».

Concrètement, dans la carrière de Thorne, on peut faire démarrer cette nouvelle étape de la formation à West Ham en 1894 d'un Comité d'Union du Travail et du Socialisme. Ce *United Socialist and Labour Council* constitué à l'instigation de Thorne et non sans mal, mais dont la naissance marque un tournant, réunit au départ les trois principales organisations du mouvement ouvrier local : la *Social Democratic Federation* (SDF), l'*Independent Labour Party* (ILP) et la bourse du travail (*West Ham Trades Council*). C'est l'axe de l' « alliance du travail » (*labour alliance*) à laquelle vont s'agréger bientôt d'autres forces : socialistes chrétiens, radicaux et libéraux avancés (baptisés alors « progressistes »), nationalistes irlandais — coalition à la dynamique à la fois mobilisatrice et fragile.

A cette date Thorne a déjà une expérience du travail dans les collectivités locales, puisqu'il est depuis 1891 membre du conseil municipal où il représente le quartier de Canning Town (West Ham n'a été dotée que très tardivement, en 1886, d'un statut municipal, mais la ville est maintenant administrée par un conseil de 48 membres formé en partie de conseillers élus, en partie d'échevins). Aux élections de 1891, c'est sous l'étiquette de la SDF que Thorne s'est porté candidat et qu'il a été élu, à la suite d'une campagne assez tendue où il a eu l'audace de préconiser un programme comportant la journée de huit heures pour les employés municipaux, la municipalisation des trams et la construction de bains et de lavoirs publics !

Au conseil, Thorne se considère seulement comme le porte-parole et le mandant discipliné de la SDF, dont il est chargé d'appliquer la ligne en vertu de l'engagement qu'il a contracté avant les élections : « Je soussigné, Will Thorne, m'engage, si je suis élu au conseil municipal, à travailler pour les objectifs contenus dans le programme de la SDF et à soumettre mon action et mes votes aux directives de la section de Canning Town. En outre je m'engage à me retirer du conseil municipal si la section réunie en assemblée extraordinaire conformément aux statuts me le demande [28]. » Pratique impérative, sinon impérieuse, du « mandat » que Thorne étendra par la suite à l'ensemble des représentants du *labour group* au conseil le jour où celui-ci aura la majorité.

Dans l'immédiat cela n'empêche pas le nouvel élu d'être relativement bien accueilli par une partie de l'opinion locale, comme en témoigne ce portrait dressé par le *West*

157

Ham Herald : « Dans le *labour movement,* Thorne est l'un des hommes les plus sérieux et sensés, droit et solide — exception, hélas ! rare. C'est un homme que les travailleurs aiment et dont ils sont fiers, un homme qui ne médit jamais d'un autre, qui travaille uniquement pour le mouvement et qui est absolument désintéressé[29]. »

Très isolé au sein du conseil municipal, il ne peut guère y avoir d'action effective, mais, depuis que le « nouvel unionisme » a secoué les rives de la Tamise, on observe une atmosphère un peu différente chez les notables de l'industrie et du commerce (la « *shopocracy* ») qui régissent les affaires de West Ham et qui jusque-là ont manifesté une totale indifférence envers les problèmes vitaux des milieux populaires — logement, santé publique, équipements collectifs. Désormais on ne peut plus ignorer la « question sociale », que de surcroît Thorne se charge de rappeler à temps et à contretemps. D'où quelques frémissements annonciateurs d'une ère nouvelle.

Un épisode spectaculaire en 1894 est resté dans les annales. On est alors en pleine dépression. La crise économique est encore aggravée par les rigueurs de l'hiver, et dans West Ham qui grelotte le chômage frappe des milliers de foyers. Pour protester contre les insuffisances de l'action municipale et contre l'idée d'un paiement au rabais des travaux d'urgence hâtivement mis en place pour les chômeurs, des manifestations de sans-travail sont organisées, et une cohue hétéroclite d'affamés qu'encadrent socialistes et syndicalistes défile à travers les rues, tandis qu'une délégation, drapeau rouge en tête, pénètre dans la salle des séances du conseil municipal et y présente le cahier des revendications, Thorne s'efforçant de canaliser de manière politique le mouvement qu'il a suscité. En tout cas le résultat est là : sur l'opinion locale l'effet, relayé par les média, est considérable[30].

Cependant, deux ans auparavant, s'était produit un événement de portée nationale, mais aussi d'une signification immense pour le destin du Labour à West Ham : l'élection de Keir Hardie au Parlement dans la circonscription de West Ham-Sud. S'il est vrai que flottait une certaine ambiguïté sur le programme du candidat, soutenu de concert par les libéraux et les socialistes sous l'étiquette *Labour*[31], la personnalité de Keir Hardie, champion intransigeant de la représentation ouvrière au Parlement et bientôt leader de l'ILP (celui-ci sera créé quelques mois plus tard), indiquait clairement qu'il s'agissait d'une entrée résolue du socialisme en même temps que du monde du travail dans l'enceinte sacrée de Westminster.

Thorne, quant à lui, s'est rallié sans réserve à la candidature de Hardie et lui a apporté le poids de son autorité personnelle et l'actif soutien du syndicat des gaziers. Les deux hommes entretiennent alors des relations étroites et cordiales, mais à partir de 1894 des dissentiments apparaissent entre eux pour des raisons restées obscures. La rupture — qui dans une certaine mesure reflète l'opposition politique et éthique entre la SDF et l'ILP — est consommée après 1895, date à laquelle Keir Hardie disparaît de la scène de West Ham après sa sévère défaite aux élections législatives. Toutefois il n'abandonnera officiellement sa candidature à West Ham-Sud au profit de Thorne qu'en 1899, et celui-ci le retrouvera à la Chambre des Communes en 1906 comme député de Merthyr Tydfil, au pays de Galles, où Hardie a été élu en 1900.

C'est donc à Thorne qu'il revient de porter haut et ferme l'étendard du socialisme municipal à West Ham. Un terme alors en vogue, popularisé par les Fabiens qui s'en font les chantres lyriques et les propagandistes affairés, bien qu'à la SDF Hyndman ait naguère proposé une municipalisation complète des services publics dans un livre de 1887 intitulé *A Commune for London* — vision grandiose d'une municipalité de progrès guidant le peuple vers « la révolution sociale ».

L'optimisme règne en effet au cours des années 1890 chez les socialistes de toutes tendances, qui croient aux possibilités du pouvoir local, une fois conquis, de substituer la propriété publique à la propriété privée des grands services — eau, gaz, tramways, marchés, docks — et d'intervenir en matière d'habitat et de voirie par des logements municipaux et un service de travaux publics directement gérés par la municipalité, celle-ci devenant en quelque sorte l'entrepreneur modèle et faisant la leçon, en même temps que la concurrence, aux entrepreneurs privés. Certains songent même à étendre le système à des ateliers communaux ou plutôt à des coopératives organisées dans chaque localité par secteur d'activité, depuis la chaussure et l'imprimerie jusqu'au bâtiment, pour le plus grand bien des producteurs et des consommateurs. Un élan supplémentaire est donné par l'exemple de Londres où la municipalité créée en 1889, le *London County Council*, est dominée par les « progressistes », phalange de libéraux avancés et d'éléments socialisants, et met en œuvre un programme social dynamique et audacieux [32].

Bref, il s'agit par le canal du socialisme municipal d'allier l'idéologie et la réalité en mariant socialisme théorique et socialisme pratique. D'où un véritable credo, un idéal mobilisateur, chez les hommes et les femmes du *Labour* avides de démontrer à ceux qui accusent le socialisme de n'être que chimères et billevesées la capacité de la doctrine d'aboutir sur le terrain à des réalisations concrètes, tangibles, à la portée des citoyens. Dès lors pourquoi le rêve ne pourrait-il prendre corps à West Ham, lieu privilégié d'expérience, du fait même du retard accumulé en matière de services municipaux et des besoins criants de la population ouvrière ? Pourquoi ne pas faire de cette banlieue si défavorisée, condamnée jusqu'ici à la déréliction, une commune modèle montrant la voie de l'avenir ? Pourquoi ne pas métamorphoser cette victime du capitalisme en vitrine du socialisme ?

De 1894 à 1898 on assiste donc à une montée progressive du *Labour* à West Ham. Tout un faisceau de conditions favorables se trouve réuni pour provoquer un réveil du monde du travail, jusque-là absorbé la plupart du temps par les soucis quotidiens, le fatalisme, la méfiance à l'égard des jeux de la politique. Parmi ces conditions citons : une classe ouvrière relativement homogène, quelles que soient ses différences de qualification et de revenu, en raison des aléas du marché et de la commune dépendance vis-à-vis de grandes entreprises capitalistes anonymes ; la concentration du salariat sur un territoire particulièrement démuni et négligé ; la vitalité de communautés de quartiers riches de sociabilité et de solidarité, ayant le sentiment d'appartenir à une même cité, à la différence de l'agglomération londonienne éclatée et disparate ; les débuts d'un esprit civique autour des institutions locales ; la croyance des petits noyaux militants du socialisme et du syndicalisme aux vertus de l'action municipale ; le sentiment des milieux populaires d'être entièrement exclus des affaires locales au bénéfice de notables enfermés dans leur supériorité satisfaite et leur respectabilité condescendante ; le sens du devoir et des responsabilités face à l'injustice dans une petite frange de bourgeoisie éclairée — notamment dans les *settlements* universitaires — mue par le christianisme social et scandalisée par la misère récurrente.

De là une prise de conscience qui fédère dans un même refus et une même espérance les éléments les plus actifs de la population de West Ham, en débordant sensiblement le cadre des organisations socialistes. Mais du coup le champ d'action est libre pour la *labour alliance*, appuyée sur ses trois bases : la SDF, forte surtout à Canning Town dans les milieux *unskilled*, l'ILP plus implanté du côté de Plaistow chez les ouvriers qualifiés et les employés et assez lié aux *settlements*, enfin la bourse du travail, qui fournit effectifs et potentialités de mobilisation.

Quelques figures militantes groupées autour de Will Thorne encadrent le mouvement et en assurent la direction politique et morale en lui imprimant un élan et un style propres à donner confiance aux masses. Aussi celles-ci éprouvent-elles le sentiment de se voir reconnaître une identité et une dignité de classe face au « patronage » plus ou moins méprisant des notables.

Trois de ces figures se détachent, chacune avec une personnalité bien particulière. Tout d'abord, John Terrett, un brillant agitateur, qui maîtrise parfaitement la technique des réunions et des élections. D'origine bourgeoise mais en rupture de ban avec son milieu, ancien permanent de la SDF et de la Société Fabienne pour organiser des campagnes de propagande socialiste en province, il est venu s'installer à West Ham en 1895 à l'âge de vingt-trois ans. Bientôt son activisme est si spectaculaire qu'on le surnomme le « roi sans couronne » du socialisme local. Intelligent et cultivé, sachant à la fois parler et écrire, il allie le réalisme à l'impétuosité : « Comprendre Marx, écrira-t-il au lendemain de la défaite des socialistes en 1899, c'était bien, mais comprendre Machiavel eût été mieux [33]. »

En contraste complet, Arthur Hayday, bras droit de Thorne depuis les premiers jours de la *Gasworkers' Union*, est sorti des rangs du prolétariat. Mis au travail à l'âge de neuf ans chez un maraîcher, il a été employé successivement aux docks, dans les travaux publics, sur un cargo, enfin dans l'industrie du gaz. Ouvrier posé, résolu, solide, mais un peu terne, c'est lui qui préside le *West Ham Trades Council,* la bourse du travail de la ville.

Tout autre est la personnalité de Percy Alden, universitaire d'Oxford et socialiste chrétien, devenu recteur de Mansfield House, le *settlement* congrégationaliste. Conseiller municipal depuis 1892 et d'abord libéral, il a été peu à peu gagné à la cause de *Labour.* Très engagé personnellement, il apporte au mouvement, en même temps que la respectabilité intellectuelle, la caution d'une conscience éclairée et exigeante.

Toutefois, la figure centrale de la vie politique de West Ham, c'est Will Thorne. Le petit peuple lui est très attaché, et sa popularité a dépassé depuis longtemps celle de Keir Hardie. Figure de classe de l'ouvrier, il apparaît comme le porte-drapeau valeureux et infatigable du monde du travail contre les iniquités de l'ordre établi.

Le moment décisif arrive donc avec les élections locales de 1898. Elles constituent un triomphe pour la *labour alliance* qui remporte 17 sièges. Comme 14 autres conseillers, radicaux avancés et « progressistes », s'allient aux socialistes, le conseil municipal passe au *Labour.* C'est la première fois qu'une ville anglaise se trouve aux mains des représentants du Travail. C'est la première expérience de gestion d'une grande cité par une municipalité socialiste. D'où un énorme retentissement dans l'opinion. West Ham est « le Roubaix de l'Angleterre », proclame avec jubilation Hyndman [34]. Sur place, c'est l'euphorie.

A l'origine de ce succès deux facteurs principaux. D'une part l'incurie et le laisser-aller des notables conservateurs et libéraux qui ont jusque-là administré la ville — une administration marquée du sceau de l'inefficacité et de la corruption —, ce qui a fini par lasser et mécontenter les

163

électeurs. D'autre part, le dynamisme des forces du *Labour*, équipées d'un programme ambitieux et audacieux de rénovation municipale et servies par une bonne technique électorale : organisation systématique du porte-à-porte et du *canvassing* ; multiplication des réunions et des meetings ; défilés, fanfares et retraites aux flambeaux au son de *England Arise* et de *La Marseillaise*. En outre, un phénomène conjoncturel, mais significatif de la façon dont sont traités les habitants des quartiers ouvriers de West Ham, a joué en faveur du *Labour* : la grande sécheresse de l'été 1898, qui a entraîné durant plusieurs semaines une grave pénurie d'eau et provoqué la colère contre la compagnie des eaux, l'*East London Water Company* — l'un de ces monopoles contre lesquels tonnent les socialistes.

Dans la nouvelle municipalité, Thorne tient une place éminente, tandis qu'Alden est nommé maire-adjoint. Mais ce qui importe maintenant, c'est de mettre d'urgence en pratique le programme annoncé : amélioration du logement, municipalisation des tramways et des grands services (eau, gaz, marchés), création d'un bureau municipal des travaux, mesures sociales pour les employés municipaux (journée de huit heures, salaire minimal, congés payés). Hélas ! au bout de quelques mois, on est loin du compte. Certes des initiatives ont été prises pour améliorer l'habitat (recensement des maisons insalubres, mise en chantier de 500 logements municipaux), pour créer deux bains publics, pour modifier le statut des employés municipaux, pour aider les chômeurs. Mais le socialisme municipal bute sur des obstacles redoutables : le monopole des grandes compagnies, en particulier l'eau et le gaz ; le coût des mesures sociales qui entraîne une augmentation importante — donc impopulaire — des impôts locaux ; l'inexistence de réserves foncières ; et surtout, beaucoup plus grave, la résistance du chômage. Force est de constater que le pouvoir municipal n'a aucune prise sur le cycle économique ni sur le marché du travail. Chez les tenants du socialisme municipal il faut donc déchanter.

Au même moment les opposants se ressaisissent. Conservateurs et libéraux forment une « Alliance municipale » présidée par le patron du grand chantier naval Thames Ironworks : alliance en théorie « apolitique », mais en fait rassemblant autour d'un programme d'économies et de réductions d'impôts tous les tenants de l'ordre et de la tradition déchaînés contre l' « inexpérience », l' « irresponsabilité » et le « gaspillage » des socialistes. Dans l'opinion les polémiques font rage [35]. Contrecoup de la grande peur des bien-pensants, voici le *Labour* en butte à toutes les attaques et le socialisme identifié à l'anarchie, au vol, à l'athéisme ! Les socialistes n'ont-ils point commis le crime de laisser consulter librement à la bibliothèque municipale *Freethinker,* le périodique de la libre pensée ?

Le résultat, c'est, aux élections de 1899, la débâcle de l' « alliance du travail », battue par l' « alliance municipale ». Finie donc l'expérience du socialisme municipal à West Ham après un an d'existence ! Rude choc et rude déception pour Thorne ! Pourtant, quelles qu'aient été les limites de ce socialisme, étiqueté par dérision *gas and water socialism,* les enjeux étaient bel et bien réels : propriété privée ou propriété publique, libre entreprise et lois du marché ou régulation des flux de la main-d'œuvre, place du monde du travail dans la gestion des affaires publiques.

Pour Will Thorne, après le temps des espérances, est venu celui des désillusions. Puisque la bataille locale s'achève par un échec, il faut porter le combat plus haut. Puisque le socialisme ne peut être municipal, il doit être national. L'objectif change : au lieu de viser le pouvoir local, il s'agit de viser l'État. D'où une nouvelle croisade : la conquête du Parlement — tâche d'une tout autre ampleur.

VI

À la conquête du Parlement
(1900-1914)

Pour Will Thorne l'année 1900 constitue un double tournant, puisqu'elle est marquée au plan de l'histoire générale par la fondation du parti travailliste et au plan de l'histoire personnelle par sa première candidature à la députation. Dès lors, et pour plusieurs années, convergent chez lui deux stratégies. L'une, collective et théorique, vise à une représentation ouvrière massive à la Chambre des Communes au moyen d'un parti de classe indépendant et militant qui se rendrait maître de l'appareil d'État par la voie démocratique, conformément à la doctrine du socialisme britannique et international. C'est dans cette optique qu'il participe avec ardeur à l'action du petit groupe de socialistes et de syndicalistes qui aboutit en 1899-1900 à la naissance du nouveau parti. L'autre stratégie est une stratégie personnelle consistant à se faire élire député de West Ham, commune ouvrière modèle et siège parlementaire où toutes les conditions favorables paraissent réunies.

Autrement dit la conquête de la circonscription de West Ham-Sud s'identifie, pour notre syndicaliste, à la conquête de l'État par le *Labour* et le socialisme. Ainsi dans son univers s'unissent et se confortent destin collectif et destin individuel, objectif social et objectif singulier, intérêt général et intérêt particulier. Par là, à travers le cheminement d'une trajectoire personnelle, s'affinent les voies d'une social-démocratie qui allie le *trade union* et le Parlement et qui en même temps voudrait acclimater un rapport nouveau entre le citoyen et l'État.

Précisément, dans l'incessante dialectique entre syndicalisme et politique, Thorne prend position sans la moindre ambiguïté en faveur du *connubio*, et avec encore plus de vigueur que naguère. On l'avait vu en effet, dès les premiers temps du syndicat des gaziers, défendre l'idée d'un mouvement ouvrier voué par nature à combattre sur deux fronts, ou, selon l'expression consacrée, sur deux ailes : l' « aile politique » et l' « aile industrielle ». Or il ne manque pas de syndiqués pour prôner la séparation entre les deux sphères d'activité, que ce soit parmi les représentants des « vieilles unions » d'ouvriers *skilled* (« un *trade union* est purement et simplement un *trade union*, et il ne doit servir à rien d'autre », déclarait sans ambages un représentant du syndicat des mécaniciens à une réunion du club libéral et radical de West Ham)[1] ou parmi les gaziers eux-mêmes. Écoutons par exemple l'un des cadres de la *Gasworkers' Union* affirmer sans hésitation, sûr de parler au nom de bien des syndiqués de la base : « Il est tout à fait possible d'être un bon syndicaliste et en même temps d'être un bon libéral ou un bon *tory* ou un nationaliste irlandais ou un radical. Plus les syndicats laisseront de côté la politique, mieux cela vaudra pour l'organisation ouvrière. [...] On a prétendu qu'un ouvrier n'a rien à faire dans une " nouvelle union " s'il n'est pas un socialiste actif et s'il n'est pas partisan de la collectivisation de l'industrie. Moi, je dis que c'est absolument faux[2]. »

C'est contre une telle thèse que Thorne s'élève vivement. A ceux qui refusent de mêler le syndicat à la politique, il réplique dans un document officiel des gaziers : « C'est là un mot d'ordre stupide. Les patrons ne se servent-ils pas de tout leur pouvoir politique pour faire des lois destinées à exploiter les ouvriers ? Qu'avons-nous à perdre, nous les salariés, à utiliser notre pouvoir politique ? Rien, si ce n'est nos chaînes[3]. » Mais le texte où Thorne s'est exprimé sur ce sujet de la manière la plus élaborée, c'est dans le discours qu'il a prononcé en tant que président du TUC en 1912 au congrès annuel à Newport. Là il a rassemblé avec soin toute son argumentation, et c'est pourquoi le texte, où s'exprime la quintessence du travaillisme britannique, mérite d'être cité. Après avoir expliqué que si la presse capitaliste critique avec autant d'animosité la « politisation » des *trade unions*, c'est bien le signe que l'éveil d'une conscience politique ouvrière menace directement le règne des *landlords* et des capitalistes, Thorne poursuit :

> « Pourquoi laisserions-nous aux classes possédantes l'entier contrôle de la machine politique et l'entier usage de la force armée, elles qui s'en servent à plein pour leurs intérêts de classe ? [...] Regardez comment est formée la Chambre des Communes : dans leur grande majorité les députés appartiennent au monde de l'aristocratie et de l'argent, de la propriété foncière et du commerce, de l'armée, de la marine, du barreau. Tous ces éléments sont surreprésentés, et ce ne sont pas eux qui risquent de voter les réformes sociales réclamées avec insistance par le mouvement ouvrier. Autant attendre que le loup représente l'agneau ou que le voleur de grand chemin représente sa victime plutôt que d'attendre des classes vivant de la rente, des dividendes et du profit qu'elles représentent ceux qui leur fournissent tout cela gratuitement par leur travail. Il faut

changer la composition de la Chambre des Communes. Pour cela il suffit que les salariés le veuillent, car le pouvoir est entre leurs mains. Jamais la classe des patrons, même avec la meilleure volonté du monde, ne donnera aux travailleurs leur liberté politique. C'est à nous de nous battre pour nous-mêmes. C'est pourquoi le mouvement ouvrier doit être indépendant de tous les partis politiques en utilisant le pouvoir politique de la classe ouvrière pour s'emparer de la machine de l'État et devenir maître de l'économie et des moyens de production.

« Le parti libéral et le parti conservateur sont l'expression politique des intérêts des classes possédantes. Même s'ils diffèrent sur des points secondaires, ils sont pratiquement d'accord dès qu'on attaque leurs intérêts de propriétaires. La meilleure preuve, c'est l'empressement montré par tous les gouvernements successifs pour mettre les forces de l'appareil d'État à la disposition des patrons à chaque fois que les travailleurs font grève pour améliorer leurs conditions de vie. Aussi la classe ouvrière, le parti des producteurs de richesse, doit-elle considérer que l'organisation politique et la conquête du pouvoir politique par les travailleurs constituent sa tâche primordiale [4]. »

Pourtant, pour arriver à persuader les *trade unions* de l'utilité d'un parti du travail, organisé et soutenu par eux, il avait fallu de longs et laborieux efforts, puisque l'Angleterre, citadelle avancée du capitalisme et du syndicalisme, était, paradoxalement, l'un des derniers pays de l'Europe à ne point posséder de parti ouvrier. C'est que les trade-unionistes britanniques dans leur majorité — à la base comme au sommet — continuaient de s'accommoder de la traditionnelle alliance avec les libéraux. Ce qui les avait toutefois ébranlés, c'était d'abord l'action tenace des petits groupes socialistes, SDF, ILP et Fabiens, mais c'était surtout la contre-offensive patronale qui n'avait cessé de prendre de l'ampleur depuis le début des années 1890. Car, de plus en plus ouvertement, cette contre-offensive menaçait les bases mêmes du syndicalisme. Après avoir grignoté un à un les avantages acquis sur le terrain, voilà que maintenant elle remettait en cause jusqu'aux assises légales des *trade unions*. Il devenait donc vital de riposter par une action législative propre à protéger ces derniers contre un péril mortel. D'où la nécessité désormais évidente pour le monde du travail d'être défendu au Parlement par des députés à lui. D'où également une érosion graduelle de la résistance *Lib-Lab* à la stratégie d'indépendance politique du *Labour*.

Aussi un pas décisif est-il franchi en 1899 au congrès du TUC à Plymouth. Là, tandis que Thorne fait adopter à l'unanimité une motion affirmant le devoir du trade-unionisme d'aider au renversement du régime capitaliste par l'action parlementaire, est votée par 546 000 voix contre 434 000 une résolution cruciale qui appelle toutes les organisations syndicales et socialistes à réunir un congrès spécial en vue de développer la représentation ouvrière au Parlement [5]. Du coup, Thorne, qui siège depuis 1894 au Comité parlementaire du TUC, fait partie de la petite équipe chargée de la préparation du congrès.

C'est ce congrès réuni à Londres au Memorial Hall, « cathédrale du non-conformisme », le 27 février 1900 — jour du Mardi gras — qui marque la naissance du parti travailliste. Moment capital dans l'histoire du mouvement ouvrier britannique et du socialisme européen, mais entouré de discrétion : pas la moindre publicité, pas même d'attention de la part des média. Parmi les 129 délégués, représentants des trois organisations socialistes (ILP, SDF et Société Fabienne) et de 67 *trade unions* (une petite moitié seulement des syndiqués), Thorne est bien sûr en évidence, ajoutant à sa qualité de chef de l'un des principaux syndicats du Royaume-Uni — la *Gasworkers' Union* est alors le neuvième en importance des syndicats britanniques — sa qualité de socialiste militant de la SDF.

Mais loin de soutenir la ligne officielle pure et dure de la SDF, il plaide, de même que les autres représentants des gaziers, Clynes et Curran, venus au titre de l'ILP, pour un parti du travail souple et ouvert, l'essentiel étant l'autonomie politique du *Labour* grâce à ses propres députés et à son propre groupe parlementaire. Preuve une fois de plus du sens politique et de l'habileté tactique de Thorne. Ne va-t-il pas même jusqu'à envisager que le nouveau parti — baptisé modestement Comité pour la représentation du travail ou LRC *(Labour Representation Committee)* — négocie avec les libéraux afin de se réserver certains sièges (ce qui semble préfigurer l'accord secret de 1903 entre Ramsay MacDonald et Herbert Gladstone), tout en exigeant par ailleurs un contrôle strict du LRC sur la liste des candidats à présenter et à soutenir officiellement [6] ?

Au sein du LRC, le syndicat des gaziers pèse d'un poids considérable. Deuxième par le nombre des *trade unions* affiliés, après les cheminots (officiellement le syndicat groupe 48 000 adhérents), il exerce son influence dans un sens ouvertement socialiste à l'encontre des éléments plus modérés. Quand en 1901 les bourses du travail sont autorisées à leur tour à s'affilier au LRC, le *West Ham Trades Council* s'empresse d'adhérer, ce qui renforce l'autorité des gaziers, encore que la même année le retrait de la SDF, dominée par les « impossibilistes », mette Thorne dans une position délicate. Mais à cette date son objectif numéro un, c'est sa candidature au Parlement, officiellement approuvée depuis 1900 par la *Gasworkers' Union*[7].

***

A vrai dire la première tentative de Will Thorne pour se faire élire député de West Ham s'était soldée par un échec cuisant. En effet, aux élections législatives de l'automne 1900, alors qu'il se présentait au siège naguère occupé par Keir Hardie et abandonné par lui de fort mauvais gré sous la pression des socialistes et des radicaux de la circonscription de West Ham-Sud qui tous en chœur lui avaient préféré Thorne[8], celui-ci avait beau bénéficier du patronage du LRC, de la SDF et de la *Gasworkers' Union* et se réclamer de la double étiquette « socialiste et *Labour* », il n'obtint qu'un score bien décevant : 4 419 voix contre 5 615 à son adversaire conservateur, les abstentions s'élevant à près de 49 % de l'électorat — soit un résultat peu différent de celui de Keir Hardie lors de sa sévère défaite de 1895.

C'est un choc pour Thorne, mais tel que nous le connaissons, tenace et têtu, les revers ne le découragent guère. D'autant que contre lui ont joué deux facteurs de circonstance auxquels, dans un autre contexte, il paraît tout à fait possible de remédier. D'abord, les élections se sont déroulées en pleine guerre des Boers. Dans un climat de « jingoïsme » exacerbé, il est évident que les positions pacifistes et anti-impérialistes défendues par les socialistes ne les ont guère servis auprès des électeurs populaires, souvent prompts aux poussées de fièvre nationaliste, surtout dans une circonscription où une fraction importante des ouvriers — ceux des chantiers navals Thames Ironworks — dépendent étroitement des commandes de l'Amirauté pour leur gagne-pain. D'ailleurs, partout à travers la Grande-Bretagne, les élections de 1900 —

surnommées les « élections kaki » — ont tourné à l'avantage des conservateurs qui s'autoproclament les champions de l'Empire. D'autre part, sur un plan plus technique, la candidature de Thorne s'est faite dans l'improvisation, sans infrastructure électorale, sans préparation de l'opinion, sans véritable campagne ni *canvassing*. Dès lors, pourquoi, avec le temps et avec une meilleure logistique, le *Labour* ne pourrait-il changer les données et transformer la défaite en victoire [9] ?

De fait, pour un tel renversement de fortune, les atouts ne manquent pas : un électorat très populaire, mais dont il importe de secouer l'apathie, source d'abstention massive ; une dynamique — celle de l' « alliance du travail » — qui a naguère porté au pouvoir une municipalité *Labour* et qui malgré les échecs essuyés en 1899-1900 reste prête à s'investir dans de nouvelles entreprises ; enfin un sens réel de la communauté locale, voire une fierté civique, tranchant avec l'anonymat de bien des circonscriptions de la métropole londonienne [10].

Mais des complications imprévues ne tardent pas à surgir par suite des divisions internes du *labour movement* dans une atmosphère d'intrigues et d'ambitions autour du siège fort convoité de West Ham-Sud. Au point que durant plusieurs années Thorne, pris par les querelles politiciennes, consacre une partie de son activité à défendre sa candidature personnelle tout en refusant de mettre son drapeau socialiste dans sa poche. Un premier accrochage survient en 1901-1902, lorsqu'on tente de lui opposer un candidat ILP. Il lui faut toute sa détermination pour stopper la manœuvre, qu'il déjoue adroitement en faisant appel à l'autorité du LRC et en même temps en réunissant dans un comité de soutien tripartite les trois principales forces de la circonscription, SDF, ILP et bourse du travail [11].

A peine l'affaire est-elle réglée qu'un autre conflit — plus grave, parce que de portée nationale et non plus locale — s'élève en 1903-1904 entre Thorne et ses supporters d'un côté, le *Labour Representation Committee* de l'autre. Tandis que les premiers entendent placer la candidature du chef des gaziers sous la double étiquette « socialiste et *Labour* » afin d'affirmer par là leur double fidélité, le LRC au nom de l'unité du mouvement impose à tous les candidats investis par lui la seule dénomination « *Labour* »[12]. Derrière Thorne, toujours intransigeant sur les principes, se rangent la SDF et la *Gasworkers' Union* qui de concert rejettent la décision du LRC. D'où, pendant des mois, une polémique, ponctuée d'une correspondance abondante et souvent tendue entre Will Thorne et Ramsay MacDonald, le secrétaire du LRC. Celui-ci essaie d'amener son interlocuteur à des positions plus conciliantes, en lui expliquant qu'il s'agit d'une question purement nominale puisque dans sa littérature électorale il pourra utiliser toute l'argumentation socialiste qu'il voudra[13]... Rien n'y fait. Finalement, Thorne perd patience et, sans doute dans l'espoir de forcer la main au LRC, met l'affaire sur la place publique en publiant en brochure la correspondance échangée : 15 lettres au total[14]. Initiative malencontreuse, que MacDonald et l'exécutif du LRC prennent très mal[15]. Au bout du compte c'est Thorne qui doit céder en alignant apparemment sa candidature sur les normes prescrites.

En réalité, au-delà des frictions personnelles et des calculs subalternes, le différend recouvre deux enjeux d'importance. D'abord la rivalité persistante entre la SDF et l'ILP. Autant Thorne se sent à l'aise, en raison de sa culture et son passé, au sein d'une SDF au recrutement prolétarien et au langage de classe, autant il a toujours entretenu des rapports malaisés avec l'ILP dont il n'apprécie ni l'inspiration sentimentale et religieuse, ni les leaders au caractère petit-bourgeois, ni la tactique ondoyante.

D'autre part, et à un niveau plus profond, c'est toute la stratégie ouvrière en cette aube du XXe siècle qui est en cause. Puisqu'au cours des années 1890 ni le syndicalisme militant du « nouvel unionisme » ni le socialisme municipal ne se sont révélés des stratégies réalistes pour renverser le capitalisme, Thorne craint que la *labour alliance* prônée par l'ILP ne s'englue dans un réformisme tiède par absorption dans une sorte de libéralisme rebouilli et paré des couleurs du « progressisme ».

Sans doute, du fait de son esprit réaliste et de son sens pratique, n'est-il guère tenté par la ligne par trop abrupte et abstraite de la SDF, perpétuellement rongée par la tentation « impossibiliste ». Mais face à un monde ouvrier qu'il sait stratifié, souvent passif et généralement fort éloigné du socialisme, il rappelle obstinément que seule peut réussir une stratégie ambitieuse de lutte et de conquête, menée sans compromission, au nom du socialisme et des droits des travailleurs. C'est la raison pour laquelle il déplore tant le manque de tonus et de rigueur du LRC, dont fort lucidement il redoute la dérive opportuniste. « J'espère, écrit-il en privé en 1903, que le congrès du LRC trouvera le moyen de renforcer l'épine dorsale de quelques-uns de nos candidats aux élections ; autrement nous allons glisser vers un parti du travail mollasse qui sera la risée des socialistes étrangers et dont les exploiteurs capitalistes n'auront qu'à se féliciter. Si nous sommes décidés à avoir un parti ouvrier, au moins ayons-en un qui suscite la confiance de la classe salariale ici et à l'étranger [16]. »

Heureusement pour Thorne, alors qu'au plan local la route de Westminster s'est révélée un parcours semé d'embûches, au niveau national la situation évolue dans un sens favorable au *Labour*, de sorte que le succès final fera bientôt oublier les tribulations subies à West Ham durant ces années ingrates. A la fin de 1905, en effet, le gouvernement conservateur, usé par dix années de pouvoir et déchiré par les discordes entre partisans et adversaires du retour au protectionnisme, démissionne, ce qui signifie des élections immédiates. Celles-ci se déroulent donc dans les premières semaines de 1906.

D'emblée, au cours d'une campagne électorale brève mais intense, dominent deux enjeux, l'un lointain, l'autre tout proche, dont la propagande du *Labour* s'emploie à tirer le meilleur parti. Premier sujet d'affrontement : le projet d'importer dans les mines du Transvaal une main-d'œuvre de coolies chinois. Derrière cette forme déguisée de rétablissement de l'esclavage — concurrence directe aux travailleurs blancs —, on dénonce le visage hideux de l'impérialisme, non sans ici ou là une touche de xénophobie antijaune dont la littérature électorale de Thorne lui-même n'est point exempte. Mais l'effet escompté est obtenu : « esclavage chinois » aux colonies, « esclavage blanc » en métropole, partout le capitalisme apparaît synonyme de misère et d'exploitation [17].

De beaucoup plus de poids, cependant, est pour les électeurs le second enjeu qui va décider de l'issue de la consultation : à savoir la question du libre-échange. Car ici l'on touche à une vache sacrée du libéralisme britannique à qui une tradition de trois quarts de siècle garantit provende et stabulation, tant l'identification est enracinée dans les mentalités populaires entre *free trade*, pain à bon marché et paix internationale. Le résultat, c'est un raz de marée électoral : d'un côté une débâcle des *tories*, de l'autre un triomphe du parti libéral et un excellent score du *Labour*, puisque sont élus députés 29 des candidats présentés par le LRC.

À LA CONQUÊTE DU PARLEMENT

A West Ham, Thorne, qui est l'un d'entre eux, a bénéficié — en plus de l'appui prévu de la bourse du travail, du syndicat des gaziers et des organisations socialistes — du soutien des libéraux et des radicaux, des chapelles non conformistes, des organisations de tempérance, des nationalistes irlandais. Au total une large coalition, fédérée par la popularité locale du candidat et que ne semble pas trop effaroucher le langage révolutionnaire de son manifeste électoral et de ses discours, où il parle de « guerre des classes » et promet l'émancipation du peuple grâce à la collectivisation des moyens de production, de distribution et d'échange. Dans la même veine, il stigmatise son adversaire conservateur, Sir John Nutting, l'homme des riches, dont le profil constitue selon lui une véritable insulte aux électeurs de cette circonscription misérable. L'occupation favorite de ce baronnet, ironise-t-il, n'est-elle pas la chasse au renard, alors que lui, Thorne, est aussi un chasseur, mais un chasseur de *landlords* et de capitalistes [18] ?

Autre atout du candidat de la social-démocratie : la publicité donnée à sa campagne par la présence à ses côtés de la comtesse de Warwick, nouvelle étoile de la galaxie socialiste. Recrue de choix pour le mouvement (elle a rejoint en 1904 les rangs de la SDF), Lady Warwick apportait à la cause du *Labour* le lustre d'un des plus grands noms d'Angleterre. A la flamme des néophytes elle ajoutait le prestige et la séduction d'une aristocrate riche et racée qu'avaient rendue célèbre sa liaison éclatante avec Édouard VII au temps où il était prince de Galles, ses succès mondains, ses réceptions fastueuses dans son château de Warwick, l'une des plus illustres demeures historiques du royaume. Née avec une cuiller d'argent dans la bouche (à l'âge de trois ans elle avait hérité d'un domaine de 6 000 hectares rapportant 20 000 livres, soit

500 000 francs-or, de revenus), brillamment mariée à l'héritier d'un grand titre, « Daisy » avait d'abord mené pendant vingt ans la vie brillante, frivole et raffinée de la haute société, puis touchée par la grâce révolutionnaire au spectacle de la misère ouvrière, tout particulièrement celle des enfants, elle s'était peu à peu rapprochée du mouvement ouvrier jusqu'à se convertir carrément au socialisme, faisant sensation par sa présence au congrès de la IIe Internationale à Amsterdam.

Depuis 1904, Lady Warwick tenait à Londres une sorte de salon socialiste où Thorne et d'autres leaders ouvriers côtoyaient des personnalités politiques en vue comme Winston Churchill. Selon certaines rumeurs ce dernier aurait même tenté de dissuader « Daisy » d'apporter son soutien à un syndicaliste aussi extrémiste et irresponsable que Thorne[19] ! En pure perte, car la comtesse, toute à sa passion militante pour « la cause », se jette avec de plus en plus de fougue dans l'action. On la voit ainsi en décembre 1904 prendre part en acolyte de Thorne à une réunion du syndicat des gaziers à Canning Town[20]. Mais c'est surtout durant la campagne électorale de 1906 qu'elle se dépense sans compter pour prêter main-forte aux candidats de la SDF, sillonnant le pays dans sa luxueuse 40 CV Wolseley. Car non contente de porter ostensiblement une élégante écharpe rouge nouée autour du cou, elle a tenu à peindre son auto en rouge ! Dans son autobiographie, Thorne s'est fait l'écho de cette étonnante campagne où, juchée sur un chariot de pommes de terre et habillée d'une redingote bleue, gantée de blanc, enveloppée de fourrures, Lady Warwick haranguait dans le froid les prolétaires des bas quartiers de West Ham pour les exhorter à voter *Labour*. On imagine dans ce milieu rude et pauvre de gaziers et de dockers l'effet que pouvait produire cette grande dame... Et la réaction à la fois abasourdie et flattée des travailleurs manuels devant cette prédicatrice du socialisme droit venue des palais du *West End*. Assurément la comtesse pouvait compter sur la fidélité sans faille d'un homme comme Thorne, sans doute quelque peu ébloui, mais d'autres dans le *labour movement* ne se gênaient pas pour décocher des flèches acérées à la nouvelle vedette du socialisme. En particulier son goût du panache et son penchant à l'extravagance — un trait qui ne déparait point dans l'aristocratie, mais qui tranchait aussi bien avec l'*habitus* populaire qu'avec les habitudes strictes et collet-monté de la classe moyenne — lui avaient valu les critiques acerbes des consciences puritaines de l'ILP, en contraste avec l'esprit bon vivant et relativement laxiste régnant à la SDF[21].

Couronnement de cette collaboration curieuse, pittoresque et instructive entre Thorne et Lady Warwick : le soir de la victoire électorale le 15 janvier 1906, au moment de la proclamation des résultats, on a vu la comtesse arriver dans sa fameuse auto rouge, puis agiter un drapeau rouge au balcon de l'hôtel de ville de West Ham, lorsque le succès de Thorne a été annoncé, au milieu des vivats et des acclamations d'une foule surexcitée par le triomphe du chef des gaziers[22]. Car c'est bien un triomphe : dans un scrutin où 67 % des électeurs ont voté, ce qui ne s'est jamais vu, Thorne obtient 10 210 voix contre 4 973 à son adversaire, soit une majorité de 5 237 voix, supérieure au total des voix du candidat conservateur. Mais c'est aussi une percée durable : maintenant que deux électeurs sur trois ont voté *Labour,* le siège est définitivement acquis au parti travailliste qui, malgré les changements de la carte électorale, l'a conservé sans interruption jusqu'à aujourd'hui.

Au Parlement entrent en 1906 en même temps que Will Thorne deux autres représentants de la *Gasworkers' Union,* dont John Clynes. Et lorsqu'à la faveur d'une élection partielle Pete Curran est élu en 1907, le groupe des gaziers atteint quatre députés — le plus nombreux après celui des mineurs. En revanche, Jack Jones, candidat SDF en Cornouailles, a essuyé un complet échec et sa campagne laisse à Thorne un fort mauvais souvenir, car, venu lui prêter assistance, il est agressé par une bande de gros bras durant un meeting, sévèrement battu et blessé au genou. Il en gardera du reste la trace jusqu'à la fin de ses jours sous la forme d'une légère claudication par temps humide [23].

En accédant à la Chambre des Communes, Will Thorne entame à trente-huit ans une nouvelle carrière : la carrière de député, qui pour lui va durer près de quarante années, de 1906 à 1945. Nouvelle promotion, nouveau statut, nouvelle respectabilité : voici qu'en accolant à son nom les initiales MP *(Member of Parliament),* le petit prolétaire de Birmingham, après avoir grimpé au sommet de la hiérarchie syndicale, s'apprête malgré qu'il en ait, à devenir un notable. Sans doute, jusqu'en 1914, n'est-ce point à proprement parler le cas dans la mesure où Thorne garde son instinct viscéral de tribun de la plèbe, et même au-delà on peut dire qu'en lui le syndicaliste l'emportera toujours sur le parlementaire. Mais, pris dans la logique du système et dans le jeu des réélections successives (dans l'immédiat il sera confortablement réélu à West Ham-Sud aux deux élections de janvier et de décembre 1910), Thorne se trouve irrémissiblement sur la pente de la notabilité.

Quelles furent ses impressions en franchissant pour la première fois les portes de Westminster, puis en prenant place à demeure dans le saint des saints de l'*Establishment*? Nous ne le savons pas, car Thorne ne nous a laissé aucun document personnel à ce sujet. Néanmoins on peut s'en faire quelque idée par le témoignage d'autres députés ouvriers, notamment celui de son ami Clynes, d'origine prolétarienne comme lui (mais en l'occurrence demi Irlandais), élu de l'ILP qui, après avoir été mis au travail à l'âge de dix ans comme rattacheur dans une fabrique de coton, était devenu depuis 1892 permanent de la *Gasworkers' Union* (il en sera élu président en 1912) et qui amenait avec lui à Westminster la culture ouvrière des *semi-skilled* du Lancashire [24].

Changement de classe, changement de décor : pour les nouveaux venus c'est un dépaysement total. Autour d'eux l'*aura* d'un lieu sacré, propre à inspirer la révérence, dans une atmosphère de temple du parlementarisme et de gymnase des *gentlemen*. Aussi Clynes évoque-t-il l'impatience des représentants du *Labour* brûlant de révolutionner le monde et s'irritant devant les obstacles accumulés, le formalisme des procédures, la lenteur des méthodes de travail, la complication du cérémonial. Tout semble combiné comme par un malin plaisir pour freiner les énergies et couper court aux enthousiasmes : le rituel, l'atmosphère feutrée, le langage enveloppé et retenu, si différent de la parole franche et directe, à la bonne franquette, à laquelle on était accoutumé dans les milieux populaires.

D'où une véritable révolution culturelle pour ces ouvriers qui doivent apprendre de nouvelles manières et de nouveaux modes d'être, tels que l'*Establishment* les a façonnés, quitte à se laisser petit à petit apprivoiser et circonvenir. Car le choix est entre se conformer au système ou le rejeter — mais avec le risque d'être rejeté par lui, en renonçant dorénavant à toute efficacité. Au demeurant, l'un des pouvoirs cachés du Parlement n'est-il pas son extraordinaire capacité d'intégration auquel bien peu de révolutionnaires, même parmi les plus intransigeants, ont su résister ? Quelques années plus tard, l'un de ces révolutionnaires, venu quant à lui de la banlieue rouge de Glasgow, exprimera sa stupéfaction mêlée de fascination, en côtoyant les puissants du jour, de trouver en eux non point les exploiteurs du peuple qu'il imaginait, mais des êtres courtois, agréables, avenants. Aussi sera-t-il le premier à ressentir là le défaut de la cuirasse ouvrière[25].

Ce qui toutefois rappelle aux députés du *Labour* leur raison d'être et leur restitue leur identité, c'est l'indignation qui les saisit de temps à autre devant l'indifférence de la majorité, appuyée sur toute la mécanique parlementaire, à l'égard du sort des classes laborieuses. Pour sa part, Thorne, avec son naturel primesautier, son franc parler, son affectivité généreuse et fruste, est particulièrement sujet à des explosions « ouvriéristes », sinon « gauchistes », de sorte que les premières années de sa carrière parlementaire sont émaillées d'incidents.

A ces moments-là se donnent libre cours sa spontanéité, son indépendance de caractère, son refus de l'autorité et de la discipline, même quand elles émanent du *speaker* de la Chambre. Aussi lui arrive-t-il parfois de se comporter dans l'enceinte distinguée des Communes comme un éléphant dans un magasin de porcelaine. Car au fond de lui sommeillent toujours un rebelle et un lutteur habitué à recevoir des coups et à en donner. Jamais du reste il ne deviendra ni un grand *debater* ni un habile législateur. Mieux vaut reconnaître sans détour que le bilan de son activité à la Chambre des Communes demeure limité.

Parmi ses interventions parlementaires, on doit mettre en évidence celles qui ont trait au problème du chômage, car le sujet lui tient spécialement à cœur. C'est à ce thème qu'il consacre son premier discours, son *maiden speech*, performance délicate dont il se tire honorablement. Par la suite, il y revient souvent dans la mesure où il y a là pour lui une mission sacrée. En 1908, il ira même — il est vrai dans un meeting en plein air à Trafalgar Square — jusqu'à inviter les sans-travail à prendre les boulangeries d'assaut : imprudence de langage qui lui attire des poursuites pour incitation à la rébellion et au pillage [26].

Autre ennemi pour Thorne : la Chambre des Lords, citadelle des privilèges. En 1907, il suggère de faire voter par le *Labour Party* une motion la déclarant « inutile et dangereuse » et proposant son abolition [27]. Plus tard, après les batailles sur le « budget du peuple », furieusement combattu par les Pairs, il reviendra à la charge, proclamant résolument devant les électeurs de West Ham : « La Chambre des Lords sera supprimée avec armes et bagages [28]. »

A plusieurs reprises Thorne se range du côté de la gauche du *Labour* contre la ligne arrêtée par la direction du parti. Ainsi en 1911, lors de la discussion de la loi sur les assurances sociales, l'*Insurance Bill* : conformément au point de vue de nombreux syndicalistes il s'oppose à l'idée de cotisations ouvrières. De même il présente, mais sans succès, des projets de loi correspondant aux revendications classiques des socialistes, en faveur du minimum légal de salaire et de la nationalisation des chemins de fer [29]. Il lui arrive même parfois d'embarrasser ses collègues par son langage trop peu parlementaire : par exemple, à l'occasion de la visite du tsar en Angleterre, quand il traite le souverain de « bête inhumaine » [30]. Ou lorsque, contrairement à toutes les règles, il s'en prend, dans l'enceinte de la Chambre, à une décision de justice et accuse nommément un juge d'hostilité aux syndicats [31].

Toutefois, l'initiative parlementaire la plus originale de

Thorne se situe, de manière paradoxale, dans un domaine complètement étranger jusque-là à ses préoccupations : celui de l'armée et de la défense nationale. En réalité il n'est ici que le fidèle porte-parole de la SDF, dont il voudrait faire passer les idées dans la législation. Mais en déposant en 1908 un projet de loi, le *Citizen Army Bill*, dont l'objectif est de créer une véritable « armée citoyenne », le député de West Ham non seulement jette un beau pavé dans la mare du pacifisme, mais il invite tout le mouvement socialiste à repenser le problème de la paix et de la guerre en termes neufs, comme Jaurès essaiera de le faire trois ans plus tard en France en publiant l'*Armée nouvelle*.

On est alors en effet au beau milieu des controverses, nationales et internationales, entre socialistes sur l'attitude à adopter face au militarisme et au danger de guerre. En Angleterre où, après les déboires de la guerre des Boers, le gouvernement libéral s'attache à réorganiser le système de défense en juxtaposant à l'armée d'active une armée territoriale, la SDF, sous l'impulsion de Hyndman et de Quelch, oppose à ces projets un plan directement inspiré de l'expérience de la Révolution française et de la Commune de Paris ainsi que de l'exemple suisse (on invoque aussi les soldats de Washington et les volontaires de Garibaldi). A la base, le principe de la nation armée, défendu par Quelch dans une brochure intitulée *La Social-Démocratie et la nation armée* qui fait quelque bruit [32].

C'est ce même principe que l'on retrouve dans le *bill* déposé par Thorne. Contre l'idée d'une militarisation de la nation au moyen de la conscription et du service obligatoire, on propose une « armée citoyenne » organisée selon un plan très élaboré. *Primo :* une formation militaire obligatoire — et rémunérée — placée sous la responsabilité des autorités locales, pour chaque homme valide entre dix-huit et trente ans, la durée de la formation étant dégressive : 48 jours par an à dix-huit ans, 30 jours à dix-neuf ans, puis 14 jours tous les deux ans entre vingt et trente ans. *Secundo :* les officiers subalternes et les sous-officiers seraient élus et les officiers supérieurs nommés en fonction du mérite, mais après un vote favorable des subordonnés. *Tertio :* chacun garderait ses armes chez lui et serait donc opérationnel à la première alerte. Bien entendu il serait interdit à cette « armée citoyenne » de servir en cas de grève ou de troubles intérieurs [33]. Il s'agit, on le voit, d'un projet très ambitieux à objectif double : d'une part démocratiser l'armée en l'arrachant à son encasernement — source d'isolement dans la nation — et à sa subordination à une caste d'officiers ; d'autre part rendre impossible les guerres d'agression, puisqu'une telle force ne pourrait convenir qu'à la défense du territoire national en cas d'invasion.

Mais à peine le *bill* est-il déposé qu'il apparaît mort-né, car il se heurte à une hostilité très vive de la part de la majorité des socialistes. La SDF a beau souligner que le principe de base ce n'est pas le *service* militaire, mais la *formation* militaire, c'est peine perdue. En son propre sein se manifestent déjà de sérieuses divergences. Du côté de l'ILP, c'est bien pis. On y canonne Thorne à boulets rouges, l'accusant de vouloir « conduire les ouvriers comme des agneaux à l'abattoir capitaliste » [34]. Du coup, ses collègues dans le groupe parlementaire travailliste le dissuadent vivement de pousser plus avant [35]. Malgré tout, à l'encontre des inconditionnels d'un pacifisme abstrait et teinté d'angélisme, un jalon vient d'être posé par un leader du *Labour* à l'impeccable pedigree socialiste sur la voie de la légitimation de la défense nationale, pourvu du moins que celle-ci opère au service de la démocratie et de la justice. On s'en souviendra en 1914.

Sur un autre enjeu brûlant de l'heure, le vote des femmes, Thorne, qui n'a pas oublié les leçons de féminisme d'Eleanor Marx, adopte des positions conformes aux principes socialistes d'émancipation des opprimés et d'égalité des sexes. C'est ainsi qu'il prend clairement position en faveur des suffragettes et qu'en 1912 il apporte un appui chaleureux à Lansbury lorsque celui-ci démissionne de son mandat de député pour provoquer une élection-test sur la question du vote des femmes. Après l'échec, tout à fait prévisible, de Lansbury, Thorne tente de le consoler en lui écrivant, avec son réalisme coutumier, que dans l'état actuel des esprits le slogan *Votes for Women* est incapable d'entraîner une majorité d'électeurs, même à West Ham où pourtant il dispose, quant à lui, d'une énorme avance de voix [36].

On a l'impression malgré tout que chez Thorne, l'âge et les expériences électorales et syndicales aidant, les ardeurs féministes d'antan se tempèrent. Désormais la conviction paraît manquer quelque peu... Lui qui dans les débuts de la *Gasworkers' Union* s'était fait le paladin du syndicalisme féminin, voici qu'il a tendance maintenant à mettre l'accent sur les obstacles qui s'opposent à l'organisation des ouvrières dans les *trade unions*. Au reste, la proportion des femmes à l'intérieur de la *Gasworkers' Union* est éloquente : 800 sur un total de 32 000 adhérents en 1908, 5 000 sur 135 000 en 1914, pour la plupart des ouvrières du textile en Lancashire. Une proportion de moins de 4 %, très inférieure à la moyenne de la Grande-Bretagne, qui alors s'établit autour de 10 % — pourcentage lui-même comparable à celui de l'Autriche-Hongrie, à peu près semblable à celui de la France (9 %), mais nettement supérieur à celui de l'Allemagne (7 %) [37].

A deux reprises Thorne a exprimé son scepticisme, teinté de regret, sur le rôle des femmes dans les *trade unions.* « D'après notre expérience, écrit-il avec une brutale franchise à la veille de la guerre, les femmes ne font pas de bonnes syndicalistes ; c'est pourquoi nous considérons qu'il vaut mieux employer nos énergies à l'organisation des travailleurs masculins [38]. » Même son de cloche, quoique plus nuancé, en réponse à une enquête contemporaine du *Women's Trade Union Journal* : « Prises collectivement, les femmes ne semblent pas saisir la véritable utilité des syndicats. [...] En général elles participent beaucoup moins que les hommes à l'activité de leur section. » Il est vrai, ajoute-t-il, que « la journée de travail finie, un homme est libre, une femme ne l'est pas » [39].

***

Par rapport à l'évolution générale du *labour movement* entre 1906 et 1914, tant sur le front politique que sur le front syndical, quelle a été l'évolution personnelle de Thorne ? A dire vrai elle apparaît à la fois complexe et divergente. Alors qu'au sein du *Labour Party* elle irait plutôt dans le sens de l'impatience et de l'activisme, prenant les espèces d'un rappel impénitent des promesses du socialisme, dans le monde du trade-unionisme au contraire elle incline à la modération. Idéalisme d'un côté, réalisme de l'autre, n'est-ce point l'image même de Will ?

Notons d'abord que contre vents et marées il préserve précieusement ses attaches avec la SDF. Faut-il voir là tendresse sentimentale, constance politique ou besoin de se prouver à soi-même la continuité de sa trajectoire ? Sans doute y a-t-il tout cela à la fois. Toujours est-il que Thorne, même s'il s'est singulièrement assagi en comparaison du messianisme révolutionnaire de la SDF des années 1880, en demeure un fidèle adhérent. Bien plus : il suit la social-démocratie dans ses métamorphoses successives, d'abord lorsque le parti est rebaptisé en 1907 *Social Democratic Party* ou SDP, puis quand il se transforme en 1911 en *British Socialist Party* ou BSP, mais sans gagner une assise plus large parmi les forces vives du monde du travail.

Du fait de l'intransigeance révolutionnaire de certaines recrues récentes et de l'efflorescence ici ou là de tendances « gauchistes », Thorne se trouve confronté à une expérience toute nouvelle pour lui : l'opposition d'une ultragauche, très critique envers une direction syndicale et politique taxée de mollesse ou d'opportunisme. Au sein du SDP, puis du BSP, notamment dans les bases ouvrières des bords de la Tamise, de West Ham à Poplar et à Woolwich, prend peu à peu racine un « impossibilisme » bien décidé à mener un harcèlement de guérilla contre le leader jusqu'ici incontesté de la *Gasworkers' Union*. Que ce soit justement sur une base professionnelle chez les gaziers ou sur le plan territorial, parmi les socialistes de West Ham — du moins la partie nord de la commune, car le sud témoigne d'une grande fidélité —, les dissentiments entraînent de multiples escarmouches, Thorne ripostant à ses adversaires avec sa pugnacité habituelle.

Par exemple, lorsque le syndicat des gaziers décide d'accorder à Thorne, Clynes et Curran un supplément de traitement pour leur permettre de faire face aux dépenses de la vie de député, on entend des récriminations à la base[40]. A l'intérieur du parti social-démocrate, Thorne a beau se targuer d'être le plus ancien adhérent de la section de West Ham et protester, si l'on attaque son modérantisme, qu'il n'a nulle intention de démissionner à moins d'être expulsé, il faut se rendre à l'évidence : le voici dorénavant débordé sur sa gauche[41]. Un phénomène qui ira en s'amplifiant sans cesse durant la guerre et après la guerre.

À LA CONQUÊTE DU PARLEMENT

Du côté du *Labour Party* (le nom a été adopté par les députés du LRC, aussitôt après les élections de 1906), l'horizon n'est guère plus rose. Entre l'entrée en force au Parlement en 1906 et le déclenchement de la guerre, ce sont pour les travaillistes des années ingrates : phase de consolidation peut-être, mais surtout période de piétinement et de frustration. Il y a d'abord les divisions internes, aggravées par les rivalités de personnes. Car l'organisation est âprement disputée entre les tenants intransigeants du socialisme, bien décidés à faire du parti travailliste l'instrument de la Providence pour renverser le capitalisme et instaurer la nouvelle Jérusalem, et les syndicalistes, pour qui la mission primordiale du parti est de défendre les intérêts concrets des *trade unions* et qui entendent bien le cantonner dans un rôle de groupe de pression, sans nullement se soucier de changer le monde.

Mais surtout, dans la mesure où le *Labour* a choisi une stratégie de conquête du pouvoir par la voie parlementaire, il se retrouve prisonnier du système politique et électoral britannique. Or, dans un tel système, la position d'un tiers parti se révèle hautement inconfortable. Voilà donc le travaillisme condamné à vivre à la traîne des libéraux, puisque piégé par sa dépendance électorale, donc politique, à leur endroit. D'où une base qui grogne et s'insurge contre la paralysie, l'impuissance, sinon l'esclavage qui en découlent. N'est-ce point honteux, dit-on, que le parti fasse pareillement figure de « bonne à tout faire » du libéralisme ? Pour mesurer toutefois l'étroitesse de la marge de manœuvre et par conséquent la fragilité du travaillisme, il faut se rappeler la faiblesse de son assise dans le monde syndical et *a fortiori* dans le monde ouvrier. Bien que l'on puisse considérer le *Labour Party* comme l'enfant des *trade unions,* les voix données à l'ensemble des candidats *Labour*, sous quelque bannière qu'ils se présentent, ne représentent avant 1914 qu'un cinquième du total des syndiqués. Or les syndiqués représentent à peine le tiers des ouvriers... Pis encore : le rapport des forces entre travaillistes et libéraux, loin d'évoluer dans un sens favorable aux premiers, demeure désespérément bloqué. Comment dès lors échapper au dilemme, *showdown* avec le parti libéral — mais c'est un risque mortel — ou perpétuation de la dépendance, quitte pour le *Labour* à perdre sa raison d'être, sa flamme et peut-être même son âme ?

De l'étau qui enserre ainsi le *Labour*, Thorne apparaît fort conscient. Mais il hésite entre une stratégie socialiste franche et audacieuse — à laquelle correspondent ses explosions militantes — et les apories auxquelles conduit la ligne « impossibiliste » dont les partisans le harcèlent à West Ham. D'où une démarche souvent tâtonnante et indécise. Malgré tout, le danger numéro un à ses yeux serait de laisser le sel du *Labour* s'affadir en s'abandonnant à la tentation du « social-libéralisme » au lieu de continuer à brandir haute et fière la bannière de la social-démocratie. C'est bien en ce sens qu'il laisse parler son cœur, lorsqu'en 1912, président pendant un an du TUC — c'est l'un des sommets de sa carrière à l'âge de quarante-cinq ans —, il conclut le discours présidentiel adressé aux congressistes réunis à Newport par une vibrante profession de foi socialiste. Puisque la terre et le travail, explique-t-il, sont la base de toute richesse, moins il y aura d'oisifs, plus on accroîtra les ressources pour tous.

> « L'objectif de tous les salariés doit être la propriété collective de la terre, des chemins de fer et de tous les moyens de production et d'échange. Plus vite la société s'appropriera ces ressources essen-

tielles et les fera fructifier à son propre bénéfice, plus vite elles reviendront à ceux à qui elles appartiennent justement.

« La propriété individuelle des moyens d'existence a eu pour résultat l'esclavage économique d'une grande partie de la société : la classe ouvrière. Elle a donné aux classes dirigeantes le pouvoir d'exploiter la force de travail des masses ; elle les a aussi rendues maîtresses du pouvoir politique grâce auquel ces classes maintiennent le système et perpétuent leur domination sur leurs semblables.

« Je suis le premier à reconnaître l'immensité de la tâche à accomplir. Mais les travailleurs en ont le pouvoir s'ils en ont la volonté, même s'il leur faut des années pour atteindre le but. Si l'aiguillon de la pauvreté actuelle, la crainte d'une pauvreté pire encore dans un proche avenir, le souvenir de la pauvreté passée ne parviennent pas à entraîner les ouvriers à agir, ni la plume ni la parole n'y parviendront. La liberté implique la lutte et le sacrifice : exigences dures quand on est en petit nombre, mais qui deviennent légères quand tous sont prêts et décidés à prendre leur part. Les travailleurs en ont déjà pleine conscience. Il leur reste maintenant à passer à l'action [42]. »

Lorsque ces fières paroles sont prononcées, le climat dans le monde des *trade unions* est à l'optimisme. Chez certains cela tourne même à l'euphorie, car depuis 1910 souffle un vent de révolte ouvrière, et on est en pleine explosion syndicale. Ce *great labour unrest,* comme on l'a appelé, qui va durer jusqu'à la guerre, serait-il un *remake* des événements de 1889 et de la vague « du nouvel unionisme », mais à une tout autre échelle, avec un programme plus révolutionnaire et de plus hautes ambitions ? Parmi les responsables de la *Gasworkers' Union*, on se réjouit certes, à commencer par Thorne ; cependant on reste prudent et on garde la tête froide.

On se souvient en effet de la dure conjoncture qui a marqué les dix premières années du siècle, période de vaches maigres ponctuée de reculs et d'échecs, en contraste complet avec l'ère d'expansion et d'espérance 1910-1914. Sombre du reste était le diagnostic porté par Thorne vers 1908-1910 : chute des effectifs (de 1900 à 1910 les adhérents diminuent d'un tiers, passant de 48 000 à 32 000)[43], baisse des fonds syndicaux, le bilan est bien décevant, puisque après vingt ans d'existence et d'efforts sans nombre, le potentiel d'action est au plus bas et que la *Gasworkers' Union* compte moins de syndiqués qu'en 1890.

Mais maintenant, de partout, les signes se multiplient d'un *labour revival*. En quatre ans, les *trade unions* croissent de près de 50 % (2,5 millions d'adhérents en 1910, plus de 4 millions en 1914), les grèves sont multipliées par quatre par rapport à la période 1900-1910, la moyenne annuelle des journées de travail perdues passant de 4 millions en 1900-1910 à 18 millions en 1910-1914. Tandis que l'agitation se focalise sur deux secteurs, les mines et les transports, où éclatent spontanément de grandes grèves parties de la base et prenant les leaders par surprise, ce sont de nouvelles fractions du monde du travail qui entrent dans le processus de syndicalisation : *semi-skilled* et *unskilled* avant tout. Un mouvement favorisé par l'évolution du marché du travail et de la production de masse. Un mouvement qui en drainant les couches les plus pauvres du prolétariat retentit parfois de grondements révolutionnaires, avec des heurts violents entre piquets de grève, jaunes et forces de l'ordre — police ou armée.

A cette déflagration sociale deux causes économiques immédiates : le *boom* économique qui favorise l'emploi, le recul du salaire réel qui attise le mécontentement — facteur que Thorne s'empresse de souligner dans la littérature syndicale. Mais l'explication tient bien davantage à l'émergence de nouvelles aspirations d'ordre social et politique. D'une part, chez beaucoup d'ouvriers déçus par l'insignifiance des résultats de l'action du *Labour Party,* on glisse à une contestation révolutionnaire de la voie parlementaire. Au lieu d'un électoralisme plat et inefficace — c'est presque le slogan « élection-trahison » — pourquoi ne pas revenir à une stratégie de lutte industrielle avec l'espoir d'instaurer cette fois le pouvoir ouvrier à l'usine ? Car dans cette optique l'arme essentielle des ouvriers, ce n'est pas le bulletin de vote, c'est la grève. D'où une nouvelle philosophie de l'action syndicale, à l'encontre du trade-unionisme orthodoxe et du parlementarisme travailliste.

D'autre part, auprès du monde du travail le syndicalisme révolutionnaire fait miroiter un nouveau projet de société, complet et cohérent, fondé sur quatre principes : l'*action directe,* par la grève, voire la grève générale, sur le lieu de travail, puisque la voie politique et législative est incapable de changer le système économique et social ; la restructuration du trade-unionisme sur le modèle du *syndicat d'industrie* — un grand syndicat par branche industrielle ; le *contrôle ouvrier* à l'usine — ; enfin, une fois la révolution réalisée, le syndicat érigé en cellule de base de l'organisation sociale de l'avenir et pratiquant une *autogestion* dans laquelle les ouvriers dirigeraient eux-mêmes la production et la répartition des biens. De là découle un socialisme autonome, libertaire, antibureaucratique, à base d'anarcho-syndicalisme, qui s'oppose de front au socialisme étatique commun aux marxistes, aux

Fabiens et à l'ILP — ce socialisme dont Thorne, comme bien d'autres, s'est fait l'apôtre.

Aussi la *Gasworkers' Union* se montre-t-elle à la fois perméable et allergique à la vague du syndicalisme révolutionnaire. Pour elle la période 1910-1914 se traduit par une série de mutations rapides. Nouvelle croissance, nouvelle géographie industrielle, nouvelles personnalités, autant de changements d'importance. Tout d'abord les effectifs se gonflent subitement sous la pression du *revival* ouvrier. Doublement de 1910 à 1911, puis de 1911 à 1913 : le syndicat, au début de 1914, totalise 135 000 adhérents au lieu de 32 000 en 1910 [44].

Autre modification structurelle : la diversification de l'assise professionnelle et un nouvel équilibre entre régions. Le résultat, c'est une géographie syndicale différente, caractérisée par le recul de Londres, la montée en puissance du Lancashire grâce au textile et à la métallurgie différenciée — le district prend le premier rang parmi les divisions territoriales du syndicat —, l'essor de nouvelles régions comme le Nord et le Nord-Est (chantiers navals, métallurgie lourde), les Midlands autour de Birmingham (constructions mécaniques et bâtiment), la Galles du Sud (fer blanc). Désormais les gaziers ne sont plus majoritaires, tandis qu'un peu partout croît le nombre des employés municipaux. Au total, en 1912, si l'on suit les statistiques données par Thorne, la *Gasworkers' Union*, véritable syndicat général, étend son empire sur 150 secteurs professionnels différents dans 450 sections locales [45]. Mais du coup s'ensuit une redistribution des forces politiques : d'un côté un déclin de l'emprise londonienne — alors que Londres jusque-là avait été l'épicentre du socialisme dans le syndicat —, d'un autre côté un glissement vers le modérantisme, sous l'influence du Nord industriel, en particulier du Lancashire [46].

À LA CONQUÊTE DU PARLEMENT

A ce glissement vers une ligne mesurée et circonspecte, qui donne à la *Gasworkers' Union* un visage plus conventionnel et plus rassis, contribue la nouvelle figure qui s'impose de plus en plus à la tête du syndicat, celle de John Clynes, responsable justement du Lancashire de 1892 à 1912 et élu président cette année-là, au point que désormais on peut parler d'un attelage Thorne-Clynes. Attelage solide et uni, qui fait du syndicat une force de frappe efficace et redoutable sur le front social, mais qui aussi lui confère une allure moins combative et moins imaginative.

De fait, parmi les autres responsables syndicaux en vue — tous, notons-le, d'origine irlandaise —, Pete Curran, militant fougueux et passionné, acolyte de Thorne à la direction du *trade union* depuis les premiers jours, est mort prématurément à cinquante ans en 1910. Nouveau venu, Jack Jones, installé à West Ham depuis 1897, est un Irlandais batailleur et gouailleur, contestataire né, qui sait en même temps être un meneur d'hommes, mais il est loin d'avoir l'étoffe d'un leader et, à partir de 1914, se tempérera à l'instar de Thorne. Au contraire, Clynes a pour lui de solides atouts. Calme, réfléchi, cultivé, excellent négociateur, il affectionne les positions de juste milieu. Bon administrateur, il est si réputé pour sa modération et ses talents de conciliation que, dans un conflit aigu où le syndicat est engagé en 1912, l'adversaire ne veut avoir affaire qu'à lui. Avec les années toutefois la pondération de Clynes se transforme en absence de relief, et lui-même évoluera vers un « labourisme » fade et conformiste.

Dans l'immédiat le duo Thorne-Clynes s'emploie à tenir en échec la vague syndicaliste révolutionnaire dont l'influence gagne chez les gaziers les plus militants. C'est ainsi qu'au congrès de 1912 les délégués de Londres tentent d'obtenir le retrait du syndicat du *Labour Party* qu'ils jugent trop passif et trop inféodé aux libéraux, et si la motion est rejetée, elle obtient tout de même 18 voix contre 43 [47].

C'est pourquoi Thorne s'estime obligé de réagir et d'affirmer son désaccord avec les thèses du syndicalisme révolutionnaire propagées par d'anciens compagnons de lutte comme Tom Mann ou Ben Tillett. Conformément à la logique social-démocrate qui a inspiré tous ses combats depuis un quart de siècle, il prononce une condamnation nette et sans ambages : « Mon ancien collègue Tom Mann essaie maintenant de convaincre les salariés de laisser tomber toute action au Parlement. Pour moi, j'ai toujours été partisan de l'action directe sur la base du *trade union* parce que c'est le moyen d'apporter une réponse aux revendications immédiates des salariés, mais je me refuse pour autant à laisser à la classe des patrons le contrôle de la machine politique. » Et Thorne de conclure que l'organisation du *Labour* en parti politique apportera aux travailleurs beaucoup plus de résultats que l'action directe [48]. De même, en matière de droit du travail et de conciliation, Thorne maintient les vertus de l'arbitrage — à condition que celui-ci soit volontaire et non obligatoire — à l'encontre des syndicalistes révolutionnaires, pour qui ces procédures ne sont qu'une manifestation détestable de collaboration de classe [49]. Bref, à l'approche de la cinquantaine, Thorne fait figure dans le monde du travail de personnalité de premier plan : une personnalité puissante, assagie, responsable.

VII

Allons, enfants de la patrie...
(1914-1918)

Août 1914 : le coup de tonnerre de la déclaration de guerre prend Will Thorne complètement au dépourvu, comme tous ses camarades, comme tous ses compatriotes. Tandis que du jour au lendemain les Anglais stupéfaits se découvrent en guerre, plongés pour la première fois depuis un siècle dans un grand conflit européen et sans que personne imagine encore que c'est une guerre totale qui commence, voici Thorne le pacifiste, Thorne l'homme de la solidarité ouvrière par-delà les frontières, Thorne le vétéran de l'Internationale et l'apôtre de l'internationalisme, transformé en un tournemain en patriote déterminé, défenseur de son peuple, soutien ardent de son pays engagé pour une juste cause. *Alea jacta est!* A ses yeux désormais, une issue et une seule : faire la guerre et la gagner.

Jusqu'au bout pourtant le *Labour,* Thorne en tête, n'a pas voulu croire à la catastrophe. Cramponné à ses positions internationalistes, confiant de surcroît dans un insularisme qui permettrait à la Grande-Bretagne de rester à l'abri, il n'a pris conscience ni de l'enchaînement inéluctable des alliances ni de la puissance de l'instinct national. Tout s'est passé, il est vrai, si vite que les responsables, en retard à chaque fois sur l'événement, se sont trouvés sans prise sur lui. Le résultat, c'est qu'en une semaine exactement, du lendemain de la déclaration de guerre de l'Autriche à la Serbie (28 juillet) au lendemain de la déclaration de guerre de l'Angleterre à l'Allemagne (4 août), le *Labour* a glissé, impuissant et résigné, des illusions du pacifisme au ralliement à la guerre sous les espèces d'une union sacrée à laquelle manque seulement le nom.

Récapitulons les étapes de ce calendrier haletant et dramatique qui fait basculer le destin de Thorne en même temps que celui du *Labour*, de l'Angleterre et de l'Europe. Mercredi 29 juillet : à Bruxelles, où se réunit le bureau de l'Internationale alors que la tension internationale monte d'heure en heure, Keir Hardie exprime la conviction que, si d'aventure son pays entrait en guerre, les *trade unions* appelleraient à la grève générale. Jeudi 30 juillet : Thorne vote avec tout le groupe parlementaire travailliste une motion demandant que la Grande-Bretagne se tienne à l'écart du conflit. Dimanche 2 août — jour de l'ultimatum allemand à la Belgique —, à la grande manifestation organisée par le *Labour* à Trafalgar Square contre la guerre prennent la parole les principaux leaders, Hardie, Lansbury, Hyndman, Tillett, Thorne, qui lancent un double appel : aux travailleurs pour qu'ils refusent la guerre, au gouvernement britannique pour qu'il adopte une politique de paix et de neutralité. Mardi 4 août : à la suite de l'entrée en guerre de l'Allemagne contre la France et de l'invasion de la Belgique la veille, l'Angleterre déclare la guerre à l'Allemagne. Mercredi 5 août : les représentants des *trade unions* et des organisations socialistes, prenant acte de l'état de guerre, forment pour la durée des hostilités un Comité national du Travail destiné à défendre les intérêts du monde ouvrier *(War Emergency Workers' National Committee)*. Ironie de l'histoire : cette réunion, prévue depuis plusieurs jours afin de préparer la riposte des travailleurs à la menace de guerre, marque leur ralliement à la défense nationale et à l'effort de guerre.

Peu après, un nouveau pas est franchi par le *Labour*. Le 24 août est proclamée une « trêve industrielle », le 29 août une « trêve électorale » et, le même jour, le TUC accorde officiellement son soutien à la campagne de recrutement pour l'armée. Bref, c'est la mobilisation volontaire du monde du travail et de ses organisations au service de la nation en guerre. Même chez les pacifistes demeurés allergiques à la vague patriotique comme MacDonald ou Lansbury, force est de reconnaître qu'il est impensable d'entraver l'effort de guerre.

De fait, Will Thorne, avec sa connaissance du dedans de l'*habitus* ouvrier, a bien senti l'état d'esprit qui anime les masses populaires, qu'il s'agisse des syndiqués de la *Gasworkers' Union* ou de ses propres électeurs de West Ham. Vibrant à l'unisson avec eux, partageant leurs revendications en même temps que leur résolution disciplinée, il se fait une fois de plus leur porte-parole. Dans tout l'*East End*, à la vue des uniformes, au son des marches militaires, resurgit le vieux fond de patriotisme, voire de jingoïsme, si ancré chez les Londoniens. Réflexe national et attachement au drapeau, instinct guerrier et orgueil insulaire, appel de l'aventure et peur du chômage, tout s'amalgame pour faire accourir les prolétaires aux bureaux de recrutement. Sans que soit étouffée pour autant chez les responsables du *Labour* la voix du pacifisme assassiné.

C'est ainsi que Thorne, de sa tribune de Beckton Road Corner ou dans la littérature syndicale, à Westminster comme dans les meetings, fait entendre inlassablement durant tout le conflit un discours articulé autour de trois idées fondamentales, trois thèmes qui se commandent et s'équilibrent mutuellement.

Premier point : maintenant que l'Angleterre est en guerre, chacun doit accomplir son devoir. Dans l'épreuve on peut être assuré du patriotisme des socialistes, car les convictions internationalistes s'accordent sans problème avec le civisme et avec l'appartenance à la communauté nationale [1]. Non seulement « pas un membre de notre syndicat ne fera quoi que ce soit pour empêcher nos vaillants soldats de recevoir les armes et l'équipement nécessaires », mais il n'y a pas à prendre en considération de proposition de paix « tant qu'un seul soldat allemand restera sur le sol belge et français » [2]. Par la suite Thorne reviendra sur la même idée : le socialisme ne doit être confondu ni avec la non-violence ni avec l'objection de conscience. Il ne consiste pas à renoncer à son identité nationale. D'ailleurs, une paix bâclée serait pire que la guerre. Le vrai chemin de la paix passe par la victoire. Or on n'y parviendra que si chaque homme et chaque femme remplit la tâche qui lui est assignée [3].

Mais — et c'est là le deuxième thème — la vigilance s'impose. Ni les patrons ni l'État ne doivent profiter des circonstances pour revenir sur les acquis sociaux de l'avant-guerre. Au contraire, la revendication de classe doit accompagner la fidélité à la nation. Le premier devoir des pouvoirs publics est donc de répartir équitablement les sacrifices entre tous, et pour commencer de venir en aide au monde du travail, durement affecté par la guerre, en se mettant à l'écoute des représentants des *trade unions* et des organisations socialistes [4].

Troisième idée directrice : même si la violence guerrière a cruellement brisé les espérances de ceux qui avaient cru jusque-là à l'entente pacifique entre les peuples, ce n'est pas une raison pour désespérer ni pour renoncer à l'internationalisme. Il convient à l'inverse de songer dès maintenant à la reconstruction et de la préparer en vue de l'établissement d'un ordre nouveau. Une chose, en effet, est sûre : la paix, à l'avenir, ne pourra être garantie que par la fraternité des travailleurs de tous les pays [5].

*
**

Tandis que Thorne s'efforce de tenir sur cette étroite ligne de crête, le *labour movement* britannique, mis à rude épreuve par le déclenchement des hostilités, a éclaté en fractions et en factions antagonistes. A la suite de Royden Harrison, l'on peut distinguer quatre tendances principales : deux extrêmes et deux « centristes » [6]. A l'aile droite, les super-patriotes, entraînés par l'excitation nationaliste du moment. Pour ceux-là un seul mot d'ordre : défendre l'Angleterre et son empire menacés par le Kaiser et son « prussianisme » hégémonique et tyrannique. Sus donc aux Boches, aux « Huns », coupables d'atrocités telles que le sac de Louvain ou la destruction de Reims ! A l'autre extrême, on trouve des pacifistes de tout poil dressés contre la guerre. Encore que sous cette étiquette de « pacifistes » il faille ranger aussi bien les pacifistes absolus, adversaires par principe du sang et de la violence, que les pacifistes de circonstance, tenants du défaitisme révolutionnaire, ces derniers escomptant transformer, à la façon de Lénine, la guerre impérialiste en guerre civile internationale.

Mais à ces thèses extrêmes n'adhèrent que des éléments minoritaires, et c'est autour de positions plus modérées que se rassemblent les gros bataillons. D'un côté, les patriotes de juste milieu, opposés aussi bien au chauvinisme des boute-en-guerre qu'à un pacifisme intégral jugé irréaliste et néfaste. Convaincus que l'Angleterre est dans son bon droit — même si la guerre est le fruit des rivalités capitalistes — mais refusant d'approuver aveuglément le gouvernement, ils apportent à celui-ci un appui à la fois critique et positif, avec l'idée de tirer le meilleur parti possible d'une conjoncture favorable, puisqu'il faut maintenant compter avec le monde du travail et que l'État est obligé de se substituer aux capitalistes à la tête de l'économie. Ainsi, pensent-ils, on atteindra sans bruit un double objectif : dans l'immédiat, défendre les intérêts des ouvriers ; pour l'avenir, faire progresser les principes du socialisme. Position qui, effectivement, correspond à la ligne officielle du parti travailliste et des *trade unions*. « Accomplissons notre travail, écrit de façon significative Sidney Webb, de la même manière que le paysan français laboure son champ derrière la ligne de front [7]. » Dernier courant : celui des pacifistes modérés. Ceux-là, par fidélité à l'idéal internationaliste, s'élèvent contre le bellicisme ambiant et critiquent le soutien apporté à la politique officielle de guerre à outrance (en effet, depuis mai 1915, le *Labour* est entré, après bien des hésitations, dans un gouvernement d'union nationale). Leurs espoirs, ils les placent en priorité dans des négociations de paix, seul moyen à leur avis de mettre fin au carnage, mais sans entreprendre d'action contre l'effort de guerre du pays.

Dans cet éventail d'opinions, où situer Will Thorne ? Certains de ses adversaires n'ont pas manqué de le rattacher au premier groupe, en le taxant de « jingoïsme ». En réalité, c'est là un jugement excessif. A notre sens, Thorne serait à classer au nombre des patriotes modérés du *Labour*, même s'il figure parmi les plus martiaux d'entre eux. Souvenons-nous à cet égard de son tempérament de lutteur, de sa jeunesse batailleuse, des multiples bagarres de sa carrière où il a récolté plaies et bosses. En lui l'instinct profond, c'est de se rebiffer et de rendre coup pour coup en cognant ferme. Or à ses yeux, dans l'embrasement de l'Europe, c'est l'Allemagne qui est, sans conteste possible, l'agresseur. Dès lors, l'Angleterre se trouve en état de légitime défense. N'oublions pas non plus certaines prises de position antérieures. Après tout un fil logique ne conduit-il pas du projet de loi de 1908 en faveur d'une « armée citoyenne » — conçue comme le moyen de se protéger contre une agression extérieure — à la politique de défense nationale en 1914 ? Quand Thorne déclare au début des hostilités que s'il avait été plus jeune, il aurait aussitôt été volontaire pour s'enrôler, on peut le croire sur parole. Au demeurant ne compte-t-il pas quatre de ses proches, dont deux fils, sous les drapeaux [8] ? Ce sera d'ailleurs pour lui un grand choc en 1917 d'apprendre que son aîné, son préféré, William, est tombé sur le front des Flandres [9].

C'est vrai qu'il est arrivé par moment à Thorne de flirter avec les porte-parole du bellicisme au sein du *Labour*. Par exemple, lorsqu'est créé en 1915 un Comité socialiste pour la défense nationale (*National Socialist Defence Committee*), Thorne apporte son concours à la première manifestation publique en compagnie de Hyndman, Tillett, Crooks, ainsi que d'Émile Vandervelde et de Marcel Cachin : un meeting où l'on dénonce et malmène les pacifistes qualifiés de traîtres pro-allemands. Mais très vite Thorne prend ses distances avec cette organisation extrême aux tonalités xénophobes [10]. En revanche, on ne relève guère chez lui d'écart de langage dans le style chauvin et antigermanique pourtant si répandu, comme c'est le cas de la part de son vieux camarade Ben Tillett, qui a adopté une position analogue à la sienne, mais sur un mode strident.

Autre exemple : au questionnaire que le *Daily Herald* de Lansbury, organe attitré du pacifisme modéré, envoie au printemps 1915 aux principales figures du *labour movement* pour connaître leur opinion sur les conditions d'une paix avec l'Allemagne, Thorne se contente de répondre laconiquement : pas de négociation, la guerre jusqu'au bout. Position très carrée, mais qui tout de même tranche avec la véhémence contre les « Huns » d'un Wells fustigeant le « Krupp-kaiserisme » ou d'un Arnold Bennett réclamant, en guise de cérémonie expiatoire, un défilé des troupes belges à travers Unter den Linden [11] ! Il faut dire que tout au long du conflit Thorne, convaincu de servir la bonne cause, affiche la plus parfaite tranquillité d'âme, sans le moindre complexe par rapport à son passé pacifiste. A plusieurs reprises même on peut l'entendre se vanter d'avoir assisté à plus de réunions de l'Internationale que quiconque dans le *Labour Party* [12]. Dans ces conditions, estime-t-il, il n'a de leçon à recevoir de personne en matière d'internationalisme et de socialisme...

De même, en vertu de son lien ancien et jamais rompu avec la *Social Democratic Federation,* Thorne partage sans broncher les avatars des socialistes patriotes au sein du *British Socialist Party* (dont on a vu qu'il avait pris en 1911 la succession de la SDF). La guerre casse le parti, scindé en deux camps irréconciliables : d'un côté les partisans de la défense nationale, groupés autour de Hyndman et qui publient tout de suite un manifeste patriotique (que signe Thorne) ; de l'autre, les adversaires de la guerre, adeptes du défaitisme révolutionnaire.

Entre les deux la scission est inévitable. Elle se produit en 1916. Tandis que la majorité pacifiste garde le contrôle du parti (ralliée à la révolution bolchevique, elle constituera ultérieurement l'un des noyaux du parti communiste britannique), la minorité patriote forme avec Hyndman, Thorne, Tillett, etc. un nouveau parti baptisé parti socialiste national (*National Socialist Party* ou NSP) : petit parti qui demande bientôt son affiliation au *Labour Party* et renoue avec la tradition de groupuscule de la SDF (il en reprend d'ailleurs en 1918 le nom). Aux élections de 1918, Thorne sera élu sous la bannière du NSP en même temps que du parti travailliste, avec un programme sans équivoque : « Tuer le bolchevisme, le capitalisme, le militarisme » — bref l'hydre à trois têtes... Jusqu'au bout Thorne gardera sa vieille fidélité social-démocrate (en 1930 il présidera encore l'assemblée annuelle), puisque le parti continuera d'exister — mais d'une existence très effacée — jusqu'à 1939 [13].

*
**

Union sacrée et guerre à outrance d'un côté, revendication de classe et pression syndicale de l'autre, Will Thorne entend bien tenir les deux bouts de la chaîne, au moment où la guerre porte au maximum les tensions à l'intérieur de la société britannique. Dans son action, comme dans celle du *Labour*, on peut distinguer trois périodes successives. La première, qui va de la déclaration de guerre à l'automne 1916, correspond à la mobilisation du pays par étapes — jusqu'à la mobilisation totale. Avec l'année 1917, « l'année trouble », dominée par la grande ombre de la révolution russe, s'ouvre une phase de confusion, d'incertitudes et de conflits, qu'illustre la mission de Thorne en Russie. Enfin, au cours de la troisième période, on s'achemine vers la préparation de l'après-guerre : divisions et crises internes cèdent donc peu à peu devant les exigences d'une stratégie claire et unifiée.

De 1914 à 1916, la question centrale posée aux chefs du *Labour* se résume en une phrase : comment et jusqu'où collaborer à l'effort de guerre ? Car si la guerre a fait voler en éclats la chimère de la formule « les prolétaires n'ont pas de patrie », la lutte des classes, elle, n'est point une chimère, et la responsabilité première du *Labour*, c'est de la poursuivre sans répit ni relâche.

D'où la dialectique, à la fois subtile et ferme, du « social-patriotisme ». Oui à l'union nationale, une union qui ne serait que duperie en temps de paix, mais qui devient en temps de guerre un devoir socialiste, dans la mesure où il s'agit, à l'encontre d'un internationalisme désincarné, de sauvegarder la démocratie et la nation. Mais attention à la défense des intérêts des travailleurs et vigilance face à un capitalisme toujours aussi cupide et tout prêt à tirer bénéfice d'une situation exceptionnelle. Dès lors, il ne faut pas seulement que les sacrifices soient également et équitablement répartis, il faut encore que la guerre serve à corriger les injustices sociales et que de l'épreuve sorte un ordre nouveau, une société regénérée par les principes du socialisme. Sur cette voie du social-patriotisme, trois affaires, entre 1914 et 1916, servent tour à tour de test à la politique de collaboration des chefs du *Labour* à l'effort de guerre, Thorne prenant position à chaque fois pour un soutien sans réserve à la mobilisation du pays.

Premier épisode, dès l'ouverture des hostilités : la campagne de recrutement de volontaires pour l'armée. Thorne lui apporte aussitôt un concours résolu. Par la parole et par la plume, il se répand en exhortations auprès des ouvriers pour qu'ils s'enrôlent en masse. Un peu partout, à West Ham, au coin des rues, sur les tribunes, au Parlement, on le voit multiplier les appels en faveur de la défense nationale. Plus il y aura de volontaires, explique-t-il, plus vite la guerre sera finie. Et d'exalter l'union sacrée : maintenant que tous les Anglais sont comme les membres d'une même famille, il n'y a plus qu'un parti — le parti du combat, au service de la bonne cause, celle de la patrie, celle des libertés anglaises acquises au prix de luttes séculaires et qu'il faut protéger contre le militarisme de l'Allemagne impériale [14].

Lui-même a tout de suite tenu à payer de sa personne en s'inscrivant dans la réserve territoriale, la *West Ham Volunteer Force*. On lui confère le grade de lieutenant-colonel, ce qui lui vaut de parader quelque peu naïvement dans un uniforme flambant neuf, comme il le raconte non sans humour dans son autobiographie [15]. A plusieurs reprises, en compagnie d'autres leaders syndicaux, il rencontre Kitchener, ministre de la Guerre depuis août 1914, qui cherche à obtenir la coopération des représentants du monde du travail. Miracle de l'union sacrée : entre le syndicaliste, incarnation du prolétariat rebelle, et le général, archétype de la caste galonnée et impérialiste, le courant passe à merveille...

Deuxième affaire controversée : la réglementation du travail industriel à partir de 1915. Les besoins croissants du front amènent en effet le gouvernement à négocier avec les *trade unions* un réaménagement radical des relations professionnelles dans les usines travaillant pour la défense nationale, autrement dit dans la plupart des secteurs de la vie économique. En échange de la limitation des profits, les syndicats acceptent pour la durée du conflit, d'abord sous forme contractuelle — ce sont les *Treasury Agreements* de mars 1915 — puis par voie législative — avec le *Munitions Act* de juillet 1915 — l'arbitrage obligatoire, l'interdiction des grèves dans les usines d'armement, et, concession plus importante encore, la « *dilution* », c'est-à-dire l'adjonction de main-d'œuvre non qualifiée (soit des travailleurs *unskilled*, soit des femmes) dans ces mêmes usines. Il s'ensuit de vifs débats au sein du monde du travail, les pacifistes et les révolutionnaires intransigeants soutenant que, sous couleur de prendre sa part de responsabilités, le *Labour* est devenu l'otage des pouvoirs publics. N'est-on pas en train d'abandonner pour un plat de lentilles l'héritage d'un demi-siècle de luttes syndicales ? Là encore Thorne, logique avec lui-même et conscient d'être soutenu par la base, prend parti pour la ligne officielle du *Labour*. Il faut aussi reconnaître que si la *dilution* menace à l'évidence les droits et les avantages des ouvriers *skilled* (d'où les résistances syndicales, à commencer par celles des métallurgistes), elle ouvre des possibilités imprévues aux *unskilled* — promotion professionnelle et augmentation de salaires —, ce qui favorise singulièrement un syndicat comme les gaziers.

Mais le problème le plus aigu, c'est le problème de la conscription, car après un afflux de volontaires durant les premiers mois de la guerre le recrutement en 1915 se tarit. Bientôt il s'avère que l'Angleterre ne pourra faire l'économie du service obligatoire. Une fois de plus, la logique de la guerre commande. Aussi, en dépit de l'hostilité viscérale d'une large partie de la population, le gouvernement britannique s'oriente-t-il vers l'inéluctable conclusion : le recours à la conscription. Sitôt l'idée lancée, de furieuses controverses agitent le monde ouvrier. Maintenant les pacifistes croient tenir leur revanche. Mais la riposte des social-patriotes, Thorne en tête, s'organise autour de deux thèmes.

Premier argument : le service militaire obligatoire n'est pas seulement affaire d'efficacité, c'est au moins autant affaire d'équité[16]. Puisque la majorité des soldats est composée de jeunes travailleurs, donc d'hommes venus du peuple, la solidarité nationale ne commande-t-elle pas que les autres catégories sociales prennent leur part des sacrifices ? Au fond le système du volontariat n'est pas juste pour la classe ouvrière. Celle-ci a envoyé en masse ses enfants se battre au front. Pourquoi refuser un mode de recrutement de nature à mettre fin aux privilèges des embusqués ? Bref, la conscription se justifie au nom de l'égalitarisme. C'est pourquoi Thorne joue un rôle important pour pousser le *Labour Party* dans cette voie. En particulier en janvier 1916, au congrès du parti, où se manifeste une très forte hostilité au projet de loi de service militaire obligatoire, il fait voter par une habile manœuvre un amendement qui, tout en rappelant l'opposition de principe des socialistes à la conscription, admet implicitement un ralliement à la loi, une fois celle-ci votée [17].

Second volet de la bataille de la conscription : puisque à la base il y a le principe du partage équitable des sacrifices entre classes sociales, pourquoi ne pas envisager, à côté du sacrifice du sang, le sacrifice des biens et de l'argent ? Dès lors pourquoi ne pas adjoindre à la conscription des hommes une « conscription de la richesse », selon une formule lancée par Tillett ? Effectivement le mot d'ordre est bientôt repris de manière tout à fait officielle par le *War Emergency Workers' National Committee*. Ce qui conduit Thorne, lors d'une réunion spéciale des représentants du *labour movement* en juin 1916, à faire adopter une motion exigeant du gouvernement une loi sur la « conscription de la richesse » en taxant à la fois les hauts revenus et les grandes fortunes [18].

Pour Thorne, on le voit, dans la crise générée par la guerre, revendication sociale et défense nationale sont indissolublement liées. D'où l'attention portée sans relâche aux problèmes concrets des classes populaires, aux humbles réalités de l'existence quotidienne des foyers ouvriers, tout particulièrement à West Ham. Loin que son adhésion à la ligne patriotique officielle lui fasse perdre le contact avec la base, Thorne reste le tribun de la plèbe qu'il a toujours été. Avec le même verbe sonore. Avec la même rhétorique militante. Car à ses yeux la guerre du capital et du travail n'est nullement interrompue. Et son aversion pour ces êtres avides et égoïstes que sont les capitalistes n'a point diminué.

Très vite il s'avère qu'aux fléaux de l'avant-guerre — chômage et misère — sont venus se superposer de nouveaux problèmes pressants : la vie chère par suite de la hausse des produits de première nécessité et des loyers (de 1914 à 1917 l'inflation est en moyenne de 25 % par an, et entre la déclaration de guerre et l'armistice les prix font plus que doubler), les difficultés des familles où les hommes sont partis pour le front, la pénurie alimentaire et les rigueurs du rationnement, sans compter bientôt les morts, les blessés, les invalides. Organiser les secours, imposer des augmentations de salaires, exiger le contrôle des prix, remédier aux privations qui frappent durement les déshérités, tels sont les mots d'ordre du moment parmi les responsables du *labour movement*.

En même temps, Thorne part en guerre contre les « profiteurs », s'indignant que les mercantis et margoulins de tout poil tiennent le haut du pavé et réclamant à grands cris qu'il soit mis fin à pareils scandales. A son sens, pour que le moral ne lâche pas, il est indispensable que le gouvernement tienne un langage résolu et impitoyable — jusqu'à la victoire. Aussi est-ce avec sympathie qu'il accueille les promesses et les avantages consentis au *Labour* par Lloyd George, lorsque celui-ci devient Premier ministre en décembre 1916 et préconise une politique de guerre à outrance conforme à ses propres vœux.

Néanmoins, tout ce processus d'adhésion à l'effort de guerre de 1914 à 1916 ne se déroule pas sans de furieuses empoignades à l'intérieur du monde socialiste et syndicaliste. En tant que figure de proue du social-patriotisme et que chef de l'un des plus influents syndicats, Thorne offre évidemment une cible de choix aux opposants à la guerre. D'où de fréquentes invectives à son endroit. Tandis qu'on le taxe à l'envi de jingoïsme et de bellicisme, d'aucuns se complaisent à le mettre en contradiction avec son internationalisme d'antan. De son côté il n'hésite pas à riposter avec sa pugnacité habituelle, reprochant aux pacifistes de faire le jeu de l'Allemagne et s'en prenant parfois durement aux chefs de file, de MacDonald, son adversaire de vieille date, à son ami Lansbury [19].

Mais l'épisode de sa carrière qui affecte le plus Thorne, c'est, en 1916, une attaque au vitriol lancée contre lui par Snowden, l'un des dirigeants de l'ILP. Celui-ci, dans un article du *Labour Leader*, met en cause l' « ignorance d'illettré » de Thorne et son « inaptitude à la fonction de député ». Du coup, la malignité et le mauvais goût de l'attaque suscitent une protestation officielle du syndicat des gaziers, après une scène pénible au dîner annuel du syndicat, quand Thorne est gagné par les larmes en évoquant sa misérable enfance privée de toute éducation [20].

***

Mars 1917. A peine le gouvernement Lloyd George est-il installé aux commandes que se produit un événement imprévu qui bouleverse la carte de guerre et le paysage politique : la révolution en Russie, avec pour corollaire une offensive pacifiste au sein du socialisme international. Dans le camp du *Labour* commence une période d'agitation confuse et d'initiatives contradictoires sur fond de querelles intestines. Aussi pour Will Thorne l'année 1917 s'inscrit-elle comme une année chargée. D'abord en raison de la mission, délicate et mouvementée, qu'il accomplit en Russie au cours du printemps et qui le projette sur le devant de la scène. Ensuite parce que plus que jamais il estime de son devoir de combattre les sirènes du pacifisme. Épisode important dans sa carrière, le voyage en

211

Russie a exercé sur lui un double effet. A court terme il achève de l'identifier à la cause du social-patriotisme. A plus long terme il suscite en lui une horreur viscérale du bolchevisme, ce qui entraînera par voie de conséquence une hostilité persistante envers le parti communiste britannique. L'événement a donc influencé de manière durable sa position dans le *labour movement* en accentuant le glissement déjà en cours vers une ligne de réformisme modéré.

C'est dans les derniers jours de mars 1917 que débute pour Thorne l'aventure, lorsque Lloyd George le pressent pour une mission en Russie. A l'origine, il y a les répercussions de la « révolution de février » (survenue en fait le 12 mars à cause du décalage du calendrier russe par rapport au calendrier grégorien) sur l'opinion britannique et sur la politique de guerre du gouvernement. D'un côté l'effondrement du tsarisme, intervenu à la surprise générale, est salué en Angleterre par des acclamations unanimes. Partout on applaudit à l'avènement d'une nouvelle Russie démocratique. En particulier du côté du *Labour*, où le soulagement est grand d'être débarrassé d'une alliance encombrante avec un régime honni et où l'on sympathise chaleureusement avec les socialistes russes. Un enthousiasme partagé par Thorne, mais qui chez d'autres tourne à la célébration exaltée de « la nouvelle étoile d'espérance levée sur l'Europe »[21]. Mais, d'un autre côté, dans les milieux dirigeants britanniques, l'on s'inquiète bientôt des nouvelles en provenance de l'Est. Un pays désorganisé, un gouvernement provisoire débordé, un soviet de Petrograd tout-puissant, une propagande bolchevique trouvant des oreilles complaisantes pour le mot d'ordre de « paix immédiate sans annexions ni indemnités » : que va-t-il advenir de la coalition alliée contre l'Allemagne ? De toute part, y compris dans les rangs du

Labour, on frémit au spectre d'une débâcle russe. Il faut donc à tout prix convaincre le nouveau pouvoir révolutionnaire de la nécessité de continuer la guerre avec énergie. D'où l'idée de Lloyd George de déléguer en Russie des représentants du *Labour* pour porter ce message.

Le choix se porte sur trois hommes : Will Thorne, James O'Grady, syndicaliste et député rallié depuis le premier jour à la guerre contre l'Allemagne (et naguère supporter comme Thorne d'une « armée citoyenne »), William Sanders, un ancien social-démocrate devenu Fabien, qui sert de secrétaire à la délégation. De l'autre côté de la Manche, le gouvernement français agit de même : une délégation de trois socialistes, dont Marcel Cachin et Marius Moutet, est désignée pour partir en même temps que la mission britannique (Cachin et Moutet reviendront de leur voyage conquis par l'atmosphère révolutionnaire et l'accueil populaire).

A coup sûr, l'expédition n'est pas sans danger. On est alors en effet au plus fort de la guerre sous-marine, et tout le monde a encore en mémoire la disparition tragique de Kitchener l'année précédente, à la suite du torpillage du croiseur le conduisant en Russie. Cependant, il n'y a pas chez Thorne l'ombre d'une hésitation. Mais avant de se mettre en route, la délégation se fait dûment mandater par le *Labour Party* et le TUC, ainsi que par le syndicat des gaziers [22]. Officiellement il s'agit d'apporter au peuple russe les félicitations du peuple anglais, et plus spécialement des socialistes, pour le succès de la révolution, accomplie sans presque verser de sang. En fait, l'objectif principal de la mission consiste d'une part à s'informer et à informer le gouvernement britannique sur la situation réelle en Russie, d'autre part à persuader les socialistes russes de poursuivre la lutte contre l'Allemagne aux côtés des Alliés. Encore que le choix des délégués provoque des grincements de dents parmi les pacifistes de l'ILP, comme en témoignent une vive passe d'armes aux Communes le jour même du départ entre Thorne et Snowden [23] et les commentaires méprisants de MacDonald dans la presse (« Les socialistes russes ne tarderont pas à découvrir l'indigence politique de nos délégués avec qui ils n'ont pas grand-chose de commun ») [24].

C'est aussi le jour du départ que prend place un épisode cocasse, simple fait divers mais qui, relayé par les média, fait le tour de l'Angleterre : l'affaire du manteau de fourrure prêté à Thorne par un ministre conservateur. Candeur, maladresse ou vanité ? Toujours est-il que Thorne, au moment de quitter la Chambre des Communes, tombe sur l'attorney général, F. E. Smith (futur Lord Birkenhead), qui lui propose pour affronter les rigueurs du climat russe son luxueux manteau de fourrure. Ce que notre homme accepte sans réfléchir, mais qui va alimenter maints ragots et calomnies sur son compte [25]...

Durant cinq semaines, la délégation parcourt la Russie en tous sens [26]. Elle découvre un pays plongé dans l'atmosphère fiévreuse et anarchique des lendemains de révolution. Aventure exaltante pour les socialistes anglais, conscients de voir s'écrire devant eux une page de l'histoire de l'humanité (« C'est le moment le plus historique que j'aie vécu », câble fièrement Thorne [27]), mais en même temps remplis du sentiment d'une lourde responsabilité : responsabilité vis-à-vis de leur patrie en guerre, responsabilité à l'égard du socialisme international.

Sur place, le séjour se déroule en trois étapes [28]. D'abord à Petrograd, épicentre de la révolution et foyer du pouvoir, où les trois envoyés britanniques rencontrent tour à tour le comité central du Soviet des ouvriers et des soldats, les représentants de la Douma, Kerenski et les membres du gouvernement provisoire, tantôt prenant la parole dans des assemblées révolutionnaires, tantôt conduisant des conversations en tête à tête. Ils ont aussi l'occasion d'entendre Lénine, frais arrivé de Genève, prononcer, le 17 avril, un discours de deux heures devant la Douma. Puis les délégués se transportent à Moscou. Là, après avoir assisté aux célébrations du 1er mai, ils s'adressent à d'autres auditoires passionnés et poursuivent avec les nouvelles autorités des discussions sur les buts de guerre. Enfin ils parcourent de vastes zones à l'arrière du front, visitant les principaux centres de commandement militaire et multipliant les échanges avec les généraux, les conseils de soldats, les soviets ouvriers et paysans locaux.

Itinéraire émaillé d'imprévus, de divergences, parfois de moments embarrassants, notamment quand les Russes prennent connaissance d'un communiqué de l'ILP désavouant les représentants du *Labour,* ce qui aboutit à faire prendre ces derniers pour des agents de l'impérialisme britannique. Il faut, pour rétablir la situation, un télégramme de Hyndman et du *National Socialist Party* qui réaffirme avec force leur légitimité et la validité de leur mandat. A suivre au fil des jours les impressions de Thorne telles qu'elles filtrent dans la presse anglaise, on observe que le ton triomphaliste des débuts (« il n'y a plus un seul policier », « maintenant les Russes vivent libres ») cède devant une anxiété grandissante au contact d'un pays déstabilisé et exsangue où gagne inexorablement la propagande pacifiste des mencheviks et des bolcheviks [29].

Au bout du compte, le bilan de la mission de Thorne et de ses compagnons apparaît surtout négatif. Ils ont beau avoir été accueillis avec une certaine sympathie par les Russes et qualifiés par l'ambassadeur britannique Buchanan de « magnifiques spécimens de l'ouvrier anglais », ils n'ont à aucun moment réussi à remonter le courant pacifiste, en particulier auprès du Soviet de Petrograd, le véritable pouvoir, dominé par les mencheviks zimmerwaldiens — comment d'ailleurs aurait-il pu en être autrement ?

De fait, le rapport rédigé à l'intention du cabinet de guerre, avant que Thorne rende compte de vive voix de sa mission à Lloyd George et au roi George V le 29 mai, présente la situation en Russie sous des couleurs fort sombres. Seule consolation, assez académique à vrai dire : cette situation eût été pire encore si le régime tsariste s'était maintenu. Pour garder la Russie dans la guerre aux côtés des Alliés, poursuit le rapport, il faudrait une politique active, mais le défaitisme, alimenté par la propagande allemande, ne cesse de gagner du terrain [30]. A cet égard Thorne pointe à plusieurs reprises un doigt accusateur contre Lénine et la poignée de bolcheviks rapatriés de Suisse à travers l'Allemagne : qui a payé leur voyage ? demande-t-il indigné [31].

C'est pourquoi, une fois de retour en Angleterre, Thorne, plus convaincu que jamais de la nécessité de conduire la guerre jusqu'au bout, se donne pour mission de combattre de toutes ses forces les idées de négociations de paix qui ont alors le vent en poupe dans le *labour movement*. D'où de furieuses controverses autour du projet d'une conférence socialiste internationale à Stockholm au cours de l'été 1917. Pourfendeur acharné d'une initiative dans laquelle il voit « une manœuvre allemande », Thorne entraîne le syndicat des gaziers à prendre position contre la conférence qui, après divers avatars, fait long feu.

Mais les plaies ainsi ouvertes dans le corps du *Labour* ont du mal à se refermer. Contre Thorne les attaques reprennent de plus belle, au point de menacer sa position jusque dans son fief de West Ham. En effet, si dans l'ensemble le social-patriotisme recueille l'adhésion des classes populaires à West Ham comme dans le reste de l'Angleterre, en revanche, les militants locaux de l'ILP et du *British Socialist Party* ne pardonnent pas à Thorne l'actif soutien qu'il apporte, fort de sa double autorité de socialiste et de syndicaliste, à la politique de guerre à outrance. Leur exaspération croît encore au lendemain de la révolution bolchevique, dénoncée avec virulence par Thorne et ses amis.

Or on commence alors à songer sérieusement aux élections à venir — dès qu'auront pris fin les hostilités — et en conséquence à sélectionner les candidats chargés de représenter West Ham au Parlement — une représentation doublée, car West Ham, à la faveur du redécoupage électoral, dispose désormais de quatre sièges au lieu de deux. A l'intérieur du camp socialiste, les divisions atteignent une acuité telle qu'une véritable scission locale se produit, la bourse du travail passant du côté des révolutionnaires pacifistes.

Le résultat, c'est qu'en janvier 1918 une majorité se dégage, non sans diverses manœuvres et manipulations, pour refuser de réadopter Thorne comme candidat dans son ancien bastion. C'est la stupéfaction dans l'*East End*. Même Lansbury, avec sa générosité coutumière, plaide la cause de son vieux compagnon de lutte. De son côté, Thorne, assuré de sa popularité locale et n'ayant rien perdu de sa combativité (il est alors maire de West Ham pour un an), annonce qu'il se représentera, quoi qu'il arrive, comme candidat socialiste dans la circonscription de Plaistow (l'une des deux circonscriptions, avec Silvertown, résultant de la subdivision de l'ancien West Ham-Sud). En outre, il fait habilement approuver sa candidature par le syndicat des gaziers [32]. Si bien que peu à peu la voix de la raison l'emporte et que les dissensions entre socialistes se réduisent dans le courant de l'année 1918. D'autant que sur le plan social, dans la défense sur place des intérêts ouvriers, partisans et adversaires de la guerre partagent les mêmes positions et font entendre les mêmes revendications.

Arrive l'armistice. Au niveau national, un choix stratégique divise le *Labour Party*. Faut-il ou non quitter le gouvernement de coalition de Lloyd George ? Selon les partisans du maintien au gouvernement (dont Thorne et Clynes — toujours président du syndicat et depuis quelques mois ministre du Ravitaillement), deux arguments militent en sa faveur. D'une part, le *Labour* pourrait ainsi peser sur les négociations de paix. D'autre part, s'il renonce à l'union nationale, il court à la défaite électorale, étant donné la popularité de la coalition gouvernementale [33].

Mais comme la majorité des travaillistes se prononcent en sens inverse, Thorne s'incline loyalement, de même que Clynes. Moins d'un mois plus tard les élections de décembre 1918 donnent raison à son diagnostic. Alors que le parti travailliste enregistre une déconfiture générale, c'est pour Thorne un véritable triomphe dans sa nouvelle circonscription de Plaistow : 12 156 voix contre 657 à son adversaire étiqueté « indépendant ». Preuve éclatante que ni les turbulences de la guerre ni l'inclination grandissante de Thorne au modérantisme et au pragmatisme n'ont entamé la fidélité du peuple de West Ham.

VIII

Un fauteuil dans l'*Establishment*

(1919-1946)

En Grande-Bretagne les années de l'immédiat après-guerre sont des années agitées. Sur le front social, sur le front politique, on ressent intensément les contrecoups du conflit mondial. Ici et là un vent de révolution souffle sur le pays. En surface le socialisme semble avoir avancé à grands pas. Et beaucoup se demandent — Thorne parmi eux — si une nouvelle relation n'est pas en train de s'établir entre la classe ouvrière et l'État.

Pendant la guerre, en effet, et plus particulièrement à partir du ministère Lloyd George, on a assisté à un développement massif de l'intervention de l'État et à une emprise croissante de la bureaucratie gouvernementale dans tous les secteurs de l'économie. Selon un processus diagnostiqué par Tocqueville trois quarts de siècle auparavant, la guerre, en augmentant inéluctablement les attributions du gouvernement, aboutit à centraliser entre les mains de celui-ci « la direction de tous les hommes et l'usage de toutes les choses ».

Dès lors, n'est-ce point la fin du laissez-faire ? Et du même coup la chance du *Labour* ? On a vu d'ailleurs, au chapitre précédent, comment les nécessités de l'effort de guerre avaient contraint l'État à faire appel à la coopération des travailleurs et par suite à multiplier les promesses. Ainsi que l'a souligné à l'époque Élie Halévy, l'idée socialiste progresse d'une double manière. D'une part le *Labour* retire le bénéfice de sa critique systématique de la gestion capitaliste gouvernementale dont il ne perd pas une occasion de dénoncer les erreurs et les injustices. D'autre part il tire argument de l'instauration d'une économie dirigée durant les années de guerre pour démontrer que le libéralisme, loin d'être irremplaçable, peut être avantageusement remplacé par une organisation étatique tournée vers le bien commun, celle-ci se révélant au total plus efficace sans être pour autant tyrannique.

Mais bien vite dans le monde du travail les déceptions et les frustrations l'emportent. D'abord parce que l'étatisme de guerre ne dure pas. Au bout de quelques mois, tous les contrôles dans l'industrie sont démantelés, tandis que s'estompent les espoirs de nationalisation des mines et des chemins de fer. Bientôt la restauration du capitalisme apparaît totale. Et les syndicats voient se réduire en proportion leur place dans les institutions officielles. D'où un sentiment de recul par rapport aux positions acquises de 1914 à 1918, malgré la croissance prodigieuse du trade-unionisme. De 1914 à 1920, en effet, le nombre des syndiqués a doublé, passant de 4 millions à 8,3 millions, dont 1,3 million de femmes (mais après 1921, le reflux sera sévère jusqu'à 1933, date où le chiffre retrouve le niveau de 1914 [1]). Par ailleurs, à l'intérieur du *labour movement*, les divisions s'accusent entre la minorité révolutionnaire à la base et les directions syndicales et politiques au réformisme prudent et mesuré.

Chez Will Thorne domine de plus en plus la conviction que la seule voie possible vers le socialisme, c'est la voie parlementaire. Toute stratégie industrielle de conquête du pouvoir lui apparaît vouée à l'échec. D'où sa condamnation de l'action directe. Pour lui il n'y a que la stratégie politique qui soit en mesure de triompher. C'est pourquoi il s'est réjoui, lui qui est depuis un quart de siècle membre du Comité parlementaire du TUC, et qui y est réélu en 1918, de voir pour la première fois le socialisme faire son entrée dans le programme officiel du *Labour Party*. Car, dans les nouveaux statuts du parti adoptés en février 1918, figure une clause — la « clause 4 », appelée à devenir célèbre, puisqu'à l'avenir elle sera érigée en pierre de touche de la pureté socialiste du travaillisme — qui fixe au *Labour* un objectif franchement collectiviste : la propriété publique des moyens de production.

Dans la même ligne, quelques mois plus tard, lors du congrès travailliste de juin 1918, au moment de préciser la stratégie industrielle du parti, Thorne fait voter, à la place d'une formulation vague et insipide, un texte beaucoup plus radical : la « socialisation de l'industrie » comme moyen d'accroître la production [2]. Dans ce rappel à la plus pure doctrine social-démocrate, il faut voir à la fois une conviction sincère et un souci tactique — le souci de répondre aux revendications de la base et de couper l'herbe sous les pieds des « impossibilistes ». Ainsi, même devenu un notable, Thorne demeure le gardien vigilant des Tables de la loi.

Au demeurant, dans la mesure où l'agitation des fractions révolutionnaires inspirées par l'exemple russe tourne à l'échec, la voie est libre pour le socialisme démocratique, légal, parlementaire, tel qu'il s'est affirmé en Angleterre depuis les dernières années du xixe siècle et tel que Thorne s'en est fait le champion. Autrement dit, l'impossibilisme étant battu en brèche — non sans que le leader des gaziers l'ait pourfendu de toutes ses forces —, c'est le possibilisme qui prévaut. Un possibilisme que

Thorne essaie d'accommoder à sa sauce personnelle — une sauce moins âpre que jadis et où les herbes douces tiennent dorénavant plus de place que le sel et le poivre.

Modération et réalisme d'un côté, idéalisme et conscience de classe de l'autre, voilà bien le nouveau cartel dialectique qui oriente la dernière phase de la carrière de Thorne. De là une activité politique qui s'articule autour de quatre axes : une ligne réformiste et parlementaire, un vigoureux anticommunisme, un *revival* de l'internationalisme, une défense inconditionnelle de la cause ouvrière et trade-unioniste.

En s'affichant a toute occasion partisan de la conquête du pouvoir et de l'avènement du socialisme par la voie électorale, Will Thorne se montre parfaitement conséquent avec lui-même. C'est la même logique qui, avant la guerre, lui a fait rejeter le syndicalisme révolutionnaire. Plus que jamais maintenant, l'utilisation de l'action directe comme arme politique lui paraît irréaliste et dangereuse : ce serait ruiner pour le *Labour* toute chance d'arriver un jour à la tête de l'État. Ce serait aussi, comme le déclare Clynes en plein accord avec Thorne, « porter un coup non au gouvernement mais à la démocratie[3] ». Car les impatiences ne servent de rien. Il n'existe pas de raccourci pour parvenir au socialisme. Il faut s'organiser, persuader, mobiliser les masses. Tel est le message que Thorne prêche obstinément.

Le seul moyen de renverser le capitalisme, proclame-t-il, c'est d'acquérir la majorité à la Chambre des Communes : « Si les ouvriers ne peuvent améliorer leur sort par l'action parlementaire, ils ne le pourront pas davantage par un autre chemin. » Et à ceux qui brandissent l'idée d'une révolution sociale par la force, il rétorque qu'ils méconnaissent totalement les ressources de la police et de l'armée. En revanche, pour lui, il est tout à fait possible d'accomplir une véritable révolution sans violence[4]. A condition de s'appuyer sur un trade-unionisme puissant et une majorité démocratiquement élue. Que l'on tente donc l'expérience avant d'exhorter à l'aventure. Et Thorne de pourfendre les trublions révolutionnaires et de condamner les grèves sauvages, comme il avait condamné pendant la guerre le mouvement des délégués d'atelier, les *shop stewards*.

A ses yeux de telles pratiques ne font que désorganiser le mouvement syndical. Car il n'y a pas de trade-unionisme sans ordre, sans discipline, sans respect de la hiérarchie dirigeante. Sinon c'est le règne de l'irresponsabilité et de l'anarchie. Au fond Thorne rejoint tout à fait Sidney Webb dans sa formule fameuse sur « l'inévitabilité du gradualisme » et dans ses appels à un socialisme éthique — la voie anglaise du socialisme — : « Souvenons-nous toujours que le fondateur du socialisme britannique n'est pas Karl Marx, mais Robert Owen et que Robert Owen prêchait non la " guerre des classes " mais la vieille doctrine de la fraternité humaine[5]. »

Non seulement Thorne rejette le principe d'une révolution violente, mais il ne la croit pas praticable en Angleterre. C'est ce qu'il a déjà déclaré à George V en 1917 à son retour de Russie : « Il n'y aura jamais de révolution violente dans ce pays. » C'est ce qu'il répète en 1923 lorsqu'il rencontre le prince de Galles, futur Édouard VIII, et le rassure sur la situation de la Grande-Bretagne : si sombre que soit le paysage industriel étant donné le nombre des chômeurs, il n'y a pas à redouter de troubles intérieurs, d'autant que les travaillistes sont des partisans de la légalité. Mais, ajoute-t-il, comme il l'avait déjà dit en guise d'avertissement à George V, des changements radicaux s'imposent dans l'économie et dans la société et l'on n'y échappera pas[6].

Vis-à-vis du communisme, Thorne, dès le premier jour, adopte une attitude de condamnation sans appel. Le triomphe des bolcheviks en Russie l'a horrifié au point qu'il préface en 1919 une brochure social-démocrate au titre significatif : *Le bolchevisme, danger et fléau pour les ouvriers.* Contre une propagande insidieuse et mensongère qui menace de déstabiliser le mouvement syndical, il est indispensable de dessiller les yeux des travailleurs. Que ceux-ci comprennent le vrai visage de la dictature sanglante qui a pris possession de la Russie [7].

En revanche, Thorne, comme l'ensemble du *labour movement,* prend fermement position contre toute intervention armée britannique en Russie. Seul domaine où il accepte la tactique de l'action directe, la campagne *Hands off Russia* (« Bas les pattes en Russie ») qui se déroule du printemps 1919 à l'automne 1920 trouve un Thorne très combatif. Il s'y manifeste à plusieurs reprises avec vigueur, n'hésitant pas à prendre la défense des Juifs de l'*East End* — d'origine russe pour la plupart — menacés d'expulsion à cause de leur sympathie présumée pour le régime bolchevique [8].

De leur côté les communistes poursuivent de leurs assauts Thorne en qui ils dénoncent un symbole de déviation droitière et de collaboration de classes. Comme pour les autres leaders du *Labour,* leur tactique consiste à vilipender la trahison des chefs afin de les opposer à la base militante et de les discréditer aux yeux de celle-ci. Il arrive même aux attaques de prendre un tour franchement diffamatoire, comme en 1923, quand une violente campagne de presse communiste accuse Thorne et Clynes de dilapider les fonds syndicaux et de s'offrir des traitements plantureux allant jusqu'à 1 600 livres sterling dans le cas de Thorne et 1 900 livres dans celui de Clynes. Il s'ensuit une aigre polémique pendant plusieurs semaines [9] (en réalité le traitement de Thorne avait été réévalué au lendemain de la guerre et porté à 700 livres par an, mais ramené en 1922-1923, en raison de la baisse du nombre des cotisations, aux environs de 500 livres)[10].

Un autre conflit surgit peu après à la suite de la création en 1924 d'une organisation satellite du parti communiste, le « mouvement de la minorité » (*National Minority Movement*), chargé d'infiltrer les *trade unions* et d'y développer les thèses révolutionnaires afin de transformer les minorités militantes en majorités et de renverser les directions syndicales en place. Devant la menace, sous l'impulsion de Thorne, le bureau du syndicat (devenu la *National Union of General and Municipal Workers*) réagit de manière très ferme en interdisant toute responsabilité syndicale aux adhérents du « mouvement de la minorité ». Cependant que dans le propre fief de Thorne, à West Ham, les militants communistes ne laissent pas de lui mener la vie dure, interrompant et chahutant ses meetings en plein air à Beckton Road Corner, à coups de quolibets et d'invectives. Mais Thorne malgré l'âge n'est point en reste, rendant coup pour coup, tout au long des années vingt et jusque dans les années trente [11].

Sur le plan international, conscient de l'urgence de la tâche de reconstruction, Thorne a renoué dès la fin des hostilités avec ses activités d'avant-guerre. On le voit à nouveau fréquenter les congrès européens où socialistes et syndicalistes tentent de définir une ligne commune face aux problèmes de la paix et du progrès social. Là encore, Thorne, sans renoncer ni à son internationalisme passé ni à son attachement à la paix, défend une position de juste milieu entre l'esprit de revanche nationaliste et l'alignement sur les thèses de la IIIe Internationale.

En réaction contre cette dernière, la IIe Internationale tente de se reconstituer, et Thorne fait partie de la délégation britannique à la conférence tenue à cet effet à Genève dans l'été de 1920. Mais si le *Labour* y est présent en force, la plupart des autres partis socialistes brillent par leur absence, si bien que le socialisme européen apparaît ouvertement déchiré entre deux pôles : l'un, de droite, à Londres ; l'autre, de gauche, à Moscou. Tandis que pour remédier à cet état de choses les représentants de la gauche socialiste créent à Vienne en 1921 une troisième organisation, qui reçoit par dérision le nom d' « Internationale deux et demie », parce qu'elle se veut à égale distance du laxisme de la IIe et du dogmatisme de la IIIe, Thorne participe aux activités de l'Internationale syndicale, qui a resurgi en 1919 et s'efforce de se rénover lors de ses congrès de Rome en 1921 et de Vienne en 1923.

Mais l'assemblée la plus importante à laquelle Thorne est délégué par le *Labour,* c'est, en mai 1923, la conférence de Hambourg, qui aboutit à la fondation de l'Internationale socialiste face à l'Internationale communiste et consacre ainsi la scission définitive du mouvement ouvrier international. Peu à peu, cependant, Thorne voyage moins et doit se contenter d'assister chaque année aux deux congrès rituels du *labour movement* britannique — congrès qu'effectivement il ne manque jamais : celui du TUC et celui du parti travailliste.

Dernière donnée du comportement politique de Will Thorne au cours des années vingt : le combat en faveur des pauvres et la défense opiniâtre des intérêts du monde du travail, le *labour interest*. En un sens, on peut soutenir, avec le biographe de Thorne, que si celui-ci a toujours manifesté une grande sollicitude pour ses électeurs de West Ham, il s'est considéré d'abord et avant tout comme le « représentant des travailleurs », avançant à la Chambre des Communes les revendications syndicales et tentant de faire passer dans la législation les mesures préconisées par

UN FAUTEUIL DANS L' « ESTABLISHMENT »

le TUC. En somme, pour lui, « le Parlement était une prolongation importante de son activité de trade-unioniste, mais il ne pouvait être davantage. C'était son *trade union* qui passait en premier [12] ».

Dans cette défense sans relâche des intérêts ouvriers à Westminster, il arrive à l'occasion que la vivacité de son tempérament prenne le dessus, comme du temps de ses débuts parlementaires. D'où des incidents violents, comme en 1921 quand, pris d'indignation devant l'attitude des conservateurs au cours d'un débat sur le chômage, il traite ses adversaires de « politiciens filous » et est expulsé séance tenante de la Chambre [13]. Moments où l'on sent resurgir des profondeurs l'âme du travailleur et la flamme du lutteur qu'il n'a cessé d'être.

Toutefois, sans mettre en doute ni le sincère ouvriérisme qui l'habite ni la fidélité aux principes qui l'anime, on ne peut s'empêcher d'éprouver le sentiment d'une rhétorique en train de tourner à l'incantation rituelle, voire au verbalisme. Installé dans un confortable fauteuil de notable du *Labour,* Thorne a beau continuer de parler de « la guerre des classes » ou de « la lutte sans fin entre les *have* et les *have not* [14] », il n'apparaît plus comme jadis en prise sur les grands enjeux de l'heure. Pour une part, les affrontements de l'après-guerre, bien différents des débats victoriens, plus techniques aussi, échappent à un homme dont la mécanique, élaborée intuitivement sur le tas, commence à dater, se grippe et finalement tend vers une ritournelle simplette. Expérience cruelle : Thorne donne désormais l'impression d'avoir accompli son rôle historique.

On a beaucoup glosé sur « l'étreinte de l'*Establishment* » — *the aristocratic embrace,* selon l'expression consacrée — qui aurait contribué à apprivoiser le vieux rebelle, à le normaliser en l'entraînant peu à peu sur la voie du

227

conformisme. Certes il est indéniable que dans les dernières pages de son autobiographie, relatives à la période de la guerre et de l'après-guerre, il évoque avec une complaisance naïve et une vanité de parvenu les entretiens avec la famille royale, les réceptions dans la bonne société, les attentions de Lady Astor.

De fait, répercutée par les média, l'entente cordiale entre Will Thorne et Lady Astor — le syndicaliste et la vicomtesse d'origine américaine — a provoqué beaucoup de bruit. Tout avait commencé par un événement minime. En 1919, une fois élue aux Communes où elle était la première femme à siéger, Nancy Astor n'avait point trouvé de place sur les travées conservatrices, et Thorne lui avait offert son siège, ou plutôt son morceau de banc. Geste galant, venu du cœur, qui toucha cette aristocrate élégante et brillante et lui fit qualifier son voisin d' « homme le plus chevaleresque de la Chambre[15] ». Assis côte à côte, bavardant ensemble durant les séances, la conservatrice et le travailliste deviennent une paire d'amis.

A vrai dire, Lady Astor, quoique riche et mondaine, n'a rien d'un esprit conformiste et elle est même une adepte déclarée du torysme social. Raison de plus pour sympathiser avec Thorne qu'elle surnomme son « *boy friend* ». De son côté, il encourage la parlementaire encore novice, allant jusqu'à l'exhorter face à un auditoire houleux par une interjection restée légendaire : « Tenez bon, petite amie, tenez bon ![16] » Aussi, en témoignage d'amitié et de reconnaissance, Lady Astor invite-t-elle Thorne à ses *parties*, ce qui ne manque pas de provoquer jalousies et récriminations chez ses collègues travaillistes qui le soupçonnent de céder à l'attrait de l'aristocratie et aux séductions de l'*Establishment*.

En réalité, là n'est point l'essentiel. Lui-même a protesté à juste titre de son enracinement indélébile dans le monde du travail. D'un ton tout à fait authentique sonne à cet égard le passage de son autobiographie où il affirme être resté — en quelque sorte ontologiquement — un homme du peuple. Plutôt mourir, proclame-t-il, que perdre sa conscience d'être un ouvrier [17]. Au demeurant son style de vie n'a pas changé. Même entré dans l'*Establishment* syndical et politique et malgré les honneurs, Thorne mène une existence aussi simple que par le passé. Par exemple, quand il est invité à un grand dîner offert par Lady Astor, il s'y rend avec son costume de ville, seul de la brillante compagnie à ne pas être en tenue de soirée [18].

Surtout, Thorne refuse obstinément de se voir conférer certains titres honorifiques. En particulier il s'oppose à l'anoblissement, à titre de chevalier, qui lui est proposé, et sa nature plébéienne lui a toujours fait voir d'un mauvais œil l'entrée à la Chambre des Lords de syndicalistes élevés à la pairie [19]. Tout au plus accepte-t-il en 1930 une décoration fort recherchée : celle de commandeur de l'Empire britannique. Autre distinction : quelques mois avant sa mort, au moment de quitter définitivement la Chambre des Communes en 1945 après trente-neuf années de services au Parlement, il recevra le titre de « conseiller privé » du roi (*privy councillor*).

Mais ce qui explique avant tout son glissement vers des positions plus tempérées dépourvues d'imagination et d'audace, ce sont deux facteurs psychologiques. D'une part, quand il contemple les progrès accomplis depuis l'époque du « nouvel unionisme » et de la genèse du parti du travail, il est porté à s'émerveiller du chemin parcouru plutôt qu'à s'inquiéter du chemin restant à parcourir. Paradoxalement, son optimisme le conduit à regarder en arrière avec satisfaction plutôt qu'à rêver en avant de nouvelles revendications et de nouvelles conquêtes : au fond, puisque « le socialisme gagne du terrain chaque jour [20] », il suffit de suivre la pente naturelle de l'histoire qui spontanément y conduit tout droit.

D'autre part, l'évolution de la société britannique, l'élévation du niveau de vie moyen, l'accroissement du bien-être, en dépit du chômage et de la misère, font que Thorne n'éprouve plus exactement le même sentiment d'injustice. A ses yeux, l'impératif qui prime tous les autres, c'est d'assurer au peuple les nécessités premières de l'existence : nourriture, logement, santé, éducation. En revanche, pour ce qui est des biens, des facilités et des avantages d'une société tournée vers la consommation, *the acquisitive society*, il se sent moins motivé pour se battre au service d'une telle cause [21]. Ici encore, on reconnaît le vieux fond victorien marqué au sceau du puritanisme et de la pauvreté...

Mais, tout compte fait, le sentiment de classe demeure le plus fort. Et, du dehors, Thorne est perçu fondamentalement comme un homme du peuple. Il a pu arriver à une ou deux reprises à des « gauchistes » de West Ham de le traiter d' « homme des patrons », mais l'argument n'a jamais pris [22]. C'est ce qui explique qu'il ait été constamment et sans difficulté réélu dans sa circonscription de Plaistow à West Ham. Signe de la fidélité de cette localité ouvrière : les chiffres des six élections de l'entre-deux-guerres. En 1922, 12 321 voix pour Thorne contre 7 140 au candidat conservateur ; en 1923, 13 638 voix contre 4 643 ; en 1924, 15 609 voix contre 7 638 ; en 1929, 23 635 voix contre 6 851 — soit une progression de 63 % des suffrages en 1922 à 78 % en 1929 [23]. Aux élections de 1931, pourtant catastrophiques pour le *Labour*, il n'y a même pas de vote à Plaistow, aucun opposant n'osant affronter Thorne et celui-ci est proclamé élu sans combat. Aux élections de

1935, c'est encore pour lui une victoire éclatante avec 73 % des suffrages, puisqu'il obtient 18 493 voix contre 6 730 à la candidate conservatrice[24].

***

Pendant plus de quinze ans, de la victoire de 1918 à sa retraite en 1934, Thorne continue de présider aux destinées de son syndicat, rebaptisé en 1916 *National Union of General Workers* (le nom des gaziers a disparu), puis transformé en 1924 en syndicat des travailleurs généraux et municipaux (*National Union of General and Municipal Workers* ou NUGMW). Mais là aussi le vieux leader, tout en préservant son autorité, a perdu de son *punch* et de son flair.

La guerre, en favorisant, comme on l'a vu, les ouvriers *unskilled* et les « syndicats généraux », a eu un triple impact sur le *trade union* de Thorne. D'abord elle a provoqué une croissance vertigineuse, conséquence directe de la demande insatiable des industries d'armement et de fournitures militaires. De 128 000 en 1914, les effectifs passent à 152 000 en 1916, puis bondissent à 256 000 en 1917, à 347 000 en 1918 et atteignent leur niveau maximal à la fin de 1920 : 490 000 adhérents. Malheureusement la chute n'est pas moins spectaculaire à la suite de la crise de 1921 et de la dépression chronique des années vingt. A la fin de 1922, on retombe à 235 000 adhérents, un recul de plus de moitié — encore que la diminution soit moins sévère pour la *National Union of General Workers* que pour d'autres syndicats généraux qui perdent jusqu'aux deux tiers de leur effectif[25].

Deuxième mutation due à la guerre : un nouvel équilibre sectoriel, en raison de la percée du syndicat dans la métallurgie, les constructions mécaniques, l'industrie chimique, les services, où la main-d'œuvre non spécialisée est venue tantôt remplacer, tantôt doubler les ouvriers professionnels. La troisième conséquence du conflit mondial, c'est la place notable acquise par les femmes dans les syndicats généraux. En effet, entre 1914 et 1918, le nombre des femmes au travail a augmenté de 30 % dans l'industrie, de 250 % dans l'administration, de 530 % dans les transports [26]. Malgré le reflux de l'après-guerre, la féminisation du syndicat de Thorne continue de suivre une courbe ascendante qui s'est prolongée tout au long du XXe siècle.

Pourtant, face aux soubresauts des années 1919-1921, le duumvirat de direction Thorne-Clynes donne l'impression que la *National Union of General Workers* reste à l'écart des grands enjeux militants du jour. Gardant ses distances vis-à-vis de la « Triple Alliance » des mineurs, des cheminots et des ouvriers des transports — alors fer de lance du trade-unionisme —, méfiant à l'égard de l'action directe et du « contrôle ouvrier », le syndicat, sous l'impulsion de Thorne, tente d'adopter une *via media* malaisée et sans éclat. Ni politique agressive de grève ni paix sociale à tout prix, mais pratique systématique de la négociation collective, telle est la stratégie modérée et modératrice, sinon timorée, suivie au jour le jour [27]. Il est vrai que la dépression qui sévit à partir de 1921 incite à la prudence, mais des occasions privilégiées n'ont-elles pas été perdues, faute d'initiative et d'audace, et aussi parce que Thorne comme Clynes préfère l'action parlementaire aux batailles de l'atelier et de l'usine ?

Le grand problème qui domine alors le trade-unionisme, c'est celui de ses structures. L'avenir paraît appartenir aux syndicats capables de fusionner entre eux afin de constituer de grandes machines puissantes et unifiées. C'est là une nécessité dont Thorne est intimement convaincu. A la concentration en cours du pouvoir patronal doit correspondre, à son sens, une concentration du pouvoir ouvrier au moyen de *trade unions* géants, bien charpentés et bien organisés, sans distinction de qualification ni hiérarchie ouvrière, avec la même cotisation et les mêmes avantages pour tous [28].

C'est d'ailleurs chez lui une vieille idée que celle d' « un grand syndicat unique », *one big union,* rêve qu'il n'avait cessé de caresser depuis les temps héroïques du « nouvel unionisme ». A ses yeux c'est la seule voie pour surmonter les divisons et les clivages internes du monde du travail, les rivalités de branches industrielles, les jalousies catégorielles, bref toutes les chasses gardées, sans compter les économies d'échelle.

Mais, en ce délicat domaine d'amalgame intersyndical, ombres et lumières se mêlent dans la gestion de Thorne. Sur les trois possibilités qui s'offrent dans l'après-guerre, le bilan en effet se solde par deux échecs cuisants et une belle réussite. Échec que la tentative de fusion en 1919 entre les gaziers et les dockers, les deux frères jumeaux du « nouvel unionisme ». Tous les facteurs pourtant semblaient favorables au rapprochement, mais le projet se heurte à l'opposition d'Ernest Bevin, organisateur national des dockers depuis 1914 et étoile montante du trade-unionisme, qui redoute de se retrouver en position d'infériorité numérique par rapport à la *National Union of General Workers.*

Échec également du côté d'un syndicat général audacieux et dynamique, la *Workers' Union,* créée en 1898 par Tom Mann, dont l'essor, après des débuts difficiles, avait été météorique durant la guerre (32 000 adhérents en 1910, 135 000 en 1914, 450 000 en 1920) et qui après divers avatars finira par fusionner en 1929 avec les dockers, devenus dans l'intervalle le noyau d'un syndicat géant, le TGWU *(Transport and General Workers' Union)*, fermement et habilement piloté par Bevin[29].

En revanche, Thorne a la satisfaction de mener à bien une fusion qui, dans l'immédiat et plus encore dans l'avenir, va faire de son syndicat l'un des bastions principaux du trade-unionisme britannique. Déjà, en 1919, un syndicat féminin, la *National Federation of Women Workers,* avait rejoint les rangs de la *National Union of General Workers* sous la houlette de son animatrice Margaret Bondfield. Puis des négociations s'engagent en 1922 avec une organisation née au temps du « nouvel unionisme », la *National Amalgamated Union of Labour,* et avec le syndicat des employés municipaux, la *Municipal Employees Association.* Les progrès sont rapides, l'idée recueille une très large approbation à la base et la fusion intervient en 1924.

C'est là un beau succès pour Thorne. C'est aussi sa dernière réalisation majeure pour la cause du *labour movement,* et il peut très légitimement s'en déclarer fier. Dans le nouveau syndicat, baptisé *National Union of General and Municipal Workers* (NUGMW) pour bien marquer le rôle des employés des collectivités locales — un secteur d'avenir —, la direction et les adhérents de l'ancien syndicat des gaziers détiennent une place dominante, Thorne demeurant secrétaire général et Clynes président. Mais l'une des originalités de ce *trade union* tient à la forte proportion des femmes, qui y obtiennent — non sans mal — une certaine autonomie d'organisation grâce à l'action opiniâtre de Margaret Bondfield.

A cette date, les travaillistes se trouvent pour la première fois au pouvoir avec la formation du premier gouvernement MacDonald, et Thorne croit trouver là la justification de sa stratégie politique et parlementaire (on peut remarquer aussi la coïncidence avec la rédaction et la publication de son autobiographie), d'autant que deux personnalités du syndicat ont été appelées à des fonctions ministérielles, Clynes comme lord du Sceau privé et Margaret Bondfield comme secrétaire parlementaire du ministère du Travail. Expérience éphémère et décevante, mais qui se renouvelle en 1929, après des élections beaucoup plus favorables au *Labour* et en dépit de l'échec de la grève générale de 1926 (durant laquelle à vrai dire le NUGMW s'était montré assez peu militant et ses leaders — Thorne, Clynes, M. Bondfield, membres tous trois du conseil général du TUC — très hostiles à la grève)[30]. Cette fois Clynes est nommé ministre de l'Intérieur et Margaret Bondfield promue au poste redoutable de ministre du Travail.

Mais, après des débuts encourageants, le gouvernement de Ramsay MacDonald se trouve assailli par la dépression économique mondiale. En l'espace de vingt-sept mois, l'expérience travailliste, née au milieu de grandes espérances, accumule les mécomptes et se heurte à un désenchantement grandissant. Du coup est mise à nu l'impuissance du *Labour* face à la crise. De cette évolution Thorne constitue un excellent baromètre. Lui aussi a accueilli dans l'allégresse l'arrivée au pouvoir de son parti. Mais très vite c'est la déception. Face à une politique gouvernementale puisée aux principes les plus traditionnels de l'économie classique, les représentants du monde du travail ripostent en s'organisant en groupe de pression afin de défendre les intérêts de leurs mandants. C'est à quoi s'emploie Thorne tantôt au nom de son syndicat tantôt en porte-parole du TUC, adressant mise en garde sur mise en garde au Premier ministre tout en protestant de sa loyauté au *labour movement*[31].

Cependant les désaccords vont en se multipliant jusqu'au moment où se produit la catastrophe en août 1931. Panique financière, éclatement du gouvernement MacDonald, formation d'un cabinet d'union nationale dominé par les conservateurs : en quelques jours la scission est consommée. Du côté travailliste on crie à la trahison. Quelles furent les réactions de Will Thorne en ce moment dramatique ? La question mérite d'être posée. Car, de notoriété publique, il est alors un « travailliste de droite » et étiqueté comme tel [32]. Dès lors, n'est-il pas au nombre des syndicalistes et des députés du *Labour* que MacDonald pouvait espérer gagner à sa politique et rallier à l'union nationale ? Certains, semble-t-il, se sont interrogés à l'époque.

Quoi qu'il en soit, même s'il y eut chez lui quelque tentation en ce sens — ce qui reste à démontrer — cela n'a point duré. En effet, moins de cinq jours après la décision fatidique de MacDonald de se séparer du parti travailliste, Thorne se prononce publiquement et sans équivoque pour la politique officielle du *Labour*. Dans une interview au *Stratford Express*, non seulement il critique durement la conduite de MacDonald à qui il a exprimé sa réprobation par lettre, mais il affirme que c'est une grave erreur d'avoir ainsi brisé avec les instances politiques et syndicales du *labour movement* [33]. Paradigme vivant de la solidarité ouvrière, Thorne demeure fidèle à la « vieille maison ».

Néanmoins, avec la persistance de la dépression et l'amertume des lendemains de défaite, le climat s'est singulièrement assombri. Au syndicat des travailleurs généraux et municipaux domine le sentiment d'une fin de règne. L'essoufflement de la direction est maintenant un phénomène patent, et, à la base, parmi les éléments jeunes et militants, on s'inquiète et on s'impatiente de plus en plus. On compare avec dépit la bureaucratie routinière et timorée du NUGMW et le dynamisme conquérant du *trade union* rival, le TGWU, dont le leader, Bevin, personnalité puissante et ambitieuse, tient le devant de la scène sociale et politique. Non seulement le TGWU a dépassé en nombre le NUGMW (423 000 adhérents en 1929 contre 291 000), mais le second stagne tandis que le premier progresse.

Plus préoccupant encore : les temps difficiles d'après 1931 n'exigent-ils pas des leaders riches d'élan, d'imagination, d'inventivité ? Or que voit-on au NUGMW ? Un secrétaire général âgé en 1933 de soixante-quatorze ans, en place depuis quarante-quatre années ; un président de soixante-quatre ans, permanent du syndicat depuis quarante années ; 13 des 18 dirigeants nationaux ou régionaux ayant dépassé la soixantaine — le tout aggravé par un système de recrutement familial (de père à fils ou à neveu), népotisme peu propice aux renouvellements nécessaires [34].

Du coup, la pression monte pour mettre fin à la gérontocratie au pouvoir. Au demeurant quand on lit dans une biographie aussi bienveillante pour Thorne que celle qui lui a été consacrée par G. et L. Radice, qu'il eût mieux valu — et pour lui-même et pour son syndicat — qu'il résignât ses fonctions au lendemain de la fusion réussie de 1924, on mesure à quel point la dernière phase de la carrière syndicale de Thorne s'est révélée décevante [35].

Déjà en 1929, le mécontentement dans les rangs du NUGMW avait suscité une première tentative pour inciter Thorne à la retraite. Profitant de son 72ᵉ anniversaire, les syndiqués lui offrent une auto en témoignage de reconnaissance, mais avec le souhait ouvertement formulé qu'il puisse ainsi mieux profiter de ses vieux jours... Cependant, le secrétaire général fait semblant de ne pas comprendre et s'accroche à ses fonctions. La situation paraît moins tolérable encore après 1931 dans la mesure où, réélu sans problème député de West Ham, Thorne se trouve, dans un groupe parlementaire travailliste très amoindri, l'un des deux seuls élus syndicalistes à devoir partager ses tâches entre le *trade union* et le Parlement.

Finalement, en 1933, sonne l'heure de vérité. Des militants du Yorkshire font savoir qu'ils ont résolu de soulever la question du poste de secrétaire général. Ce coup-ci Thorne comprend et, quelques jours après, en octobre 1933, annonce sa décision de prendre sa retraite. Un successeur est d'ailleurs tout désigné : Charles Dukes, ancien révolutionnaire et pacifiste, devenu depuis la guerre un syndicaliste prudent et modéré. Il est donc élu au poste de secrétaire général du NUGMW, poste que Thorne quitte en 1934 après quarante-cinq années de bons et loyaux services.

***

Maintenant que l'âge de la retraite syndicale est venu, l'existence de Thorne est moins remplie et moins active. Certes les feux de l'histoire ne sont pas complètement éteints pour lui, puisqu'il continue à exercer avec conscience son métier de député — il est très assidu aux Communes jusqu'en 1945 — mais il n'est plus du tout au cœur des affaires, et son style de vie est à la fois plus calme et plus retiré.

Sur le plan domestique, des changements importants sont intervenus au cours des dernières années de son activité syndicale. D'abord, sa deuxième femme, Emily, est morte en octobre 1923 et cette perte l'a beaucoup secoué. Il se remarie en 1925 — il a alors soixante-huit ans — avec Rebecca Sinclair, la fille d'un dessinateur de navires. Union éphémère, puisque sa nouvelle épouse meurt au bout d'un an en 1926.

UN FAUTEUIL DANS L' « ESTABLISHMENT »

Il semble que Thorne supporte mal la solitude, puisqu'en avril 1930 il convole pour la quatrième (et dernière) fois. Certains de ses enfants d'ailleurs supportent mal les remariages de leur père, mais celui-ci n'en a cure[36]. En 1930, Thorne est âgé de soixante-douze ans, et son épouse, Beatrice Collins, de quarante-deux ans. C'est la sœur d'un de ses gendres, et, depuis une trentaine d'années, elle vit dans la familiarité de la famille. Au cours des deux années qui ont précédé le mariage, elle a même servi de gouvernante à Thorne. Le mariage, tenu secret jusqu'à la dernière minute et qui prend par surprise les collègues et amis de Thorne, a lieu à l'église paroissiale de West Ham, où les nouveaux époux sont guettés par les journalistes et les photographes[37].

Durant les dernières années de sa vie, Thorne trouve dans ce foyer un univers paisible et affectueux. Il passe désormais la plus grande partie de son temps dans sa maison de Lawrence Road à West Ham, où il réside depuis quarante ans, entouré de sa femme et de sa dernière fille, Eva, restée célibataire, et très populaire dans tout le voisinage. Sans que le style de vie soit modifié, la maisonnée a maintenant accédé à l'aisance. Déjà à la mort de sa deuxième femme, Thorne a eu la surprise de se découvrir à la tête de près de 500 livres sterling d'économies[38]. Sa frugalité lui permettra de continuer à mettre de l'argent de côté et à sa mort il laissera un coquet héritage de 7 000 livres à son épouse[39]. Dans sa petite maison, il a accumulé les livres, les papiers, les brochures, les coupures de journaux, bref tous les souvenirs d'une vie militante, tandis que sur les meubles et aux murs trônent une foule de cadeaux offerts par les syndicats et les organisations socialistes du monde entier[40]. Chargé d'années et d'honneurs, entouré de la considération générale, le champion des droits des travailleurs est devenu une sorte de patriarche : le « grand vieillard », le *Grand Old Man* du *Labour,* figure éponyme du syndicalisme britannique.

Quand en septembre 1939 éclate la Seconde Guerre mondiale, l'événement, loin de prendre Thorne au dépourvu, trouve un homme déjà alerté par la montée des périls au cours des années trente. Lui qui vingt-cinq ans plus tôt a répondu sur-le-champ à l'appel du patriotisme et condamné l'agression contre un petit pays réagit à nouveau de la même manière. Mais dans le combat contre l'Allemagne hitlérienne s'ajoute une tout autre dimension : la dimension idéologique. Au lieu d'une guerre d'impérialismes rivaux, c'est une guerre antifasciste contre une dictature totalitaire. D'où une différence majeure avec 1914 : cette fois le *Labour* est uni et s'engage à fond dans la lutte. C'est pourquoi, le 10 mai 1940, lorsque Churchill devient Premier ministre et forme un gouvernement d'union nationale, les travaillistes acceptent sans hésitation d'y entrer et d'y tenir des postes clefs.

Durant toute la guerre, Churchill n'a pas dans les rangs du *Labour* de supporter plus constant et plus résolu que Will Thorne. Celui-ci lui apporte un appui sans faille, saluant de surcroît un orateur hors de pair dont les discours dépassent encore ceux de Lloyd George par la flamme et l'humour [41]. Ironie du destin : ce même Churchill qui jadis mettait en garde la comtesse de Warwick contre l'extrémisme de Thorne qualifié d'irresponsable, voici qu'il trouve en la personne du vieux syndicaliste un admirateur éperdu vouant une fidélité sans bornes au responsable du sort de l'Angleterre en son heure la plus belle.

Le patriotisme résolu et tranquille de Thorne explique pourquoi celui-ci, malgré l'âge et malgré le danger, n'a jamais voulu quitter West Ham de toute la guerre, bien que ce fût un des secteurs de Londres les plus menacés en raison de la présence des docks et des entrepôts du port, cibles de choix pour la Luftwaffe. Dès le premier jour du *blitz*, le 7 septembre 1940, un ouragan de dévastation s'abat sur la localité. Toute la partie sud, la plus proche de la Tamise, est en feu, les quartiers pauvres, Silvertown et Canning Town, subissant les destructions les plus terribles. Dans West Ham écrasé sous les bombes, on compte les victimes par centaines, tandis que se déroulent des scènes de panique par suite des carences des autorités municipales. Au total, dans cette ville de 260 000 habitants, dont 50 000 ont été évacués, on compte à la fin du *blitz* 19 000 logements détruits sur 52 000. L'un des quartiers de la ville est tellement ravagé que l'armée l'utilise comme terrain d'entraînement au combat de rue dans une ville en ruine [42] !

Mais pas un instant Thorne n'envisage d'être évacué. Bien au contraire. Interviewé pour son 83e anniversaire en octobre 1940, il se déclare absolument décidé à rester dans sa maison malgré le *blitz*. « Jamais je ne me suis senti aussi bien », lance-t-il en guise de défi, et il ajoute : « Pendant trois semaines nous n'avons pas pu dormir, mais nous avons un bon abri tout à fait en sécurité » (effectivement la cave a été aménagée en un abri bien protégé à deux issues). Et le journal de représenter en photo Thorne tenant entre les mains le « cadeau » envoyé par Hitler pour son anniversaire : un fragment de bombe [43]... Une autre fois, en réponse à un interlocuteur le pressant de quitter la capitale vraiment trop exposée, le vieil homme a cette réplique où l'on retrouve intacte son énergie : « Décamper, moi ! Il en faudrait plus que Hitler pour me faire bouger [44]. »

A l'automne de 1944, Will Thorne prend à regret, et non sans hésitations, une décision difficile, celle de mettre fin à sa carrière parlementaire : en novembre, il annonce qu'il ne se représentera pas aux prochaines élections[45]. Effectivement ce sera avec émotion qu'il quittera le 15 juin 1945 la Chambre des Communes lors de la dissolution. A quatre-vingt-sept ans, il est le plus vieux député de la Chambre par l'âge, mais non par la durée du mandat parlementaire, puisque sur ce terrain il est battu par Lloyd George qui a siégé cinquante-quatre années durant à Westminster, tandis que lui-même a trente-neuf années de présence.

Il est vrai qu'il porte son âge de manière guillerette. Bon pied, bon œil, le teint rose, la voix bien timbrée, levé avec une régularité d'horloge à 7 heures et demie du matin et couché à 10 heures et demie du soir, pesant allègrement ses 90 kilos, il proclame, lors de son 87e anniversaire, son intention de vivre centenaire ! Et il livre avec humour aux journalistes venus le féliciter le secret de sa longévité (ni alcool, ni bagarres, ni soucis...) et du bonheur domestique (« ne répliquez jamais à votre femme »)[46]. L'esprit toujours alerte, il prophétise que les Alliés ne réussiront pas à prendre Hitler vivant : vraisemblablement, dit-il, il se suicidera, soit d'une balle dans la tête, soit par le poison[47].

Depuis plusieurs années une évolution spirituelle s'est accomplie chez lui. Après s'être proclamé sa vie durant affranchi de toute croyance religieuse, Thorne opère, sous l'influence de sa femme, fidèle anglicane, un retour vers le christianisme et se met à fréquenter l'église assez régulièrement et à pratiquer[48].

Mais à partir de l'été 1945 sa santé se détériore gravement et, le 2 janvier 1946, il meurt subitement, terrassé par une crise cardiaque. Une mort telle qu'il pouvait la souhaiter : simple, digne, sans bruit, sans diminution par la maladie. Pleuré, vénéré, célébré par le peuple de West Ham et par la classe politique tout entière

— bien au-delà des frontières du travaillisme —, il reçoit des funérailles dépouillées et recueillies à l'église paroissiale de Plaistow le 10 janvier en présence d'une foule considérable où se pressent, aux côtés de sa femme et de ses huit enfants vivants — deux fils et six filles —, les plus humbles comme les plus grands de l'Angleterre et du Commonwealth, depuis les travailleurs de l'*East End* jusqu'au Premier ministre de Nouvelle-Zélande[49].

Parmi les hommages rendus à Thorne après sa mort, deux méritent une mention particulière dans la mesure où ils émanent, l'un du leader du parti travailliste, l'autre du chef du trade-unionisme, les deux causes auxquelles Thorne a donné pendant plus de soixante ans le meilleur de lui-même. Ce qui frappe Clement Attlee, collègue de Thorne des années durant comme député de l'*East End* et maintenant Premier ministre, c'est le paradoxe de cette existence au regard de l'histoire : d'un côté une figure majeure du *labour movement*, de l'autre une œuvre reposant sur deux qualités modestes et sans éclat : l'intégrité et le bon sens. Pour sa part, Sir Walter Citrine, le secrétaire général du TUC, admire la cohérence et l'unité d'une vie de pionnier, où les dons de meneur d'hommes se sont conjugués avec la droiture, le courage et l'esprit de camaraderie[50]. Laissons toutefois le mot de la fin à un porte-parole des citoyens de West Ham. Pour ces hommes et ces femmes au milieu desquels Will Thorne a passé toute son existence militante, le secret de sa popularité c'est que, né et resté homme du peuple, il a dès le début épousé la cause de l'*underdog* et lui est resté fidèle jusqu'au bout[51].

Conclusion

Toute sa vie Will Thorne a été un ouvrier et un syndicaliste. Là est le fond de sa personnalité — son être propre. Certes, dans la dernière tranche de son existence, l'ouvrier s'est endimanché, l'homme du peuple s'est complu à frayer avec l'élite du pouvoir. Mais sa conscience de classe, soutenue par ses qualités naturelles de simplicité et de sincérité, n'a jamais vacillé. Jusqu'à son dernier souffle elle a fait de lui un porte-drapeau du monde du travail. Quant au socialisme, ce fut pour lui d'abord et avant tout le moyen d'améliorer le sort du peuple, l'instrument de l'émancipation ouvrière. Un socialisme inspiré par une revendication viscérale de justice et d'égalité, même s'il délaisse graduellement le terrain de la lutte à l'atelier pour miser sur la pression des grandes machines syndicales et plus encore sur l'action politique, c'est-à-dire la voie parlementaire.

Au fond, l'originalité de Thorne a consisté, tout en alliant syndicalisme et socialisme, à opérer une répartition des rôles : au syndicalisme l'action patiente et persévérante sur le lieu de travail, au socialisme parlementaire la conquête de l'appareil d'État qui seule peut garantir un pouvoir stable et durable au monde du travail. Jamais Thorne n'a cru ni même ne s'est intéressé à l'émancipation par une voie autre qu'étatique, par exemple par l'association ouvrière ou l'autogestion, et il s'est toujours tenu à l'écart du mouvement coopérateur[1].

Autre constante dans l'itinéraire de Will Thorne : il n'a cessé de condamner la violence et l'illégalité. Non qu'il ne se considérât point comme un révolutionnaire, et il l'a effectivement été dans la première phase de sa carrière jusqu'au tournant du siècle, voire jusqu'à la Première Guerre mondiale. Mais la révolution dont il rêve, c'est une révolution démocratique et pacifique. Et plus il inclinera vers une logique parlementaire et législative, plus il penchera vers le principe de « la révolution par la loi ». Ce qui ne tempère en rien son acharnement à renverser le capitalisme ni n'altère son âme de lutteur. Non seulement la bataille ne lui fait pas peur, mais elle le stimule, le motive, l'inspire. Cependant, en habile tacticien, Thorne sait calculer. Dans le combat il sait graduer l'usage des armes, il sait allier la prudence réfléchie à l'opiniâtreté et à l'intransigeance.

Rien n'est plus significatif à cet égard que son attitude vis-à-vis des grèves. Comme il le note fièrement dans son autobiographie, aucun leader syndicaliste n'a eu, en un tiers de siècle, à faire face à autant de conflits du travail, de grèves, de lock-out. Mais les gens qui s'imaginent que les « meneurs » aiment les grèves se trompent complètement : « Moi, je les hais », s'écrie-t-il, tant elles entraînent de souffrances pour les travailleurs et souvent se soldent par l'échec[2]. Affirmation sincère et véridique qu'illustre toute son action syndicale et que vient corroborer le témoignage de Hyndman, observateur attentif de sa carrière militante. Jamais un homme comme Thorne, affirme celui-ci, ne s'est fait l'avocat systématique de la grève. Au contraire, son influence s'est toujours exercée en faveur de la modération, car il savait mieux que quiconque les terribles privations et sacrifices que comporte pour l'ouvrier et sa famille toute cessation de travail[3].

Personnage au caractère direct, au langage simple de tous les jours, fort conscient par ailleurs de ses limites, Thorne a démontré tout au long de sa carrière ses capacités à traiter concrètement les problèmes, que ce soit à la table de négociations, dans la rue ou au Parlement, sans perdre de vue le but premier : obtenir satisfaction pour ses mandants. Là est son vrai talent de leader responsable et de meneur d'hommes, là est la clef de son efficacité et de sa popularité. Nul n'est plus dépourvu de prétention : « Trop modeste pour accepter la place de chef qui lui revient », disait déjà de lui Aveling[4]. C'est un fait que ses ambitions sont restées mesurées et à sa portée.

Self-made man, Thorne n'a cessé d'être un intuitif et un réaliste, sans panache, sans don particulier d'imagination, mais sans défaut dans la cuirasse, bien qu'avec l'âge son horizon se soit bouché petit à petit et que l'homme, installé dans la réussite et dépassé par les temps nouveaux, se soit assoupi sur ses lauriers.

Idéalisme et pragmatisme, voilà bien la dialectique fondamentale de cette existence. La flamme de l'idée certes, mais le contraire de l'idéologue : le militant en lui a toujours été éminemment réaliste, à l'image du monde du travail d'outre-Manche dont il se voulait le porte-parole. « Ses qualités, a écrit Harold Laski, sont celles qui font de la classe ouvrière britannique le désespoir des doctrinaires et l'espoir des hommes de raison[5]. » C'est bien pourquoi Thorne, durant toute sa carrière de syndicaliste, a été si conscient de la difficulté de remuer la lourde pâte ouvrière, de triompher des divisions, de surmonter la passivité. N'est-ce point un véritable cri du cœur quand il écrit dans son autobiographie que, pour les leaders du

CONCLUSION

labour movement, « souvent le plus dur n'est pas de lutter contre les patrons, mais de chasser la peur des entrailles de leurs camarades, [...] les pires coups et les pires insultes leur viennent de ceux-là même qu'ils s'efforcent d'aider et de servir »[6] ?

Si maintenant on compare le destin de Thorne avec celui des autres leaders ouvriers contemporains, en particulier les chefs du « nouvel unionisme », Tom Mann (1856-1941), Ben Tillett (1860-1943), John Burns (1858-1943), on est frappé au premier abord par les ressemblances. Tous les quatre, en effet, ont en commun d'appartenir à la même génération, d'avoir fourni en même temps au *labour movement* une cohorte de jeunes chefs dynamiques et militants, d'avoir été des pionniers de la renaissance du socialisme en Angleterre, enfin d'avoir bénéficié d'une exceptionnelle longévité. Mais là s'arrêtent les similitudes.

En comparaison de Thorne, les trois autres figures se révèlent sans conteste plus brillantes, plus célèbres, d'une culture très supérieure. Mais en fin de compte leur carrière, malgré des actions d'éclat et des phases de gloire, souffre de tant de cassures, de discontinuités et d'échecs que celle de Thorne, persévérante et équilibrée, apparaît couronnée de succès. Qu'on en juge.

John Burns, avec ses dons éclatants, son pouvoir d'orateur sans égal, sa capacité de séduction sur les foules, a été bien vite perdu par sa vanité sans bornes et son ambition dévorante. Certes il est devenu ministre, mais en ralliant le parti libéral, ce qui l'a complètement coupé de ses amis auprès desquels il a fait figure de renégat, et sa carrière est brisée en 1914 avec l'entrée en guerre de la Grande-Bretagne.

Tom Mann, non moins doué, alliant le charme personnel à une éloquence torrentielle et à une culture raffinée —

on l'a surnommé « le Peter Pan du socialisme » —, organisateur plein de flamme, a connu deux périodes brillantes entrecoupées par l'obscurité et l'effacement. Si on le trouve sur le devant de la scène au temps du « nouvel unionisme », puis du syndicalisme révolutionnaire, il disparaît dans l'intervalle pendant une dizaine d'années aux antipodes, et, après 1918, son ralliement au communisme le sépare de la majorité du *labour movement*. Désormais son poste de président du parti communiste britannique n'est qu'une fonction sans pouvoir qui le condamne à un rôle de « potiche d'honneur ».

Ben Tillett enfin, leader brillant, remarquable entraîneur d'hommes, dont la renommée est elle aussi due au « nouvel unionisme » et au syndicalisme révolutionnaire, a vu sa carrière handicapée sans cesse par son caractère instable et imprévisible. Victime de ses inconséquences, déconsidéré par son intempérance et ses besoins d'argent, il a cessé, à partir de la Première Guerre mondiale, de jouer un rôle effectif et, comme Burns, pendant un quart de siècle il ne vivra plus que dans le passé.

La conclusion ne s'impose-t-elle point d'elle-même ? Thorne a peut-être compté moins de fées penchées sur son berceau, et par là disposé de moins de dons et de chances au départ. Mais sa carrière, même si elle paraît plus terne, a eu pour elle un atout essentiel : la continuité. La modestie même de l'homme et son sens de la fidélité l'ont protégé des tentations et des errements de ses contemporains. De là une trajectoire rectiligne et, du même coup, une existence comblée au service du *Labour*.

En définitive, l'essence du travaillisme de Thorne, par-delà la rhétorique ouvriériste et la phraséologie semirévolutionnaire, c'est le « labourisme ». Un labourisme fondé sur un profond réflexe de classe, mais écartelé entre d'ambitieuses aspirations militantes — la refonte totale de

CONCLUSION

la société — et les revendications souvent terre à terre du trade-unionisme — la défense des intérêts économiques des ouvriers. Un labourisme visant à intégrer le monde du travail à la société civile au prix d'une redistribution du pouvoir, de la décision et du revenu national entre les partenaires sociaux.

Un labourisme au demeurant fort éclectique, où se mêlent trois courants : un courant réformiste et parlementaire déterminé à greffer le socialisme sur l'arbre de la tradition démocratique britannique ; un courant étatique d'inspiration mi-fabienne mi-marxiste ; un courant éthique nourri par l'idéalisme émancipateur des pionniers. Le tout reposant sur une philosophie du progrès, c'est-à-dire sur la croyance en une marche ascendante de l'humanité dont la meilleure illustration est la montée graduelle du *labour movement*. Voilà ce qui, à travers la destinée personnelle et l'expérience historique de Will Thorne, fait le sens de sa vie, de ses combats, de son rêve de justice et de fraternité.

Répertoire biographique

Percy ALDEN (1865-1944)

Né à Oxford où son père était boucher, Percy Alden fait de bonnes études universitaires à Balliol College. En 1888 il entre à Mansfield College pour étudier la théologie, mais quitte bientôt Oxford pour participer à la création, par son collège, de « Mansfield House » dans l'*East End* de Londres à West Ham. C'est une fondation congrégationaliste à but social et éducatif dont Alden prend la direction en 1890. Organisateur né, il suscite autour de Mansfield House de multiples associations, clubs, cours du soir et activités culturelles pour la population ouvrière. D'une foi exigeante et marqué par le socialisme chrétien, il est persuadé que l'*East End* ne sera sauvé que par le christianisme.

De 1892 à 1901, Alden est conseiller municipal de West Ham et adjoint au maire en 1898. En 1903, il est élu député de Tottenham sous l'étiquette *Lib-Lab* et conserve son siège jusqu'en 1918. Réélu en 1923, il est battu l'année suivante et renonce à la vie politique. Il se consacre alors à des œuvres caritatives et éducatives, tout en effectuant de nombreux voyages.

Nancy ASTOR (1879-1964)

De nationalité américaine, Nancy Langhorne était originaire de Danville, Virginie. Après un premier mariage, très bref, suivi d'un divorce, elle vient en Angleterre en 1904. Deux ans plus tard, elle épouse Waldorf Astor, député conservateur de Plymouth. En 1919, quand son mari hérite du titre de vicomte et doit renoncer aux Communes, Lady Astor est élue à sa place et devient ainsi la première femme à siéger au Parlement. Elle se fait la championne de réformes en faveur des femmes et des enfants et soutient la cause de la tempérance. Durant les années 1920, Lady Astor et son mari essaient de promouvoir un programme social dit de la « démocratie *tory* ». Leur superbe propriété de Cliveden dans le Berkshire est le lieu de nombreuses rencontres et réceptions. Mais, au cours des années 1930, ils soutiennent la politique d'*appeasement*. En 1945, sur le conseil de son mari qui craint un échec, Lady Astor ne se représente pas aux élections et elle abandonne alors la vie politique.

Edward AVELING (1849-1898)

Fils d'un pasteur congrégationaliste, Edward Aveling rejette, une fois devenu étudiant, les principes de son éducation religieuse et de la morale victorienne pour adopter une position de rationalisme scientiste. A partir de 1879, il collabore à des publications de la libre-pensée, le *National Reformer,* organe de la Société nationale de la libre-pensée, et le *Progress.* C'est à la rédaction de cette revue qu'il rencontre Eleanor Marx, et leur liaison va durer jusqu'à la mort de celle-ci.

Orateur, conférencier, publiciste, agitateur, il est l'une des figures marquantes du mouvement socialiste. Sa collaboration politique avec Eleanor Marx est importante. Ensemble ils écrivent des brochures, des articles. Tous deux, après avoir appartenu à la *Social Democratic Federation,* contribuent à créer la Ligue socialiste *(Socialist League).* Par la suite, ils soutiennent le « nouvel unionisme », en particulier le syndicat des gaziers. Gravement malade, Aveling meurt à quarante-neuf ans, quatre mois après le suicide d'Eleanor.

Eduard BERNSTEIN (1850-1932)

D'abord l'un des principaux théoriciens du marxisme orthodoxe, Eduard Bernstein doit s'exiler en 1878. Rédacteur en chef du *Sozial-demokrat,* édité d'abord à Zurich, puis à

Londres, ami de Marx et de Engels, il demeure vingt ans à l'étranger, en Angleterre la plupart du temps, et rentre à Berlin en 1901. Chef de file du révisionnisme à la suite de la publication en 1899 de son livre *Socialisme théorique et socialisme pratique*, il critique avec force la thèse marxiste de l'effondrement inévitable du capitalisme et prône une voie « réformiste ».

Au lendemain de la Première Guerre mondiale, Bernstein s'efforce en vain d'unifier les diverses tendances du socialisme allemand. Plusieurs fois député au Reichstag, il reste fidèle à la social-démocratie jusqu'à sa mort.

Margaret BONDFIELD (1873-1953)

Margaret Bondfield commence sa vie professionnelle comme élève-maîtresse, puis, à quinze ans, elle se place comme vendeuse à Brighton. En 1894, s'étant installée à Londres, elle adhère au syndicat des employés de magasin, la *National Union of Shop Assistants* dont elle devient rapidement une permanente. Socialiste et membre de l'*Independent Labour Party*, elle est nommée en 1911 secrétaire de la *Women's Labour League*.

De 1921 à 1938, Margaret Bondfield est la principale responsable féminine du syndicat dirigé par Thorne, la *National Union of General and Municipal Workers*. C'est dans cette période que se déroule sa carrière parlementaire. Député de 1923 à 1924, puis de 1926 à 1931, elle est choisie comme ministre du Travail en 1929. Margaret Bondfield a donc été la première femme ministre de Grande-Bretagne (1929-1931). Battue aux élections de 1931, puis de 1935, elle ne tarde pas à abandonner toutes ses responsabilités politiques et syndicales.

John BURNS (1858-1943)

A quatorze ans, John Burns commence un apprentissage de mécanicien. C'est alors qu'un communard exilé à Londres, Victor Delahaye, l'initie au socialisme. Devenu ouvrier professionnel, il milite dans les milieux avancés et entre à la

Fédération social-démocratique *(Social Democratic Federation)* qui le présente sans succès aux élections de 1885.

De 1885 à 1887, Burns participe aux grandes manifestations de sans-travail à Londres. Deux fois inculpé, il est acquitté en 1886 mais condamné à six mois de prison l'année suivante. Pendant la grande grève des dockers de 1889, Burns joue un rôle de premier plan et acquiert une réputation nationale. En 1892, il est un des trois socialistes (avec Keir Hardie et Havelock Wilson) à entrer à la Chambre des Communes.

Mais Burns abandonne bientôt le socialisme et l'action syndicale. Associé aux libéraux, il est ministre de 1905 à 1914, d'abord aux Affaires locales, puis au Commerce. En 1914 il démissionne de ses fonctions pour protester contre l'entrée en guerre de la Grande-Bretagne et se retire de la vie politique.

Henry CHAMPION (1859-1928)

Fils d'un général, Henry Champion entre à son tour dans l'armée, mais démissionne au bout de quatre ans en 1882. Gagné au socialisme, il rejoint Hyndman à la *Democratic Federation*, puis en 1884 à la *Social Democratic Federation*. Pour avoir participé en 1885-1886 aux manifestations de rue et aux campagnes contre le chômage, il comparaît en justice avec Burns et Hyndman. Par la suite, il soutient le nouvel unionisme et participe à la grève des dockers en 1889. En même temps, Champion œuvre pour une représentation ouvrière au Parlement et pour la création d'un parti indépendant du travail. En 1893 naît l'*Independent Labour Party* qui correspond à ses vœux, mais son passage à l'ILP est de courte durée, et Champion émigre en Australie en 1894. Il fonde à Melbourne un hebdomadaire socialiste qui porte son nom, le *Champion*.

John Robert CLYNES (1869-1949)

Fils d'un misérable émigré irlandais, John Clynes entre comme rattacheur dans une usine de textile d'Oldham (Lancashire) dès l'âge de dix ans et crée un syndicat des rattacheurs (*Piecers' Union*) au cours des années 1880. Thorne, qui a remarqué ses qualités militantes, lui propose en 1892 de devenir secrétaire régional du syndicat des gaziers. Ainsi Clynes fait ses débuts de permanent syndical à Oldham. En même temps, de 1894 à 1910, il est secrétaire de la bourse du travail.

Sur le plan politique, il prend part à la création à Bradford en 1893 du parti indépendant du travail, l'*Independent Labour Party*, puis à Londres en 1900 du *Labour Representation Committee*. En 1906, Clynes est élu député travailliste d'une circonscription de Manchester qu'il représentera aux Communes jusqu'en 1931, puis de 1935 à 1945. Président du syndicat des gaziers en 1912, il entre au gouvernement pendant la guerre et devient ministre du Ravitaillement. Vice-président, puis président du groupe parlementaire travailliste (1918-1922), il est nommé en 1924 lord du Sceau privé et leader adjoint de la Chambre des Communes. Ministre de l'Intérieur de 1929 à 1931 dans le deuxième gouvernement MacDonald, il est battu aux élections de 1931 et revient aux affaires syndicales. Réélu aux Communes en 1935, il y siège jusqu'en 1945.

William Collison

Fils d'un agent de police, William Collison est né dans l'*East End* de Londres en 1865 et commence à travailler dès l'âge de dix ans. Après deux années passées à l'armée (1881-1883), il exerce divers métiers : manœuvre du bâtiment, ouvrier du port de Londres, conducteur d'omnibus (à ce titre, il participe à la création du syndicat des employés de tramways et d'omnibus dont il devient permanent).

Rompant avec le trade-unionisme, il se convertit au syndicalisme « jaune ». En 1893, il fonde la *National Free Labour Association* qui veut lutter contre le « nouvel unionisme » et défendre la « liberté du travail ». L'association, qui fournit des briseurs de grève dans les conflits du travail, est soutenue par le patronat. Intelligent et décidé, Collison a publié un intéressant livre de souvenirs en 1913.

Pete CURRAN (1860-1910)

Né à Glasgow dans une famille irlandaise catholique, Peter Curran est mis au travail à l'âge de dix ans. Devenu par la suite mécanicien, il fait ses débuts de militant dans les années 1880 au service du mouvement national irlandais et acquiert une solide réputation de propagandiste. Obligé de quitter Glasgow en 1888, « Pete » Curran se rend à Londres, où il s'embauche à l'Arsenal royal de Woolwich. L'un des premiers adhérents du syndicat des gaziers, il épaule Will Thorne, mais quitte Londres en 1890 pour devenir permanent régional du syndicat des gaziers pour l'Ouest. Leader en vue du « nouvel unionisme », il participe en même temps aux activités de la Société Fabienne. Curran joue un rôle de premier plan dans la formation du *Labour Representation Committee* et s'efforce d'entrer au Parlement. Après trois échecs, il est élu député de Jarrow en 1907. Mais il est battu de nouveau en 1910 et meurt subitement la même année.

Charles DUKES (1881-1948)

Né à Stourbridge (Staffordshire), Charles Dukes travaille à partir de l'âge de onze ans. Il s'installe ensuite avec sa famille à Warrington (Lancashire) où commencent ses activités syndicales — syndicat des gaziers — et politiques — au *British Socialist Party*. Pendant la Première Guerre mondiale, il fait partie des pacifistes intransigeants qui s'opposent à Hyndman. Objecteur de conscience, il est mis en prison.

Sa carrière au Parlement est très brève (il est député de Warrington en 1923-1924 et en 1929-1931), car il préfère se consacrer au syndicalisme. Membre de l'exécutif de la *National Union of General and Municipal Workers,* Dukes succède à Will Thorne comme secrétaire général en 1934 et dirige le syndicat jusqu'à 1946. Il siège au conseil général du TUC de 1934 à 1947. Élevé à la pairie avec le titre de Lord Dukeston of Warrington, il participe à la Commission des Droits de l'homme des Nations Unies. Il meurt à Londres le 14 mai 1948.

James Keir HARDIE (1856-1915)

Fils illégitime d'une servante écossaise du Lanarkshire,

Keir Hardie est mis au travail à huit ans et deux ans plus tard descend à la mine. Lorsqu'il en est chassé comme « agitateur », il continue de militer parmi les mineurs et parvient à créer, en 1886, la Fédération des mineurs écossais. Jusque-là proche du parti libéral, il se convertit au socialisme en 1888 et crée avec Cunninghame Graham le *Scottish Labour Party*. L'année précédente, il a fondé un journal, bientôt nommé *Labour Leader*, dans lequel il plaide pour une représentation ouvrière indépendante aux Communes. Lui-même est élu député de West Ham en 1892 et se présente au Parlement comme « l'élu des sans-travail ». L'année suivante, lorsqu'est fondé le Parti indépendant du travail *(Independent Labour Party)*, il est choisi comme président. La stratégie de *labour alliance* qu'il préconise aboutit à la création du Comité pour la représentation du travail qui se transforme en 1906 en *Labour Party*. Après avoir perdu son siège au Parlement en 1895, Keir Hardie revient aux Communes en 1900 comme député de Merthyr Tydfil. A partir de 1906 il préside le groupe parlementaire travailliste.

Pacifiste, grande figure de la IIe Internationale, Keir Hardie est profondément affecté en 1914 par le ralliement du socialisme européen à la guerre. Il meurt l'année suivante.

Henry Mayers HYNDMAN (1842-1921)

Fils d'un riche avocat, Henry Hyndman entre à Trinity College à Cambridge où il mène la vie insouciante des fils de famille. De 1863 à 1868, il voyage, puis commence à exercer le métier de courtier à la Cité de Londres. Prenant peu à peu goût à la politique, il découvre en 1880 *le Capital* (en version française) et adopte les idées de Marx. En 1881 il publie *England for All*, traité marxiste adapté à l'Angleterre, et fonde la *Democratic Federation* qui devient en 1884 la *Social Democratic Federation*, première organisation du socialisme marxiste en Grande-Bretagne. Il lance l'hebdomadaire *Justice* et, tout au long des années 1880 et 1890, propage les idées collectivistes et révolutionnaires.

En 1900, Hyndman soutient avec la SDF la fondation du *Labour Representation Committee*. Il se présente à plusieurs reprises au Parlement, mais sans succès. En 1908, la SDF devient le *Social Democratic Party*, puis en 1911 le *British Socialist Party*. Hyndman, qui s'est toujours méfié de l'action syndicale, se dresse alors contre le syndicalisme révolutionnaire et se rapproche du *Labour Party*. Penchant désormais vers le réformisme, de plus en plus convaincu du danger allemand, il se range, à la déclaration de guerre, dans le camp patriotique et soutient à fond la guerre contre l'Allemagne. Lors de la scission du BSP en 1916, il fonde avec Thorne, Tillett, etc., le parti socialiste national *(National Socialist Party)*, mais garde *Justice*. Hostile à la révolution russe, il s'oppose cependant à toute intervention en 1920. Il meurt l'année suivante ruiné, car sa fortune considérable a été engloutie au fil des années dans le financement du mouvement socialiste.

Jack JONES (1873-1941)

Irlandais originaire d'une pauvre famille paysanne du comté de Tipperary, catholique, élève des Frères des Écoles chrétiennes, Jack Jones émigre à Liverpool avec sa mère à la mort de son père en 1884. Renvoyé comme « agitateur » de la Compagnie des chemins de fer où il travaille, il quitte, à vingt-quatre ans, Liverpool pour West Ham où se déroulera toute sa carrière politique. Militant actif du syndicat des gaziers et de la *Social Democratic Federation*, il est élu conseiller municipal de West Ham en 1904, mais battu aux élections de 1906 en Cornouailles.

De 1914 à 1918, il soutient ardemment la participation du *Labour* à l'effort de guerre. Élu en 1918 député de la circonscription de Silvertown à West Ham, il se fait, à la Chambre des Communes, une réputation de personnage haut en couleur, à la fois vif et intraitable. En 1940, il renonce à son siège pour raisons de santé et meurt l'année suivante.

Paul LAFARGUE (1842-1911)

Né à Santiago de Cuba, Paul Lafargue, dit « le nègre », appartenait à une riche famille bordelaise. Il commence des études de médecine et collabore à la *Rive gauche* fondée par Charles Longuet. Mais ses activités lui valent d'être exclu de l'Université de Paris ; il est forcé de s'exiler et se réfugie à Londres où il épouse en 1868 Laura (1845-1911), la deuxième fille de Karl Marx dont il devient le disciple, tandis que Longuet épouse (en 1872) Jenny, l'aînée des filles de Marx.

De retour à Paris en 1880, Lafargue se lie avec Jules Guesde et les deux hommes contribuent à introduire en France le matérialisme scientifique et fondent le premier parti ouvrier français se réclamant du marxisme. Influencé par Engels avec qui il collabore de manière suivie jusqu'à la mort de celui-ci (1895), Lafargue joue un rôle important dans la formation et l'activité de la IIe Internationale. On lui doit, entre autres écrits, *Le Droit à la paresse*. En 1911, il se suicide avec sa femme dans sa maison de Draveil.

George LANSBURY (1859-1940)

George Lansbury a passé presque toute sa vie dans l'*East End* de Londres, et c'est dans ces quartiers déshérités que s'est forgée sa vocation d' « évangéliste du *Labour* ». D'abord influencé par le socialisme chrétien, il soutient le « nouvel unionisme » et s'inscrit au syndicat des gaziers. En 1892 il rejoint la *Social Democratic Federation*, puis adhère successivement à l'*Independent Labour Party* et au *Labour Party*. Inlassable avocat des pauvres, il fait partie de la Commission royale d'enquête sur la *Poor Law* (1905-1909).

Conseiller municipal de Poplar et membre du *London County Council*, il est élu député travailliste en 1910, mais renonce à son siège en 1912 pour défendre la cause du vote des femmes. En 1913, il devient rédacteur en chef du quotidien travailliste *Daily Herald*. Pendant la guerre il adopte une position pacifiste conforme à ses convictions de toujours.

Maire de Poplar en 1919, Lansbury retourne au Parlement en 1922. De 1929 à 1931, dans le deuxième gouvernement MacDonald, il est ministre des Travaux publics. Réélu en 1931, il est nommé leader du *Labour Party* jusqu'en 1935. Toujours fidèle à la cause du pacifisme, il tente de détourner Hitler et Mussolini de la guerre, mais meurt, découragé, en mai 1940.

Tom McCarthy

Issu d'une famille d'arrimeurs venue d'Irlande, Tom McCarthy débute dans les chantiers navals de la Tamise. En 1879, il adhère au syndicat des arrimeurs, l'*Amalgamated Stevedores' Union* et en devient le secrétaire en 1885. Pendant la période agitée de 1889, McCarthy joue un rôle déterminant dans le déclenchement et le succès de la grande grève des dockers, en collaboration avec Ben Tillett, Tom Mann, Will Thorne, etc. Lorsqu'à l'automne 1889 est formée la *Dockers' Union*, dont Tillett est secrétaire général, McCarthy abandonne les arrimeurs pour devenir organisateur du syndicat des dockers. Jusqu'à sa mort en 1899, il en est l'un des principaux responsables.

En 1895, il s'est présenté au Parlement comme candidat de l'*Independent Labour Party* à Hull, mais a été battu par le candidat libéral soutenu par la bourse du travail.

Tom Mann (1856-1941)

Né dans une famille ouvrière aux environs de Coventry, Tom Mann entre à la mine à l'âge de dix ans. Mais quatre ans plus tard, tandis que son père s'installe à Birmingham, il commence un apprentissage de métallo. Son apprentissage terminé, il part chercher de l'embauche à Londres où débute sa longue carrière de syndicaliste et de militant politique. Adhérent de la *Social Democratic Federation* en 1886, il se fait le champion de la journée de huit heures et est envoyé comme propagandiste dans le Nord et le Nord-Ouest industriels. De retour à Londres en 1889, il dirige avec Ben Tillett et John Burns la grève des dockers et, en 1893, est élu le premier président du syndicat des dockers. Il siège à la Commission royale sur le travail et contribue à la fondation de l'*Independent Labour Party*, mais échoue dans ses diverses candidatures à la Chambre des Communes.

En 1901, Tom Mann émigre en Nouvelle-Zélande, puis s'installe pour neuf ans en Australie où il fonde un *Labour Party* dans l'État de Victoria. Gagné aux thèses du syndicalisme révolutionnaire, il tente de les mettre en application lorsqu'il rentre en Angleterre en 1910. Il a alors de fréquents contacts avec les anarcho-syndicalistes français de la CGT.

Rallié à la guerre en 1914, il admire la révolution russe et compte parmi les fondateurs en 1920 du parti communiste britannique. Dans l'entre-deux-guerres, il anime les campagnes syndicales organisées par le parti communiste, d'abord le « mouvement de la minorité » (1924-1932), puis le « mouvement national des chômeurs ». Patriarche de l'extrême gauche, il meurt à l'âge de quatre-vingt-cinq ans.

Eleanor MARX (1855-1898)

Eleanor, surnommée « Tussy », la dernière des six enfants de Karl et Jenny Marx, est née le 16 janvier 1855, à Londres où elle connaît une enfance heureuse. Dès l'adolescence, « Tussy » participe à l'action politique de son père et lui sert de collaboratrice. En 1884, elle devient la compagne d'Edward Aveling et milite activement dans les milieux socialistes de Londres. Elle écrit de multiples brochures — dont plusieurs en collaboration avec Aveling — sur la condition féminine, la vie en usine, etc. et traduit des ouvrages de politique et d'économie. Passionnée de littérature et de théâtre, elle traduit aussi une pièce d'Ibsen et donne la première version en anglais de *Madame Bovary*. A partir de 1889 et jusqu'à 1895 elle collabore activement avec Will Thorne et le syndicat des gaziers.

Mais la vie d'Eleanor Marx n'est pas heureuse, la jeune femme supporte mal les infidélités et la duplicité d'Aveling. Elle se suicide le 31 mars 1898 à Londres et ses nombreux amis accuseront Aveling d'être responsable de la mort de sa compagne.

James O'GRADY (1866-1934)

Né à Bristol de parents irlandais, élevé dans une école catholique de la ville, James O'Grady est mis au travail à dix ans. Il s'emploie de-ci, de-là jusqu'à ce qu'il entre, à quinze ans, comme apprenti chez un ébéniste. Une fois son apprentissage terminé, il se marie et part comme ouvrier itinérant. Ayant découvert peu à peu le syndicalisme et le socialisme, O'Grady revient se fixer à Bristol. En 1897, il est élu conseiller municipal *Labour* et l'année suivante, à trente-deux ans, préside le congrès annuel du TUC réuni à Bristol. Peu de temps après, il part pour Londres où il devient permanent de son syndicat des ébénistes, la *National Amalgamated Furnishing Trades' Association*.

En 1906, il est élu député de la circonscription d'East Leeds sous l'étiquette du *Labour Representation Committee*, circonscription qu'il représente jusqu'en 1920, tout en conservant des responsabilités syndicales. Pendant la guerre il adopte une position ultra-patriotique et accompagne Thorne en Russie en 1917. Au temps du premier gouvernement travailliste de 1924, il est nommé gouverneur de Tasmanie. Rentré en Angleterre en 1931, il termine sa carrière comme gouverneur des Malouines.

Harry QUELCH (1858-1913)

Fils de forgeron, Harry Quelch commence à travailler dès l'âge de dix ans. En 1872, il part tenter sa chance à Londres, où il exerce divers métiers. Autodidacte, il est converti au socialisme par la lecture (en français) du *Capital* de Marx et de l'ouvrage de Hyndman, *England for All*. Adhérent de la *Social Democratic Federation* dès les premiers jours du mouvement, il en sera jusqu'à sa mort l'un des animateurs, aux côtés de Hyndman, dont il est le bras droit. Rédacteur en chef de *Justice* de 1886 à 1913, directeur de la Twentieth Century Press, maison d'édition socialiste, Quelch est également actif dans le trade-unionisme. Il participe à la création du *Labour Representation Committee* en 1900, préside la bourse du travail de Londres et contribue en 1911, deux ans avant sa mort, à la création du *British Socialist Party*.

William Stephen SANDERS

Né en 1871 dans une famille pauvre, William Sanders adhère à l'âge de dix-sept ans à la *Social Democratic Federation*. C'est le docteur Stanton Coit du cercle new-yorkais de culture éthique qui lui permet d'aller étudier pendant deux ans en Allemagne. Au cours des années 1890, Sanders exerce diverses fonctions au service du mouvement ouvrier : Ligue internationale pour les huit heures, congrès de la IIe Internationale, *Independent Labour Party*. En 1904, il entre au conseil municipal de Londres comme échevin. Par la suite, il devient secrétaire de la Société Fabienne.

William Thomas STEAD (1849-1912)

Grand journaliste libéral, William Stead a été un pionnier du journalisme moderne en Angleterre. Rédacteur en chef à vingt-deux ans du *Northern Echo*, il édite ensuite de 1883 à 1889 la *Pall Mall Gazette*, dont il fait un brillant organe du radicalisme. En 1890 il fonde la *Review of Reviews*. Porte-parole de la « conscience non conformiste » (il était fils d'un pasteur congrégationaliste), Stead défend les grandes causes morales et humanitaires et se fait le champion des lois sociales pour la protection des faibles. Puis il se consacre de plus en plus à la défense de la paix par l'arbitrage et c'est en se rendant à un congrès de la paix à New York qu'il disparaît dans le naufrage du *Titanic*.

Ben TILLETT (1860-1943)

Après une petite enfance misérable et malheureuse à Bristol, Benjamin Tillett s'engage à treize ans dans la *Royal Navy*, puis navigue quelques années dans la marine marchande. Revenu à terre, il s'embauche comme débardeur de thé sur les quais du port de Londres. Il suit alors des cours du soir et lit beaucoup. En 1887 il fonde un petit syndicat de dockers, la *Tea Operatives and General Labourers' Association*, dont il est secrétaire. Mais sa réputation nationale et internationale date de la grande grève des dockers de l'été 1889. Le succès ouvre la voie au « nouvel unionisme », dont le syndicat, la *Dock, Wharf, Riverside and General Workers' Union* (syndicat des dockers) est l'un des deux fers de lance (avec les gaziers). Tillett revient au premier plan de l'actualité avec la montée du syndicalisme révolutionnaire après 1910 et son action aboutit à la création de la Fédération nationale des transports (*National Transport Workers' Federation*).

Tillett, qui a toujours lié action syndicale et action politique, est entré en 1892 au conseil municipal de Londres et, l'année suivante, figure parmi les membres fondateurs de l'*Independent Labour Party*. Plus tard, il fait partie du comité exécutif du *Social Democratic Party* (1910-1911) et du *British Socialist Party* (1912-1913).

En 1914, Tillett adopte avec ardeur la ligne patriotique et soutient l'effort de guerre du gouvernement. Après avoir tenté vainement, à quatre reprises, d'entrer au Parlement, il est enfin élu député de Manchester en 1917, circonscription qu'il représente de 1917 à 1924 et de 1929 à 1931. Lors de la création du *Transport and General Workers' Union* en 1922, Tillett est évincé par Bevin, mais est nommé secrétaire des Affaires politiques et internationales et se maintient à ce poste jusqu'à sa retraite en 1931.

Frances Evelyn, comtesse de WARWICK (1861-1938)

Née dans une grande famille aristocratique, « Daisy » Greville, devenue par mariage Lady Warwick, belle, riche, passionnée de vie mondaine, fut d'abord célèbre pour avoir été pendant plusieurs années la maîtresse du prince de Galles (le futur Édouard VII). Quand son mari hérite en 1893 du château de Warwick, elle y donne de splendides réceptions. Mais, touchée par la misère des enfants des quartiers pauvres, elle se convertit peu à peu au socialisme. En 1904, elle adhère à la *Social Democratic Federation* et se lance dans l'action en faveur du *Labour*. Sa propriété, Easton Lodge, sert de lieu de rencontre aux socialistes et aux syndicalistes. Jusqu'à sa mort Lady Warwick anime de multiples activités sociales et éducatives.

Beatrice et Sidney WEBB

Socialistes fabiens et auteurs d'ouvrages célèbres de science sociale et administrative, Beatrice Potter (1858-1943) et Sidney Webb (1859-1947) se sont mariés en 1892, et leur union a constitué un exceptionnel exemple d'association intellectuelle et militante.

Fille d'un riche industriel, Beatrice s'était lancée dans les œuvres sociales au début des années 1880 et avait secondé le sociologue et philanthrope Charles Booth dans sa grande enquête sur le prolétariat londonien.

Issu d'une famille modeste, Sidney était entré dans la fonction publique en 1878 et avait occupé plusieurs postes à Londres. Il adhère en 1885 à la Société Fabienne (créée en 1884), dont il devient, avec Bernard Shaw, l'un des principaux animateurs. En 1892 il démissionne de l'administration ; la même année il est élu au *London County Council* comme conseiller municipal « progressiste » de Deptford. En 1895, il contribue à la fondation de la *London School of Economics and Political Science* où il occupe une chaire d'économie politique.

A partir de 1894 Sidney et Beatrice Webb écrivent ensemble de nombreuses études sur l'économie sociale, l'organisation de l'industrie, le syndicalisme, l'histoire administrative, etc. Auparavant en 1891 Beatrice Potter avait publié un ouvrage remarqué sur le mouvement coopératif en Grande-Bretagne. En 1905 elle fait partie de la Commission royale sur la *Poor Law*. A Londres, leur maison sert de lieu de rencontre politique et mondain non seulement pour les Fabiens mais pour un large éventail du monde du Parlement, de la haute administration et du syndicalisme. En 1913, les Webb fondent ensemble l'hebdomadaire indépendant de gauche, le *New Statesman*.

Devenu une cheville ouvrière du *Labour Party*, Sidney Webb entre au comité exécutif en 1915 et rédige le programme officiel du parti en 1918. Élu en 1922 député de Seaham (près de Durham), il est nommé ministre du Commerce en 1924 dans le premier gouvernement travailliste et ministre des Colonies et des Dominions dans le deuxième gouvernement MacDonald (1929-1931). En 1929, il est élevé à la pairie avec le titre de baron Passfield, mais sa femme refuse d'être appelée *lady*.

A partir de 1932, à la suite d'une visite en URSS, les Webb deviennent des admirateurs inconditionnels du régime soviétique et se rallient au modèle communiste, sans pour autant adhérer au parti communiste britannique. A la mort de Sidney Webb, quatre ans après celle de Beatrice, les cendres du couple sont placées dans l'abbaye de Westminster.

Notes

Chapitre premier

1. Témoignage Edna Mills (fille de Will Thorne), 23 mars 1985.
2. Sur ces divers épisodes de l'enfance de W. Thorne, on se référera essentiellement à son autobiographie, assez fiable sur cette partie de son existence : *My Life's Battles*, Londres, s.d. [1925], ch. I.
3. Thorne, *op. cit.*, p. 117. Il semble que Thorne ait appris les rudiments de la lecture et de l'écriture au temps où il est devenu socialiste vers 1884-1885. En 1885, il était capable de signer son engagement dans une organisation de tempérance, *ibid.*, p. 54.
4. Sur l'itinéraire professionnel de Thorne dans sa jeunesse, voir *My Life's Battles*, ch. I ; également *South Essex Mail*, 20 janvier 1900 ; *Tit-Bits*, 7 septembre 1918.
5. *Cf.* Thorne, *op. cit.*, ch. II.
6. E. J. Hobsbawm, « The Tramping Artisan », *Labouring Men*, Londres, 1964.
7. Thorne, *op. cit.*, pp. 30-32.
8. *Cf.* F. Bédarida, *La Société anglaise 1851-1975*, Paris, 1976, pp. 78-80.
9. H. Mayhew, *London Labour and the London Poor*, Londres, 1861, vol. III, p. 233.
10. Thomas Wright, *Our New Masters*, Londres, 1873, pp. 3-6.
11. Thorne, *op. cit.*, pp. 25-26.
12. Sur Birmingham, *cf.* Thorne, *op. cit.*, p. 34 ; sur Londres, *cf.* Mayhew, *op. cit.*, vol. II, pp. 54-57.
13. Thorne, *op. cit.*, pp. 15, 28, 45.
14. *Cf.* D. Kynaston, *King Labour*, Londres, 1976, p. 109.
15. *Cf.* A. Reid ed., *The New Party*, Londres, 1894, p. 11.
16. Sur la durée de sa carrière de gazier, Thorne a flotté dans les chiffres. Ainsi devant la Commission royale sur le Travail en 1892, il a déclaré avoir travaillé en tout quatorze ans dans les usines à gaz, dont

sept à Birmingham, ce qui paraît impossible. En fait, il semble avoir été embauché à plusieurs reprises à Saltley entre l'automne de 1876 et le printemps de 1882, avec des interruptions plus ou moins longues dans l'intervalle. *Cf. Parliamentary Papers,* 1893-1894, XXXIV, *Minutes of Evidence,* Question 24 534.

17. Thorne, *op. cit.,* pp. 37-41.

18. Le premier article date du 1er janvier 1913. Malheureusement il n'a pas été possible d'identifier le journal qui donne cette information (la coupure est conservée dans les archives du Labour Party). Au point de départ, il s'agissait d'un billet sur une grève des chauffeurs de taxis à Londres. Comme ceux-ci avaient défilé en procession, menés au son du clairon par Thorne, l'auteur en profite pour rappeler les prouesses de l'ancien clairon de la Garde écossaise et va jusqu'à préciser que Thorne lui a fait à cette occasion le récit de sa lutte contre le terrible Derviche ! L'article du *Times* date, quant à lui, du 20 octobre 1933. Signé du *labour correspondent,* il retrace la carrière de Thorne au lendemain de sa démission du poste de secrétaire général de la *National Union of General and Municipal Workers.*

19. Entretien Edna Mills, 23 mars 1985.

20. Thorne, *op. cit.,* p. 54. En outre dans son autobiographie Thorne explique, à propos du congrès de l'Internationale à Bruxelles en 1891, que c'est son premier déplacement sur le continent et à propos de son voyage en Amérique en 1898 que c'est son premier voyage lointain : *ibid.,* pp. 151 et 161.

Chapitre II

1. W. Thorne, *My Life's Battles,* pp. 53-54.

2. Cité par P. Thompson, *Socialists, Liberals and Labour : the Struggle for London 1885-1914,* Londres, 1967, p. 39.

3. H. Mayhew, *op. cit.,* vol. III, p. 233. Mayhew ajoute à propos de ce prolétariat indécis et compact des manœuvres et des journaliers : « Au lieu de nourrir des sentiments vigoureusement démocratiques, ils paraissent n'avoir aucune opinion politique du tout, ou s'ils en ont une, elle les porte à maintenir " les choses telles qu'elles sont " plutôt qu'à favoriser la montée du peuple travailleur. » Un quart de siècle plus tard, Eduard Bernstein, alors réfugié à Londres et observateur attentif de la scène sociale britannique, s'étonnera pareillement du caractère peu réceptif des ouvriers envers le socialisme renaissant. La plupart des ouvriers organisés, note-t-il, sont des supporters du parti libéral ; quant à la catégorie des manœuvres, elle est sans instruction et d'un niveau culturel si bas qu'elle paraît très difficile à mettre en mouvement : *cf.* E. Bernstein, *My Years of exile,* Londres, 1921, p. 207.

4. Lettre de F. Engels à F. A. Sorge, 7 décembre 1889, in *Marx and*

NOTES

Engels on Britain, Moscou, 1962, p. 568 (la description d'Engels est d'autant plus significative que la lettre est écrite en plein *boom* syndical, au lendemain des victoires du « nouvel unionisme »).

5. Thorne, *op. cit.*, p. 60.
6. *Ibid.*, p. 46.
7. *Cf.* l'allocution prononcée par Thorne le soir de l'éclatante victoire municipale du *Labour* à West Ham et rapportée par le *West Ham Herald* du 26 novembre 1898 : Thorne y affirme y avoir adhéré à la section de Canning Town de la SDF en 1884. D'autre part, au congrès du *National Socialist Party* tenu à West Ham dans l'été 1918, Thorne rappelle qu'il est membre de la SDF depuis trente-quatre ans : *Stratford Express*, 24 août 1918.
8. Thorne, *op. cit.*, p. 57. En revanche, le témoignage de Thorne est formel — et circonstancié — à propos du 13 novembre 1887 (p. 58).
9. *The Letters of Queen Victoria*, 3rd series, vol. I, Londres, 1930, p. 52.
10. *Cf.* « The Sack of the West End 1886 », D. Rubinstein ed., *People for the People*, Londres, 1973, pp. 139-144.
11. Lettre d'Eleanor Marx à P. Lavrov, 9 mars 1886 (en français). Cité par Y. Kapp, *Eleanor Marx*, vol II, Londres, 1976, p. 78.
12. W. Churchill, *Lord Randolph Churchill*, Londres, 1906, vol. I, p. 269.
13. « The Labour Party and the Books that Helped to Make It », *Review of Reviews*, vol. 36, 1906, p. 580.
14. *Ibid.* et Thorne, *op. cit.*, pp. 62-63.
15. *Ibid.*, pp. 131-132.
16. *Ibid.*, p. 63.
17. *Review of Reviews, l. c.* ; Thorne, *op. cit.*, p. 55.
18. *Cf.* à propos de l'enquête de W. T. Stead les remarques de David Martin, « The Instruments of the People : the Parliamentary Labour Party in 1906 » in D. E. Martin et D. Rubinstein ed., *Ideology and the Labour Movement*, Londres, 1979, pp. 131 et 144 n. 24.
19. *Cf.* H. Tracey ed., *The Book of the Labour Party*, vol. III, Londres, 1948, p. 237.
20. *Review of Reviews, l. c.*
21. *Cf.* H. Pelling, *The Origins of the Labour Party*, Oxford, 1965, p. 14.
22. Lettre de F. Engels à F. A. Sorge, 12 mai 1894, in *Marx and Engels on Britain*, Moscou, 1962, p. 582.
23. Thorne, *op. cit.*, p. 62.

CHAPITRE III

1. W. Thorne, *My Life's Battles*, p. 61.
2. *Minutes of the Amalgamated Association of Gas Workers of the*

United Kingdom. Ce document de huit feuillets manuscrits, conservé dans les archives de la National Union of Gasworkers and General Labourers, contient la plupart des procès-verbaux des réunions tenues du 22 janvier au 19 août 1887 (à remarquer que le nom du syndicat a varié : par moments il est appelé *Amalgamated Society of Gas Stokers of the United Kingdom*). *Cf.* aussi les souvenirs de Thorne rapportés par le *Stratford Express*, 7 avril 1939, à l'occasion du 50ᵉ anniversaire de la fondation de la *Gasworkers' Union*.

3. Thorne, *op. cit.*, pp. 64-66 ; *Royal Commission on Labour, Minutes of Evidence, Parliamentary Papers*, 1893-1894, XXXIV, Q. 25 096 ; *Stratford Express*, 7 avril 1939. Sur la tyrannie des petits chefs — beaucoup plus détestés que les patrons — divers témoignages montrent bien à quel point dans la psychologie ouvrière l'autorité des contremaîtres était mal ressentie ; *cf.*, par exemple, peu après la formation de la *Gasworkers' Union*, les déclarations sans équivoque d'un chauffeur de l'usine de Beckton, J. Walsh, membre du bureau provisoire du syndicat. Il n'y a pas à redouter les directeurs ou les managers, explique-t-il ; en revanche il y a toutes raisons de craindre les contremaîtres, car, « sitôt dotés d'une parcelle d'autorité ils exigent des ouvriers des choses qu'ils n'auraient jamais été capables de faire quand ils travaillaient eux-mêmes ». Si le syndicat a été constitué, c'est justement « avec le but de mettre fin à ce genre de tyrannie et de domination ». Lorsque les contremaîtres se conduisent mal et bousculent les ouvriers, il n'y a qu'à prévenir la direction ; si la direction ne fait rien, aux travailleurs de s'en occuper. Et Walsh conclut : « Nous voulons des contremaîtres qui nous disent doucement et posément ce que nous avons à faire au lieu de crâner en prenant des airs supérieurs. » *Stratford Express*, 29 juin 1889.

4. *The Gas Strike, by the Officials of the Gas Workers and General Labourers' Union*, Londres s. d. (brochure écrite par W. Thorne et M. Hutchins en janvier 1890). *Cf.* aussi A. Stafford, *A Match to Fire the Thames*, Londres, 1961, p. 86.

5. W. Thorne, *op. cit.*, pp. 67-69.

6. D'après les archives de la *National Union of Gasworkers and General Labourers*, les fonds collectés ce jour-là s'élèvent à un peu plus de 10 livres sterling, ce qui représente, pour un droit d'adhésion fixé à 1 shilling par tête, environ 210 cotisations versées : *Cashbook 1889-1891*, fol. 1, 31 march 1889.

7. Thorne, *op. cit.*, p. 71 ; *Minutes of the National Union of Gasworkers and General Labourers*, 1889-1892, 8 june 1889 (la section la plus nombreuse est évidemment celle de Canning Town à West Ham).

8. *Minutes...*, *op. cit.*, 20 may 1889.

9. Cité par A. Stafford, *op. cit.*, p. 88. *Cf.* aussi Thorne, *op. cit.*, p. 71, et H. Pelling, *The Origins of the Labour Party 1880-1900*, Oxford, 1965, pp. 59 et 83.

10. *Minutes... op. cit.*, 20 may ; 8, 11, 13, 20 june 1889 ; Thorne, *op. cit.*, pp. 73-74. Selon J. Schneer, Ben Tillett, découragé de ses échecs parmi les dockers, pourrait avoir songé à tenter sa chance chez les gaziers : *Ben Tillett,* Londres, 1982, p. 39. (Ainsi s'expliqueraient les hauts et les bas de l'attitude de Tillett envers Thorne de mars à juin 1889.)

11. Thorne, *op. cit.*, p. 72. Pour bien démontrer auprès de la base les mérites des « 8 heures », les responsables de la *Gasworkers' Union* avaient commandé en 500 exemplaires la brochure de Tom Mann, *What a Compulsory Eight Hour Day Means to the Workers* (série d'articles parus dans le *Labour Elector* et réunis en opuscule en 1886). On peut noter aussi que Tom Mann est invité à exposer ses vues à la séance du 12 août du Comité exécutif du syndicat — le jour même où éclate la grève des dockers : *cf. Minutes... op. cit.*, 11 june, 12 august 1889. Par la suite Thorne évoquera l'aide apportée par Tom Mann à la formation de la *Gasworkers' Union,* mais sans donner de précision : *cf. My Life's Battles,* pp. 89-90. Les archives, pour leur part, n'en portent nulle trace.

12. B. Tillett, *Memories and Reflections,* Londres, 1931, p. 116 (il convient toutefois d'ajouter la grève générale de 1926, elle aussi dotée de lettres majuscules !).

13. E. G. Howarth and M. Wilson, *West Ham,* Londres, 1907, pp. 224 et 229.

14. *Cf.* J. Burns, *The Star,* 27 septembre 1889, et « The Great Strike », *New Review,* octobre 1889 ; H. L. Smith and V. Nash, *The Story of the Dockers' Strike,* Londres, 1890, pp. 32-33.

15. Thorne, *op. cit.*, p. 87.

16. Sur cet épisode, cf. Thorne, *op. cit.*, pp. 83-84 ; J. Stevenson, *Stevedores and Dockers,* Londres, 1969, pp. 99-101 ; J. Schneer, *Ben Tillett,* Londres, 1982, pp. 39-41. A noter que Tillett dans ses souvenirs passe sous silence le nom de Thorne, ce qui ne saurait étonner ; en revanche, fait plus surprenant, l'ouvrage de H. L. Smith et Nash, écrit à chaud, ne mentionne pas non plus l'action de Thorne. Par ailleurs, on se rappellera que Thorne rencontre le 12 août Tom Mann (cf. *supra,* note 11) : il est difficile d'imaginer que les deux hommes n'aient pas discuté ce jour-là de la situation créée depuis le matin dans les docks.

17. J. Schneer, *op. cit.*, pp. 41 et 56.

18. Thorne, *op. cit.*, pp. 86-87.

19. *Cf.* l'hommage rendu après la mort d'Eleanor Marx par l'ouvrier relieur Robert Banner, militant de la *Socialist League,* puis de l'ILP, dans le *Labour Leader* du 23 avril 1898, cité par C. Tsuzuki, *The Life of Eleanor Marx 1855-1898,* Oxford, 1967, p. 327 ; *cf.* Y. Kapp, *Eleanor Marx,* vol. II, *The Crowded Years,* Londres, 1976, pp. 392-393.

20. W. Collison, *The Apostle of Free Labour,* Londres, 1913, pp. 81-83.

21. *Cf.* M. Beer, *Fifty Years of International Socialism*, Londres, 1935, p. 72 ; *cf.* B. Webb, *My Apprenticeship*, Londres, 1926, p. 259.

22. Si l'on trouve cette version principalement dans l'historiographie d'inspiration marxiste, il faut dire que Ben Tillett, par ses Mémoires, a lui aussi contribué à accréditer la légende de la participation d'Eleanor Marx à la création de la *Gasworkers' Union*.

23. *Cf.* une déclaration de Thorne en 1939 citée par Y. Kapp, *op. cit.*, p. 324 ; ce témoignage confirme explicitement ce que lui-même avait écrit sur sa rencontre avec Eleanor Marx dans *My Life's Battles*, p. 96. En revanche, Thorne se trompe lorsqu'il écrit (*ibid.*, p. 118) qu'il a vu, tout petit, Jean Longuet, le neveu d'Eleanor (né en 1876) ; quant à l'épisode de la visite chez Eleanor où effectivement il rencontre le petit-fils de Marx, de passage à Londres, elle est à situer vraisemblablement en septembre 1893 (Jean Longuet a alors dix-sept ans).

24. *Cf.* Tsuzuki, *op. cit.*, p. 195. A l'appui de l'argumentation de Tsuzuki, l'on pourrait invoquer d'une part les condamnations qu'à ce moment-là Eleanor Marx fulmine contre Champion et le *Labour Elector* (qui par ailleurs sont les seuls à soutenir Thorne et les gaziers) : *cf.* les lettres d'Eleanor à Laura Lafargue en date des 11 avril et 8 mai 1889 in *Les Filles de Karl Marx : Lettres inédites*, Paris, 1979, pp. 262 et 264 ; d'autre part et *a contrario*, l'appui sans réserve donné par Engels trois mois plus tard à la grève des dockers où il relève avec satisfaction l'absence de la « clique Hyndman » : *cf.* sa lettre à Laura Lafargue, 27 août 1889, in *Correspondance Engels — Paul et Laura Lafargue*, t. II, Paris, 1956, p. 315.

25. Lettre de F. Engels à Paul Lafargue, 11 mai 1889, *Correspondance...*, *op. cit.*, tome II, p. 252. Signalons tout de même une autre préoccupation d'Eleanor Marx au printemps 1889 : elle s'achète une machine à écrire — en ce temps-là une nouveauté — et songe à s'installer comme secrétaire-dactylo...

26. *Cf.* Thorne, *op. cit.*, p. 96 ; National Union of Gasworkers and General Labourers, *Second Yearly Report and Balance Sheet*, Londres, 1891 ; à propos des statuts révisés et du préambule (*address*) du syndicat, des gaziers, c'est Eleanor Marx elle-même qui révèle dans une lettre à Kautsky écrite le 22 septembre 1890 les avoir rédigés : texte *in* Tsuzuki, p. 202 et Y. Kapp, p. 382.

27. Lettre de F. Engels à F. A. Sorge, 19 avril 1890 in *Correspondance F. Engels-K. Marx et divers*, publiée par F. A. Sorge, trad. fr. Bracke, t. II 1884-1895, Paris, 1950, p. 197. Dans une autre lettre, quelques jours plus tard, Engels écrit que la popularité de « Tussy » parmi les gaziers est telle qu'ils l'appellent « our mother » (« petite maman ») : F. Engels à F. A. Sorge, 30 avril 1890, *ibid.*, p. 201.

28. Eleanor Marx démissionne en juin 1895 du comité exécutif (dont elle n'avait jamais manqué une seule réunion) parce qu'elle quitte

Londres pour aller s'installer dans le Kent. Elle reste toutefois membre du syndicat jusqu'à sa mort.

29. *Cf.* Thorne, *op. cit.*, p. 149; *cf.* Y. Kapp, *op. cit.*, p. 360.

30. Témoignage Edna Mills, 23 mars 1985 (à titre de compromis, l'enfant avait été prénommée Edna).

31. Thorne, *op. cit.*, p. 126. A l'époque Thorne va jusqu'à écrire : « une organisation totalement et uniquement de combat », *Time*, janvier 1890, p. 50.

32. Thorne, *op. cit.*, pp. 76 et 98 (bien que les chiffres ne concordent pas absolument). En revanche, on reste perplexe devant le total de 30 000 adhérents donné par le *Star* du 17 octobre 1889 : *cf.* P. Thompson, *op. cit.*, p. 46.

33. Ce sont les données fournies par W. Ward, secrétaire adjoint de la *Gasworkers' Union*, à la Royal Commission on Labour en mai 1892, *Parliamentary Papers*, 1893-1894, XXXIV, *Minutes of Evidence*, Q. 23 931-23 943 et 24 085-24 093. Ces chiffres sont corroborés par les rapports officiels du syndicat : *cf.* National Union of Gasworkers and General Labourers, *Third Yearly Report and Balance Sheet*, 1892, pp. 15-17. En revanche, on ne peut suivre Thorne qui donne des chiffres très exagérés : soit en 1891 à Beatrice Webb qui l'interviewe pour une enquête (60 000 adhérents); *cf.* Webb Trade Union Collection, Section A, vol. XLII, fol. 300, soit en 1892 devant la Royal Commission of Labour (40 000 à 50 000 adhérents, dont 30 000 ouvriers du gaz), Q. 24 912-24 913.

34. Lettre de Will Thorne à Sidney Webb, 2 février 1894 (il s'agit ici d'une statistique détaillée et fiable, district par district, donnant un total de 35 000 adhérents, dont 16 000 pour Londres), Webb Trade Union Collection, *ibid.*, fol. 303.

35. Pour le chiffre de 1900, *cf.* P. Thompson, *op. cit.*, p. 59. Pour 1902, *cf.* une note de W. Thorne du 17 novembre 1902, Archives du Labour Representation Committee, 6/182.

36. National Union of Gasworkers and General Labourers, *First Half-Yearly Statement and Balance Sheet*, novembre 1889.

37. H. A. Clegg, A. Fox and A. F. Thompson, *A History of British Trade Unions since 1889*, vol. I, Oxford, 1964, p. 89.

38. D'après W. Ward (plutôt que Thorne) devant la Royal Commission on Labour (*cf.* note 33).

39. *Cf. First Half-Yearly Statement...*, *op. cit.*, novembre 1889. *Cf.* aussi le premier congrès annuel du syndicat en mai 1890.

40. *Cf.* National Union of Gasworkers and General Labourers, *Second Yearly Report and Balance Sheet*, 1891, pp. 12-14.

41. *Cf.* G. Lansbury, *My Life*, Londres, 1928, pp. 69-70; R. Postgate, *The Life of George Lansbury*, Londres, 1951, pp. 32-33 et 41.

42. *Cf.* E. J. Hobsbawm, « British Gasworkers, 1873-1914 »,

Labouring Men, Londres, 1964, pp. 158-178 ; H. A. Clegg, *General Union in a Changing Society*, Oxford, 1964, ch. I.

43. Chiffres fournis, pour la Gas Light and Coke Company, par G. Trewby, ingénieur en chef (10 000 ouvriers l'été, 5 000 l'hiver) et pour la South Metropolitan Gas Company par G. Livesey, devant la Royal Commission on Labour, *op. cit.*, Q. 26 430 et 26 695.

44. *Cf.* P. Chantler, *The British Gas Industry*, Manchester, 1938, pp. 6-7 ; *cf.* D. Matthews, « Laissez faire and the London Gas Industry in the Nineteenth Century », *Economic History Review*, XXXIX, 2 may 1986, p. 257 (moyenne quinquennale des dividendes versés de 1891 à 1895).

45. *Journal of Gas Lighting*, 24 septembre 1889. Cité par B. Grant, *Beckton Struggles*, Londres, 1955, p. 26.

46. Témoignage de G. Livesey devant la Royal Commission on Labour, *Parliamentary Papers*, 1893-1894, XXXIV, *Minutes of Evidence*, Q. 26 787-90.

47. G. Livesey, *ibid.*, Q. 26 835 et 26 887.

48. Témoignage de W. Thorne, *ibid.*, Q. 25 374.

49. *The Times*, 14 décembre 1889.

50. Texte in Royal Commission on Labour, *op. cit.*, Appendix LIII.

51. *Cf.* Shane Leslie, *Henry Edward Manning*, Londres, 1921, p. 376.

52. Thorne dans *My Life's Battles* (p. 112) parle de 20 000 livres sterling, mais j'ai retenu le chiffre de 11 000 livres donné par W. Ward dans un document officiel du syndicat remis à la Royal Commission on Labour, *op. cit.*, Appendix XLV.

53. Royal Commission on Labour, *op. cit...*, *Minutes of Evidence*, Q. 26 913.

54. *Ibid.*, Q. 26 513-37 ; 26 548-50 (témoignage de l'ingénieur en chef Trewby). *Cf.* aussi un long reportage dans le *Daily Telegraph*, 4 octobre 1890. L'épisode est fortement arrangé par Thorne dans *My Life's Battles*, pp. 136-138.

55. Cité par J. Melling, « Industrial Strife and Business Welfare Philosophy : the Case of the South Metropolitan Gas Company from the 1880's to the War », *Business History*, XXI, 1, january 1979, pp. 171-172.

56. National Union of Gasworkers and General Labourers, *Third Yearly Report*, 1892 ; *cf.* H. Clegg, *General Union... op. cit.*, pp. 19-21.

CHAPITRE IV

1. W. S. Sanders, *Early Socialist Days*, Londres, 1927, p. 52.
2. *Umpire*, 18 juin 1916.
3. *Cf.* W. Thorne, *My Life's Battles*, pp. 151-152 ; *cf.* E. Bernstein,

NOTES

My Years of Exile, Londres, 1921, p. 209 ; E. P. Thompson, « Homage to Tom Maguire » *in* A. Briggs and J. Saville ed., *Essays in Labour History*, vol. I, Londres, 1960, p. 296.

4. *Cf.* Thorne, *op. cit.*, p. 78.
5. Royal Commission on Labour, *op. cit.*, Q. 25 141-42.
6. *Cf.* Thorne, *op. cit.*, p. 69 et p. 49. *Cf. Justice*, 7 juin 1917 ; *Manchester Guardian*, 28 juin et 18 juillet 1917. Il semble cependant, dans le contexte de la guerre et des divisions entre socialistes patriotes et socialistes pacifistes, que le procès fait à Thorne par ses adversaires (J. Baum et S. Swatikoff) autour du Bund et de la question de la paix soit quelque peu excessif.
7. S. et B. Webb, *The History of Trade Unionism*, Londres, 1894, p. 420 (édition de 1920).
8. *Cf.* Thorne, *op. cit.*, p. 79.
9. *Cf. Umpire*, 18 juin 1916 ; *Graphic*, 23 mai 1925 ; *Morning Post*, 21 octobre 1933.
10. *Cf.* Thorne, *op. cit.*, p. 82.
11. Témoignage Edna Mills, 23 mars 1985.
12. *Id.*
13. *Cf. Manchester Guardian*, 3 janvier 1946.
14. Témoignage Edna Mills.
15. *Cf.* E. Bernstein, *op. cit.*, p. 209.
16. *Cf.* Thorne, *op. cit.*, pp. 149-151 et pp. 138-142 ; Y. Kapp, *op. cit.*, vol. II, pp. 425-429.
17. E. J. Hobsbawm, « General Labour Unions in Britain 1889-1914 », *Labouring Men*, Londres, 1964, p. 182 ; *cf.* aussi « The New Unionism in Perspective », *Worlds of Labour*, Londres, 1984, ch. IX.
18. *Cf.* H. A. Clegg, A. Fox, A. F. Thompson, *A History of British Trade Unions since 1889*, vol. I, 1889-1910, Oxford, 1964, p. 97.
19. *Cf.* G. Stedman Jones, *Outcast London*, Oxford, 1971, p. 315, et *Languages of class*, Cambridge, 1983, p. 238.
20. National Union of Gasworkers and General Labourers, *Revised Rules 1892* (approved may 1890, registered september 1891, published 1892).
21. *Cf.* F. Engels, « Der 4 mai in London », *Arbeiter Zeitung* (Vienne), 23 mai 1890, et lettre à Sorge, 30 avril 1890, *Correspondance F. Engels-K. Marx...*, *op. cit.*, pp. 201-205 ; *cf.* aussi Thorne, *op. cit.*, pp. 122-124.

CHAPITRE V

1. *Cf.* P. Thompson, *Socialists, Liberals and Labour : The Struggle for London 1885-1914*, Londres, 1967, pp. 101-102.
2. National Union of Gasworkers and General Labourers, *Revised Rules*, 1892.

3. *Cf.* Webb Trade Union Collection, Section A, vol. XLII, fol. 300.

4. National Union of Gasworkers and General Labourers, *Third Yearly Report*, march 1892. Au même moment, lors du meeting organisé pour célébrer le troisième anniversaire du syndicat des gaziers, tandis que Thorne annonce qu'à l'avenir la politique des syndicalistes sera de prendre le contrôle des institutions, John Burns déclare qu'au lieu de dépenser 20 000 livres sterling en grèves pour défendre la journée de 8 heures, la *Gasworkers' Union* aurait mieux fait de soutenir 25 candidats *Labour* afin d'obtenir par la loi ce qu'elle n'avait pu obtenir par l'action syndicale, *Stratford Express*, 2 avril 1892, cité par J. Marriott, *London over the Border : industry and culture in West Ham 1840-1939*, Ph. D. Thesis, Cambridge, 1984, ch. 6.

5. *Id.*, *Fourth Yearly Report*, march 1893.

6. *Id.*, *Sixth Yearly Report*, december 1894.

7. Lors du quatrième anniversaire du syndicat des gaziers, le constat fait par Thorne sur la situation critique des *trade unions*, victimes de la contre-offensive patronale, l'amène à conclure : « S'ils avaient partout dans les corps locaux élus de bons et solides représentants du *Labour*, les travailleurs ne seraient pas placés dans la déplorable situation où ils se trouvent », *Stratford Express*, 8 avril 1893.

8. National Union of Gasworkers and General Labourers, *Fourth Yearly Report*, march 1893.

9. *Id.*, *Yearly Report*, 1895.

10. *Id.*, *Yearly Report*, 1897.

11. *Cf.* W. Thorne, *My Life's Battles*, pp. 184-185.

12. C. Dickens, « Londoners over the border », *Household Words*, n° 390, 12 septembre 1857.

13. J. J. Terrett, *Municipal Socialism in West Ham*, Londres s.d. [1903], pp. 4-5.

14. W. Morris, *News from Nowhere*, Londres, 1890, trad. fr. *Nouvelles de nulle part*, Paris, 1961, p. 159.

15. *Cf.* E. G. Howarth and M. Wilson, *West Ham : a study in social and industrial problems*, Londres, 1907, pp. 149 et 176-177.

16. *Cf.* J. Marriott, *op. cit.*, Appendix, table 8. La statistique des domestiques fait apparaître un effectif de 3 600 en 1881, une pointe à 5 800 en 1891, un tassement à 4 750 en 1901.

17. *Cf.* Howarth and Wilson, *op. cit.*, pp. 150 et 160-161.

18. S. Barnett, « University Settlements », *in* W. Reason ed., *University and Social Settlements*, Londres, 1898, p. 23.

19. Tableau fondé sur les statistiques détaillées établies par N. H. Buck, *Class structure and local government activity in West Ham 1886-1914*, Ph. D. Thesis, University of Kent, 1980. Mais j'ai remanié les catégories et procédé à une nouvelle classification : d'où des résultats différents.

NOTES

20. *Cf.* la lettre du pasteur H. Douglas au *Times*, mettant en cause le caractère intermittent et précaire (*casual*) du travail aux Victoria Docks et à l'usine Silver : *The Times*, 24 décembre 1859.

21. Il s'agit de l'enquête menée en 1905-1906 par l'Outer London Inquiry Committee et publiée par Howarth et Wilson, *op. cit.*, p. 409 (c'est la dernière phrase du livre).

22. *Cf. The Life and Letters of Father Andrew*, ed. K. E. Burne, Londres, 1961, p. 32. Diary, 11 december 1894. (L'auteur était un pasteur très « social », de tendance anglo-catholique, membre de la Society of the Divine Compassion à Plaistow.)

23. *Cf.* J. Marriott, *London over the border : industry and culture in West Ham 1840-1939*, Ph. D. Thesis, Cambridge, 1984, Part I, ch. 3. Je tiens ici à remercier John Marriott, excellent connaisseur de West Ham et de son histoire, pour l'aide précieuse qu'il m'a apportée.

24. *Cf.* R. Mudie-Smith ed., *The Religious Life of London*, Londres, 1904, pp. 352-356 et pp. 442-445. J'ai déduit des statistiques brutes données par Mudie-Smith les doublons (personnes ayant participé à deux services le même jour). Les chiffres donnés ici sont donc des chiffres nets.

25. *Cf.* Howarth and Wilson, *op. cit.*, p. 387.

26. *Cf.* Mudie-Smith, *op. cit.*, pp. 352-356.

27. *Mansfield House Magazine*, XII, 1905, p. 20. Cité par J. Marriott, *op. cit.*, Part II, ch. 5.

28. *Cf.* Thorne, *op. cit.*, p. 177.

29. *West Ham Herald*, 9 janvier 1892, cité par G. and L. Radice, *Will Thorne*, Londres, 1974, p. 50.

30. *Cf.* Thorne, *op. cit.*, pp. 172-173 ; *cf. Stratford Express*, 15 décembre 1894 ; *cf.* aussi le récit (très hostile) de l'épisode devant le *Select Committee on Distress from Want of Employment, Parliamentary Papers*, 1895, VIII, *Minutes of Evidence*, Q. 2 535.

31. Les biographes les plus récents de Keir Hardie sont en désaccord sur ce point, les uns soutenant que Hardie a mené une campagne axée sur les problèmes du travail et le programme « radical » avancé sans faire référence au socialisme (*cf.* I. McLean, *Keir Hardie*, Londres, 1975, pp. 42-44, et K. O. Morgan, *Keir Hardie, Radical and Socialist*, Londres, 1975, p. 51), l'autre affirmant qu'il s'est réclamé ouvertement et carrément du socialisme (*cf.* F. Reid, *Keir Hardie*, Londres, 1978, pp. 127-134).

32. *Cf.* J. R. Kellett, « Municipal Socialism, Enterprise and Trading in the Victorian City », *Urban History Yearbook*, 1978, pp. 36-45.

33. Cité par J. Marriott, *op. cit.*

34. *Cf. Justice*, 12 novembre 1898, cité par L. Fink, *Labour Politics and Political Culture : West Ham 1898-1900*, B.A., Harvard, 1970, p. 13.

35. *Cf.* après coup, la double controverse : dans l'*Economic Review*,

H. Legge, « Socialism in West Ham » et la réplique, sous le même titre, par F. H. Billows, *Economic Review*, IX, october 1899, pp. 489-502, et X., january 1900, pp. 52-61 ; dans la presse, l'attaque du *Times*, 16 septembre 1902 (articles publiés ensuite en brochure) et la riposte de J. J. Terrett, « *Municipal Socialism* » *in West Ham*, Londres s.d. [1903], 24 pages.

CHAPITRE VI

1. *Stratford Express*, 30 novembre 1895.
2. *Ibid.*, 25 janvier 1896.
3. National Union of Gasworkers and General Labourers, *Quarterly Balance Sheet*, septembre 1897.
4. *Report of Proceedings at the 45th Annual Trades Union Congress, Newport, 1912 : Presidential Address*, pp. 53-54.
5. *Cf.* W. Thorne, *My Life's Battles*, p. 170 ; C. Tsuzuki, *H. M. Hyndman and British Socialism*, Londres, 1961, p. 105 ; H. Pelling, *The Origins of the Labour Party*, Oxford, 1965, pp. 204-206.
6. *Cf.* Thorne, *op. cit.*, p. 170 et pp. 185-186 ; P. Poirier, *The Advent of the Labour Party*, Londres, 1958, p. 124 ; H. Pelling, *op. cit.*, p. 209.
7. Motion votée au congrès annuel du syndicat à Sunderland : *cf.* F. Bealey and H. Pelling, *Labour and Politics 1900-1906*, Londres, 1958, p. 22.
8. *Cf.* la lettre très équivoque que Keir Hardie écrit à Thorne et que celui-ci a publiée dans son autobiographie (*My Life's Battles*, pp. 203-204) comme pour prouver que donner et retenir ne vaut...
9. Sur la géographie électorale de West Ham, *cf.* H. Pelling, *Social Geography of British Elections 1885-1910*, Londres, 1967, pp. 62-64.
10. « Londres n'est pas une ville, c'est une nation, écrit alors un militant socialiste découragé. Ses habitants sont plus étrangers et plus indifférents les uns aux autres que s'ils étaient séparés par toute l'étendue du pays. Ni esprit commun ni conscience d'une solidarité civique, comme on en trouve à Bradford, Manchester, Glasgow ou Aberdeen, pour stimuler leur intérêt pour le bien commun. Le mouvement incessant, l'immensité, la pesanteur d'une ville en apparence infinie semblent épouvanter et hébéter les Londoniens. » *ILP News*, march 1898. Cité par D. Howell, *British Workers and the ILP 1888-1906*, Manchester, 1983, p. 257.
11. Archives du Labour Representation Committee 4/204 : lettre de W. Thorne à J. R. MacDonald, 24 mars 1902, où Thorne s'élève avec indignation contre les rumeurs et les manœuvres à son endroit. Voir aussi 4/204 : lettre de J. Gilbey (secrétaire de la bourse du travail de West Ham) à J. R. MacDonald, 2 juin 1902. *Cf.* également P. Thompson, *Socialists, Liberals and Labour : the Struggle for London 1885-1914*,

NOTES

Londres, 1967, p. 193. Dans le comité électoral tripartite, la SDF, l'ILP et le *West Ham Trades Council* disposent de six représentants chacun.

12. Archives LRC, 13/498, lettre de J. R. MacDonald à W. Thorne, 16 avril 1904, et réponse de W. Thorne, 18 avril, *ibid.*, 14/359.

13. *Cf.* lettre J. R. MacDonald à W. Thorne, 30 décembre 1903 ; lettre J. Gilbey à J. R. MacDonald, 5 janvier 1904, *ibid.*, 13/320.

14. *Correspondence between J. R. MacDonald, secretary of the LRC, and Will Thorne, Socialist and Labour candidate for South West Ham*, Londres, Twentieth Century Press, 1904, 16 pages (un exemplaire se trouve dans les archives du Labour Party).

15. *Cf.* lettre W. Thorne à J. R. MacDonald, 2 juillet 1904 ; lettre J. R. MacDonald à W. Thorne, 5 juillet 1904 in Archives LRC, 15/246 et 248.

16. Archives LRC, 11/471, lettre de W. Thorne à J. R. MacDonald, 24 septembre 1903 (la lettre, griffonnée au crayon, est pleine de fautes).

17. *Cf.* le tract électoral *Vote for Will Thorne* diffusé par le comité de soutien de West Ham-Sud, Archives LRC, 13/499.

18. *Stratford Express*, 6 et 13 janvier 1906.

19. *Cf.* W. Collison, *The Apostle of Free Labour*, Londres, 1913, p. 82.

20. *Cf.* M. Blunden, *The Countess of Warwick*, Londres, 1967, p. 180. Notons qu'au congrès du TUC à Leeds en 1904, Will Thorne fait adopter à l'unanimité une motion réclamant un repas gratuit par jour pour les enfants des écoles publiques — un thème qui tient particulièrement à cœur à Lady Warwick, *ibid.*, p. 183.

21. Sur la campagne électorale de 1906 et le rôle de la comtesse de Warwick, *cf.*, Thorne, *op. cit.*, pp. 199-201 ; M. Blunden, *op. cit.* ch. IX ; *Stratford Express*, 13 et 20 janvier 1906 ; *Daily Express*, 12 janvier 1906 ; *Daily Chronicle*, 13 janvier 1906.

22. *Cf. Stratford Express*, 20 janvier 1906.

23. *Cf.* Thorne, *op. cit.* pp. 204-205.

24. *Cf.* J. R. Clynes, *Memoirs*, Londres, 1937, vol. I, pp. 62-63 et 115-120.

25. *Cf.* D. Kirkwood, *My Life of Revolt*, Londres, 1935, pp. 200-202.

26. *Cf.* Thorne, *op. cit.*, pp. 174-177, 180-182 et 206.

27. Archives du Labour Party, General Correspondence, LP/PA/ 07/1/456, lettre de W. Thorne à J. R. MacDonald, 11 juin 1907.

28. *Stratford Express*, 22 janvier 1910.

29. *Cf.* G. et L. Radice, *Will Thorne*, Londres, 1974, p. 61.

30. *Parliamentary Debates*, House of Commons, 15 june 1909, col. 806.

31. *Ibid.*, 13 august 1913, col. 2505-2506.

32. H. Quelch, *Social-Democracy and the Armed Nation*, new and

revised edition, Londres, 1907, 16 pages (une première édition semble avoir paru deux à trois ans plus tôt).

33. On trouve les grandes lignes du *bill* in H. W. Lee and E. Archbold, *Social-Democracy in Britain*, Londres, 1935, Appendix IV, pp. 280-282. *Cf.*, aussi *Justice*, 29 août 1908.

34. *The Labour Leader*, 4 septembre 1908 (l'article est de Bruce Glasier lui-même). *Cf.* la réplique donnée dans *Justice*, 12 septembre 1908, par un ancien sous-officier social-démocrate qui vient à la rescousse de Thorne.

35. *Cf.* sur l'affaire du *Citizen Army Bill*, Lee and Archbold, *op. cit.*, pp. 194-199. *Cf.* aussi C. Tsuzuki, *H. M. Hyndman and British Socialism*, Londres, 1961, pp. 203-205 ; W. Kendall, *The Revolutionary Movement in Britain 1900-1921*, Londres, 1969, pp. 47-48 ; D. J. Newton, *British Labour, European Socialism and The Struggle fort Peace 1889-1914*, Oxford, 1985, pp. 190-191.

36. *Cf.* R. Postgate, *The Life of George Lansbury*, Londres, 1951, p. 129.

37. Sur les chiffres de 1908, *cf.* E. J. Hobsbawm, *Labouring Men*, Londres, 1964, p. 191 ; pour les chiffres de 1914, *cf.* Webb Trade Union Collection, section A, vol. XLVII, fol. 111, lettre de W. Thorne à B. L. Hutchins, 30 mars 1914 ; National Union of Gasworkers and General Labourers, *Quarterly Report and Balance Sheet* september-december 1913, p. 58. Pour les chiffres du syndicalisme féminin par pays, *cf.* le tableau « Women in Trade Unions » *in* Webb Trade Union Collection, Section A, vol. XLII.

38. Lettre de W. Thorne à B. L. Hutchins ; *cf. supra*.

39. *Cf.* Barbara Drake, *Women in Trade Unions*, Londres, 1921, p. 42 (en revanche N. D. Soldon, *Women in British Trade Unions 1874-1970*, Dublin, 1978, p. 50, attribue à W. Thorne des propos de style « chauviniste mâle » qui en réalité sont de la plume d'un autre syndicaliste). *Cf.* aussi, sur les faiblesses du trade-unionisme féminin à Londres, T. Olcott, « Dead Centre : the Women's Trade Union Movement in London 1874-1914 », *London Journal*, II, 1, may 1976, pp. 33-51.

40. Voir les débats du congrès de 1910 de la *Gasworkers' Union* : *cf.* H. A. Clegg, *General Union in a Changing Society*, Oxford, 1964, p. 58.

41. *Cf. SDP Conference Report, 1909*, cité par P. Thompson, *Socialists, Liberals and Labour : the Struggle for London 1885-1914*, Londres, 1967, p. 193 et p. 205.

42. *Report of Proceedings at the 45th Annual Trades Union Congress, Newport, 1912 : Presidential Address*, p. 55.

43. National Union of Gasworkers and General Labourers, *Quarterly Balance Sheet*, september-december 1909, p. 50.

44. *Ibid, september-december 1913*, p. 58.

NOTES

45. *Industrial Council : Enquiry into Industrial Agreements*, Parliamentary Papers, 1913, XXVIII, Minutes of Evidence, Q. 9730.
46. *Cf.* H. A. Clegg, *op. cit.*, ch. 2 et 3.
47. *Ibid.*, pp. 73-74.
48. National Union of Gasworkers and General Labourers, *Biennial Congress, General Secretary's Report*, 1912.
49. *Industrial Council...*, *op. cit.*, Q. 9759-9761.

CHAPITRE VII

1. *Cf.* la première intervention publique de Thorne après la déclaration de guerre, *Stratford Express*, 15 août 1914.
2. National Union of Gasworkers and General Labourers, *Quarterly Report and Balance Sheet*, january-march 1915.
3. *Cf.* les déclarations rapportées par le *Stratford Express*, 6 mai 1916, et *Umpire*, 18 juin 1916.
4. *Cf. Stratford Express*, 15 août 1914; *cf.* surtout le premier document officiel du syndicat des gaziers une fois la guerre déclarée, *Quarterly Report and Balance Sheet*, july-september 1914, « The War Crisis ».
5. *Ibid.*, p. 7.
6. *Cf.* R. Harrison, « The War Emergency Workers' National Committee », *in* A. Briggs and J. Saville ed., *Essays in Labour History 1886-1923*, vol. II, Londres, 1971, pp. 217 *sqq*.
7. *Ibid.*, p. 222.
8. Discours du 14 janvier 1915 à Barking : *cf. Stratford Express*, 16 janvier 1915.
9. *Cf.* W. Thorne, *My Life's Battles*, pp. 146-147.
10. Meeting au Queen's Hall du 21 juillet 1915. Le *Socialist National Defence Committee*, créé en avril 1915 par Victor Fisher, se transformera par la suite en *British Workers' League*, puis en *National Democratic Party*, organisations satellites du parti conservateur. *Cf.* H. W. Lee and E. Archbold, *Social-Democracy in Britain*, Londres, 1935, p. 231; W. Kendall, *The Revolutionary Movement in Britain 1900-1921*, Londres, 1969, p. 95; R. Douglas, « The National Democratic Party and the British Workers' League », *Historical Journal*, XV, 3, 1972, pp. 553-572.
11. *Cf.* R. Postgate, *The Life of George Lansbury*, Londres, 1951, p. 157.
12. *House of Commons Debates*, 16 august 1917, col. 1553. *Cf.* aussi les déclarations de Thorne au congrès du *Labour Party* en 1917 in G. et L. Radice, *Will Thorne Constructive Militant*, p. 71.
13. *Cf.* C. Tsuzuki, *H. M. Hyndman and British Socialism*, Oxford, 1961, pp. 233 *sqq*. et 260; W. Kendall, *op. cit.*, pp. 103-104 et 351. Sur

le congrès du *National Socialist Party* tenu à West Ham en 1918 sous le patronage de Will Thorne, *cf. Stratford Express*, 24 août 1918. Aux élections de 1918, six des onze candidats du parti sont élus, dont trois du syndicat des gaziers (Will Thorne, Jack Jones, Arthur Hayday), ainsi que Tillett et O'Grady. A ce moment-là le parti compterait 2 000 adhérents. Les effectifs tomberont considérablement par la suite : peut-être 1 000 adhérents vers 1935 et moins de 500 en 1939. Sur l'assemblée de 1930, baptisée « 47ᵉ assemblée annuelle de la SDF », *cf. Stratford Express*, 20 avril 1930.

14. *Cf.* par exemple *Stratford Express*, 16 janvier 1915 (compte rendu d'un meeting tenu l'avant-veille à Barking).

15. Thorne, *op. cit.*, p. 197.

16. Sur le ralliement de Thorne à la conscription, voir ses rapports au syndicat des gaziers : *Quarterly Report and Balance Sheet*, december 1915 ; *Biennial Congress Report*, june 1916.

17. *Cf.* G. D. H. Cole, *A History of the Labour Party since 1914*, Londres, 1948, p. 27.

18. *Cf.* R. Harrison, *op. cit.*, p. 247.

19. Il est même arrivé à Thorne d'accuser à mots couverts les pacifistes d'être sinon les complices, du moins les alliés objectifs de l'ennemi. Sur Thorne et MacDonald, *cf. Stratford Express*, 6 mai 1916. Sur Thorne et Lansbury, *cf.* J. Bush, *Behind the Lines : East London Labour 1914-1919*, Londres, 1984, p. 148. Paradoxe qui ne manque pas de sel : alors qu'avant la guerre Thorne jugeait sévèrement le modérantisme de MacDonald, coupable à ses yeux de compromission avec les libéraux, les positions se trouvent maintenant inversées. Voici Thorne tourné sur sa gauche par MacDonald qui, fort de son hostilité à la guerre, oppose son attitude radicale aux compromis passés par Thorne avec un gouvernement dominé par les capitalistes...

20. Thorne, *op. cit.*, p. 219. Sur l'attaque de Snowden contre Thorne, *cf. Labour Leader* du 8 juin 1916 ; texte de la protestation officielle du bureau du syndicat des gaziers et réponse de Snowden, *ibid.*, 6 juillet 1916.

21. *Daily Herald*, 24 mars 1917. Cité par S. R. Graubard, *British Labour and the Russian Revolution 1917-1924*, Cambridge, Mass., 1956, p. 18.

22. Sur ce point, *cf.* Radice, *op. cit.*, p. 79.

23. Alors que Snowden avait mis en doute la représentativité de Thorne, celui-ci rétorque en un éclair qu'il est mieux qualifié que lui pour représenter le *labour movement* : *House of Commons Debates*, vol. 92, 4 april 1917, col. 1277-1278.

24. « From a Labour Bench », *Forward*, 14 avril 1917. Cité par D. Marquand, *Ramsay MacDonald*, Londres, 1977, p. 209.

25. *Cf.* Thorne, *op. cit.*, pp. 189-190. N'ira-t-on pas jusqu'à l'accuser d'être rallié, sinon vendu, aux capitalistes ! Selon le témoi-

NOTES

gnage de la fille de Thorne (entretien du 23 mars 1985), alors que lui-même n'a rien vu de répréhensible dans le geste de F. E. Smith, certains militants socialistes l'ont pris très mal et Thorne a reçu des lettres fort dures.

26. Au total la durée du voyage est de sept semaines puisque les envoyés britanniques, partis de Londres le 4 avril, sont de retour le 25 mai. Les deux délégations, française et britannique, arrivent à Petrograd le 13 avril.

27. *Stratford Express*, 21 avril 1919.

28. Sur la mission de Thorne en Russie, on dispose de trois sources : 1°) le récit de Thorne dans son autobiographie (*My Life's Battles*, pp. 189-196), description vivante et colorée, mais écrite sept années après l'événement et quelque peu arrangée (Graubard, *op. cit.*, p. 24, l'estime peu fiable); par ailleurs on y relève plusieurs erreurs sérieuses sur les faits ; 2°) le rapport secret au cabinet de guerre (*Report of the Visit of the Labour Delegation to Russia April-May 1917*, 1917, Public Record Office CAB 24/3), document mesuré et assez clairvoyant ; 3°) des comptes rendus de presse, et en particulier des interviews de Thorne, source détaillée et précise, mais tributaire du climat de guerre : voir notamment *Stratford Express*, 21 avril, 19 mai, 30 mai et 2 juin 1917.

29. *Cf. Stratford Express*, 21 avril, 19 mai et 30 mai 1917.

30. *Report of the Visit of the Labour Delegation...*, *op. cit.*, pp. 5-6.

31. *Cf. Stratford Express*, 19 mai 1917 ; *House of Commons Debates*, vol. 92, 16 august 1917., col. 1552.

32. *Cf.* J. Bush, *op. cit.*, pp. 91-93 et 152-154. *Cf.* aussi Labour Party Library, Press cuttings/Will Thorne, 14 et 21 janvier 1918, et National Union of General Workers, *Quarterly Report and Balance Sheet*, december 1917 ; march 1918.

33. *Cf.* G. D. H. Cole, *A History of the Labour Party... op. cit.*, p. 43.

CHAPITRE VIII

1. *British Labour Statistics : Historical Abstract 1886-1968*, Londres, HMSO, 1971, p. 395.

2. *Cf.* R. McKibbin, *The Evolution of the Labour Party 1910-1924*, Oxford, 1974, p. 104. Pour le texte de la résolution, *cf.* G. D. H. Cole, *op. cit.*, p. 65 (Resolution n° 2).

3. Discours au congrès travailliste de Southport, *Labour Party Annual Conference Report, 1919*, p. 161.

4. Discours à un *labour rally* à Hull, *Yorkshire Post*, 20 août 1923.

5. *Labour Party Annual Conference Report, 1923*, p. 180.

6. *Cf.* W. Torne, *My Life's Battles*, pp. 195 et 212-213 ; *cf. Stratford Express*, 19 mai 1923.

7. *Cf.* H. W. Lee, *Bolshevism. A curse and danger to the workers*, Londres, 1919, 16 p. *Foreword by Will Thorne*, pp. 2-3 (Lee est un vieux social-démocrate qui a suivi le même itinéraire que Thorne à la SDF, au BSP, puis au NSP ; il est rédacteur en chef de *Justice*).

8. *Cf.* J. Bush, *op. cit.*, pp. 206-208 ; *cf. East London Observer*, 19 juillet 1919.

9. *Cf. Workers' Weekly*, 11 août 1923, *cf.* S. R. Graubard, *op. cit.*, pp. 252-254.

10. *Cf.* Thorne, *op. cit.*, p. 215.

11. Pour une description de ces fréquents affrontements verbaux au cours des meetings de plein air à West Ham, voir par exemple *Stratford Express*, 19 juin 1926, 21 décembre 1930, 14 octobre 1933 (ce dernier article porte en sous-titre *Shouting Match with Communists*, le match opposant Thorne et les communistes du *National Unemployed Workers' Movement* qui a pris la suite du « mouvement de la minorité »).

12. *Cf.* G. et L. Radice, *op. cit.*, p. 62.

13. *Cf. House of Commons Debates*, vol. 147, 26 october 1921, col. 933 ; *cf.* aussi le récit coloré de Jack Jones dans ses mémoires, *My Lively Life*, Londres, 1928, pp. 70-72.

14. Thorne, *op. cit.*, p. 182

15. *Morning Advertiser*, 3 janvier 1946.

16. *Stratford Express*, 10 février 1928 ; *Daily Telegraph*, 3 janvier 1946. A d'autres occasions Lady Astor offre des fleurs et des cadeaux à Thorne et à sa famille : *cf. Daily Sketch*, 8 avril 1923 ; Thorne, *op. cit.*, pp. 210-211. Voir D. Sinclair, *Dynasty : the Astors*, Londres, 1983.

17. Thorne, *op. cit.*, p. 213.

18. *Ibid.*, pp. 211-212 ; *Stratford Express*, 19 mai 1923.

19. Témoignage Edna Mills, 23 mars 1985.

20. *Cf.* l'article écrit par Thorne au lendemain du succès du *Labour* aux élections de 1923 et au moment de la formation du premier gouvernement travailliste, *Journal of the National Union of General Workers*, november-december 1923, p. 25.

21. Témoignage Edna Mills, 23 mars 1985.

22. *Stratford Express*, 22 janvier 1927.

23. Malgré quelques nuages passagers. Ainsi en 1927 où une opposition « gauchiste » se manifeste dans un ou deux quartiers de West Ham-Sud. *Cf.* l'article du *Stratford Express* cité à la note précédente et écrit à l'occasion du 21e anniversaire de l'élection de Thorne comme député de West Ham.

24. *Cf.* F. W. S. Craig ed., *British Parliamentary Election Results 1918-1949*, Glasgow, 1969, p. 272.

25. National Union of General Workers, *Quarterly Report and Balance Sheet*, décembre 1914, 1916, 1917, 1918 ; mars 1921. *Half-Yearly Report and Balance Sheet*, décembre 1922.

26. *Cf.* l'étude du ministère du Travail publiée par le *Woman's Year Book 1923-1924*.
27. *Cf.* H. A. Clegg, *General Union in a Changing Society*, Oxford, 1964, p. 89.
28. *Journal of the National Union of General Workers*, janvier-février 1921.
29. *Cf.* R. Hyman, *The Worker's Union*, Oxford, 1971.
30. *Cf.* J. R. Clynes, *Memoirs*, Londres, 1937, vol. II, pp. 76-92.
31. *Cf.* par exemple, le sévère avertissement signé de Thorne et adressé à MacDonald dès novembre 1929 contre la politique du ministre du Travail, M. Bondfield : MacDonald Papers, cité par R. Skidelsky, *Politicians and the Slump : the Labour Government of 1929-1931*, Londres, 1967, pp. 149-150.
32. Il est significatif que ce soit une bouche amie — celle de Lady Astor — qui emploie publiquement l'expression *right wing Labour* en l'appliquant à Thorne : *cf. Stratford Express*, 10 février 1928.
33. *Stratford Express*, 29 août 1931.
34. *Cf.* H. A Clegg, *op. cit.*, pp. 134-138.
35. Radice, *op. cit.*, p. 101.
36. Témoignage Edna Mills, 23 mars 1985.
37. *Cf. Stratford Express*, 12 avril 1930. *Cf.* Labour Party Archives, Press cuttings : Will Thorne.
38. Thorne, *op. cit.*, pp. 220-221.
39. *Cf. The Star*, 20 mars 1946.
40. *Cf. Evening News*, 4 janvier 1946.
41. *Cf. Manchester Guardian*, 3 janvier 1946 ; *Daily Telegraph*, 3 janvier 1946.
42. Parmi les témoignages sur le *blitz* à West Ham, très critiques sur le compte des autorités municipales travaillistes (quoique émanant eux-mêmes de personnalités travaillistes), *cf.* l'article de Ritchie Calder dans le *New Statesman and Nation*, 14 septembre 1940, et son livre *The Lesson of London*, Londres, 1941 ; et l'enquête de E. Doreen Idle, *War over West Ham : A Study of Community Adjustement* (A Report prepared for the Fabian Society), Londres, 1943. *Cf.* aussi C. Fitzgibbon, *The Blitz*, Londres, 1957, pp. 66-76.
43. *News Chronicle*, 9 octobre 1940 ; *Sunday Express*, 8 octobre 1944 ; témoignage Edna Mills, 23 mars 1985.
44. *Cf.* H. R. S. Phillpott, *Daily Herald*, 3 janvier 1946.
45. Sur la répugnance de Thorne à passer la main au Parlement (comme il avait répugné à abandonner ses fonctions syndicales), *cf.* lettre de Fred Mills à Beatrice Thorne, 3 janvier 1946 (archives Edna Mills). *Cf.* aussi *Daily Herald*, 9 octobre 1944.
46. *News Chronicle*, 9 octobre 1944 ; *Sunday Express*, 8 octobre 1944. Toutefois à la suite d'une blessure reçue durant un match de football,

un peu avant la guerre, Thorne marche avec une canne : *cf. Scotsman*, 3 janvier 1946.
   47. *Daily Herald*, 9 octobre 1944.
   48. *Cf.* le témoignage de l'évêque de Barking, lettre à Beatrice Thorne, 3 janvier 1946 : archives Edna Mills. *Cf.* aussi le témoignage de cette dernière : entretien du 23 mars 1985.
   49. La presse est unanime dans l'hommage rendu. Même le *Daily Worker* communiste s'y associe en rappelant le rôle de Thorne dans le « nouvel unionisme » et sa collaboration avec Eleanor Marx.
   50. Lettre de Clement Attlee à Beatrice Thorne, 3 janvier 1946, et lettre de Sir Walter Citrine à Beatrice Thorne, 3 janvier 1946 : archives Edna Mills.
   51. Éditorial du *Stratford Express*, 11 janvier 1946.

CONCLUSION

   1. Thorne n'a jamais été membre d'une coopérative ouvrière (bien qu'il ait soutenu le lancement d'une coopérative de boulangerie à West Ham, *cf. My Life's Battles*, pp. 110-111) et il n'a pas du tout participé au mouvement coopérateur : *cf.* Archives du Labour Representation Committee, Correspondence 26/156, lettre de Will Thorne à J. R. MacDonald, 19 juillet 1905.
   2. Thorne, *op. cit.*, p. 217.
   3. H. M. Hyndman, *Further reminiscences*, Londres, 1912, p. 461.
   4. *Neue Zeit*, XI, I, 1892-1893, cité par C. Tsuzuki, *The Life of Eleanor Marx 1855-1898*, Oxford, 1967, p. 226.
   5. *Daily Herald*, 2 juin 1934.
   6. Thorne, *op. cit.*, p. 37.

Bibliographie *

I. SOURCES

Archives

National Union of Gas Workers and General Labourers (aujourd'hui General, Municipal, Boilermakers and Allied Trades Union).
Labour Party.
Trades Union Congress.
Webb Trade Union Collection, London School of Economics.

Presse

Stratford Express
West Ham Herald
South Essex Mail
Justice
The Star

Archives orales

Témoignage de Edna Mills (fille de Will Thorne), 23 mars 1985.

Écrits et discours de Will Thorne

My Life's Battles, L., s.d. [1925].
Presidential Address, 49th Annual Trades Union Congress, Monmouth, 1912.

* Pour les ouvrages publiés à Londres, on a utilisé l'abréviation L.

« A Working Class View of Prohibition », in Ernest E. Williams ed., *Liberty*, L., 1917.
Avant-propos de H. W. Lee, *Bolshevism : A Curse and Danger to the Workers*, L., 1919.
Avant-propos de Jack Jones, *His Book*, L., 1924.
Avant-propos de Donald McDougall ed., *Fifty Years of a Borough 1886-1936 : The Story of West Ham*, L., 1936.
Royal Commission on Labour, Parliamentary Papers, 1893-1894, XXXIV.
Industrial Council : Enquiry into Industrial Agreements, Parliamentary Papers, 1913, XXVIII.
Report of the Visit of the Labour Delegation to Russia April-May 1917. Printed for the War Cabinet 1917, Public Record Office CAB 24/3.
House of Commons Debates.

Mémoires, autobiographies, lettres

Marx and Engels on Britain, Moscou, 1962.
Correspondance F. Engels-K. Marx et divers, publiée par F. A. Sorge, trad. Bracke, t. II 1884-1895, Paris, 1950.
Correspondance Engels-Paul et Laura Lafargue, 3 vol., Paris, 1956-1959.
Les filles de Karl Marx : Lettres inédites, Paris, 1979.
Eduard Bernstein, *My Years of Exile*, L., 1921.
Margaret Bondfield, *A Life's Work*, L., 1950.
John R. Clynes, *Memoirs*, 2 vol., L., 1937.
William Collison, *The Apostle of Free Labour*, L., 1913.
Jack Jones, *My Lively Life*, L., 1928.
Jack Jones, *His Book*, L., 1924.
George Lansbury, *My Life*, L., 1928.
Tom Mann's Memoirs, L., 1923, rééd. 1967.
William Stephen Sanders, *Early Socialist Days*, L., 1927.

Documents contemporains divers (livres, brochures, articles)

Charles Booth, *Life and Labour of the People in London (Second Series : Industry)*, vol. VII, Part V, L., 1896.
George Shipton, « Trade Unionism, New and Old », *Murray's Magazine*, VII, juin 1890.
Tom Mann and Ben Tillett, *The « New » Trades Unionisme : A Reply to Mr George Shipton*, L., 1890.
The Gas Strike, by the Officials of the Gas Workers and General Labourers' Union, L., s.d. 1890.

Hubert Llewellyn Smith and Vaughan Nash, *The Story of the Dockers' Strike*, L., 1890.
Harry Quelch, *Social-Democracy and the Armed Forces*, L., 1907.
H. W. Lee and E. Archbold, *Social-Democracy in Britain*, L., 1935.
E. G. Howarth and M. Wilson, *West Ham : a study in social and industrial problems*, L., 1907.
H. Legge, « Socialism in West Ham », *Economic Review*, IX, octobre 1899.
F. H. Billows, « Socialism in West Ham », *Economic Review*, X, janvier 1900.
J. J. Terrett, *Municipal Socialism in West Ham*, L., s.d. [1903].
A. Copping, *Pictures of Poverty being studies of distress in West Ham*, L., 1905.
C. K. Ward and W. Farley ed., *The Book of West Ham*, L., 1923; appendix, 1924.
« The Fighting History of the General Workers' Union », *Pictorial Weekly*, 22 février 1930.
Souvenir History of the National Union of General and Municipal Workers : Forty Years 1889-1929, L., 1929.
Fifty Years of the National Union of General and Municipal Workers, L., 1939.
Sixty Years of the National Union of General and Municipal Workers, L., 1949.

II. TRAVAUX

Biographies de Will Thorne

Giles and Lisanne Radice, *Will Thorne Constructive Militant*, L., 1974.
Dictionary of National Biography 1941-1950 (G. D. H. Cole).
Dictionary of Labour Biography, vol. I, L., 1972 (D. E. Martin).
Who was Who 1941-1950.
J. Maitron et al., *Dictionnaire biographique du mouvement ouvrier international : Grande-Bretagne*, t. II, Paris, 1986.
From Factory to Forum : Will Thorne's Birthday (dactylographié), 1921.
« Will Thorne : Veteran and Pioneer », *Labour Magazine*, IV, 1925.
The Times, 3 janvier 1946.
H. Tracey ed., *The British Labour Party*, vol. III, L., 1948.

George Caunt, *Two M.P.'s from the Gas Works*, L., 1969 (multigraphié).
Tony Van den Bergh, *The Trade Unions : What Are They?*, Oxford, 1970.

Biographies de leaders ouvriers contemporains

Joyce M. Bellamy et John Saville ed., *Dictionary of Labour Biography*, L., 8 vol. parus, 1972-1986.
J. Maitron dir., *Dictionnaire biographique du mouvement ouvrier international : Grande-Bretagne*, 2 vol., Paris, 1979-1986.
Alan Bullock, *The Life and Times of Ernest Bevin*, vol. I, L., 1960.
Kenneth D. Brown, *John Burns*, L., 1977.
William Kent, *John Burns : Labour's Lost Leader*, L., 1950.
Iain McLean, *Keir Hardie*, L., 1975.
Kenneth O. Morgan, *Keir Hardie, Radical and Socialist*, L., 1975.
Fred Reid, *Keir Hardie*, L., 1978.
Chushichi Tsuzuki, *H. M. Hyndman and British Socialism*, Oxford, 1961.
Raymond Postgate, *The Life of George Lansbury*, L., 1951.
Dona Torr, *Tom Mann and His Times*, L., 1956.
Yvonne Kapp, *Eleanor Marx*, vol. II, L., 1976, trad. fr. *Eleanor, chronique familiale des Marx*, Paris, 1980.
Chushichi Tsuzuki, *The Life of Eleanor Marx*, Oxford, 1967.
Jonathan Schneer, *Ben Tillett*, L., 1982.
Margaret Blunden, *The Countess of Warwick*, L., 1967.

Histoire du socialisme et du mouvement ouvrier

En français

Henry Pelling, *Histoire du syndicalisme britannique*, Paris, 1966.
François Bédarida, « Le mouvement ouvrier britannique : esquisse historique », in J. Maitron et *al.*, *Dictionnaire biographique du mouvement ouvrier international : Grande-Bretagne*, t. I, Paris, 1979.
François Bédarida, « Le socialisme en Angleterre de 1875 à 1945 », in J. Droz et *al.*, *Histoire générale du socialisme*, t. II et III, Paris, 1974-1977.

En anglais

H. A. Clegg, A. Fox, A. F. Thompson, *A History of British Trade Unions since 1889*, vol. I, 1889-1910, Oxford 1964 ; vol. II, 1911-1933, (par H. A. Clegg), Oxford, 1985.

BIBLIOGRAPHIE

John Lovell, *British Trade Unions 1875-1933*, L., 1977.
B. C. Roberts, *The Trades Union Congress 1868-1921*, L., 1958.
John Lovell and B. C. Roberts, *A Short History of the TUC*, L., 1968.
H. A. Clegg, *General Union : a study of the National Union of General and Municipal Workers*, Oxford, 1954.
H. A. Clegg, *General Union in a Changing Society : a short history of the National Union of General and Municipal Workers 1889-1964*, Oxford, 1964.
Richard Hyman, *The Workers' Union*, Oxford, 1971.
Alice Prochaska, *History of the General Federation of Trade Unions 1899-1980*, L., 1982.
John Lovell, *Stevedores and Dockers : a Study of Trade Unionism in the Port of London 1870-1914*, L., 1969.
Henry Pelling, *A Short History of the Labour Party*, L., 1961.
Henry Pelling, *The Origins of the Labour Party 1880-1900*, 2nd ed., Oxford, 1965.
Frank Bealey and Henry Pelling, *Labour and Politics 1900-1906*, L., 1958.
Philip Poirier, *The Advent of the Labour Party*, L., 1958.
Paul Thompson, *Socialists, Liberals and Labour : The Struggle for London 1885-1914*, L., 1967.
David Howell, *British Workers and the Independent Labour Party 1888-1906*, Manchester, 1983.
Walter Kendall, *The Revolutionary Movement in Britain 1900-1921*, L., 1969.
S. R. Graubard, *British Labour and the Russian Revolution 1917-1924*, Cambridge, Mass., 1956.
Ralph Miliband, *Parliamentary Socialism*, L., 1961.
James Hinton, *Labour and Socialism : A History of the British Labour Movement 1867-1974*, Brighton, 1983.
Asa Briggs and John Saville ed., *Essays in Labour History*, 3 vol., L., 1960-1977.
Eric J. Hobsbawm, *Labouring Men*, L., 1964.
Eric J. Hobsbawm, *Worlds of Labour*, L., 1984.
Gareth Stedman Jones, *Outcast London*, Oxford, 2e ed., 1984.
Gareth Stedman Jones, *Languages of Class*, Cambridge, 1983.
E. H. Hunt, *British Labour History 1815-1914*, L., 1981.
David Kynaston, *King Labour : The British Working Class 1850-1914*, L., 1976.
Keith Burgess, *The Challenge of Labour 1850-1930*, L., 1980.

Sur West Ham et l'East End

D. M. McDougall ed., *Fifty years a borough 1886-1936 : the story of West Ham*, L., 1936.
F. Sainsbury, *West Ham : Eight Hundred Years*, L., 1965.
Julia Bush, *Behind the Lines : East London Labour 1914-1919*, L., 1984.
Betty Grant, *Beckton Struggles*, L., 1955 (multigraphié).
Leon Fink, *Labour Politics and Political Culture : West Ham 1898-1900*, B. A. Harvard, 1970.
N. H. Buck, *Class Structure and Local Government Activity in West Ham 1886-1914*, Ph. D., University of Kent, 1980.
John Marriott, *London over the border : industry and culture in West Ham*, Ph. D., Cambridge, 1984.

Sur l'industrie du gaz à Londres

S. Everard, *The History of the Gas Light and Coke Company*, L., 1949.
Derek Matthews, *The London Gasworks : A Technical, Commercial and Labour History to 1914*, Ph. D., University of Hull, 1983.
D. A. Chatterton, « State Control of Public Utilities in the Nineteenth Century : The London Gas Industry », *Business History*, XIV, 1972.
Derek Matthews, « Laissez Faire and the London Gas Industry in the Nineteenth Century », *Economic History Review*, XXXIX, 1986.
J. Melling, « Industrial Strife and Business Welfare Philosophy : the Case of the South Metropolitan Gas Company », *Business History*, XXI, 1979.

Théâtre

Deux pièces de théâtre ont été récemment consacrées à la figure de Will Thorne. Écrites par Gerard Melia (qui avait déjà mis en scène en 1978 sous le titre *The Iron Man* une sorte de « musical »), elles portent l'une sur la jeunesse de Thorne (*Will of Iron*, publié par Longman en 1983), l'autre sur son action de syndicaliste et de socialiste (*Will Thorne*, pièce jouée par le théâtre Venture en 1984).

Cartes

Le comté de Londres et West Ham

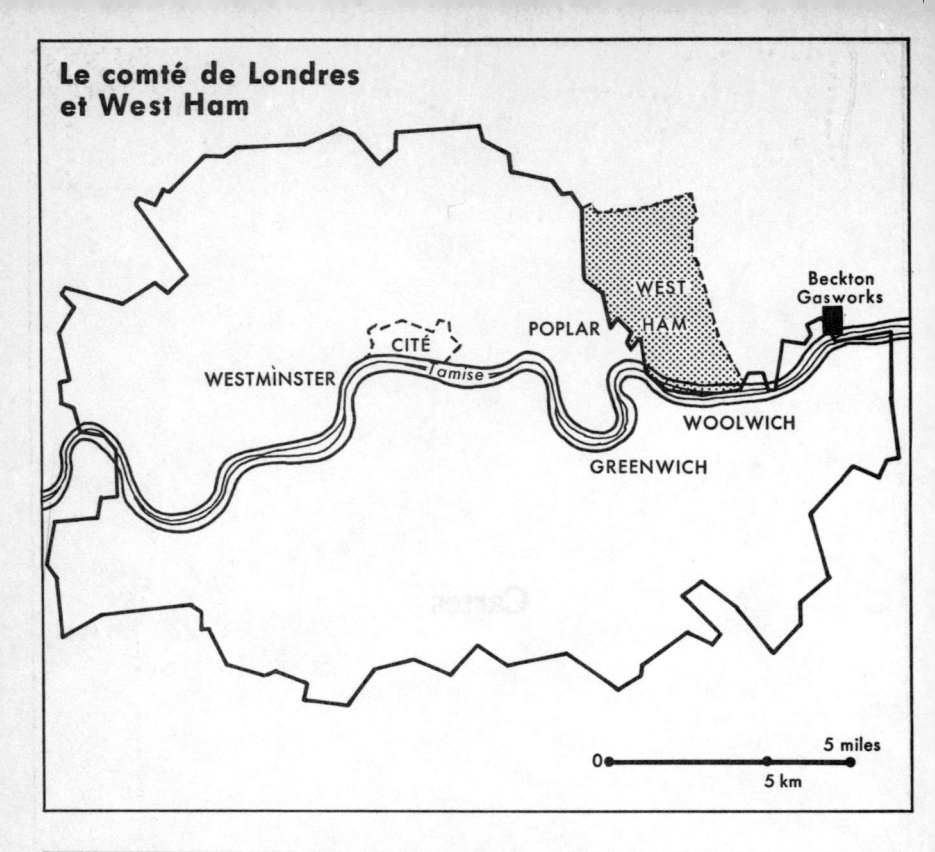

WESTMINSTER — CITÉ — Tamise — POPLAR — WEST HAM — Beckton Gasworks — GREENWICH — WOOLWICH

0 — 5 miles
0 — 5 km

Les docks de Londres

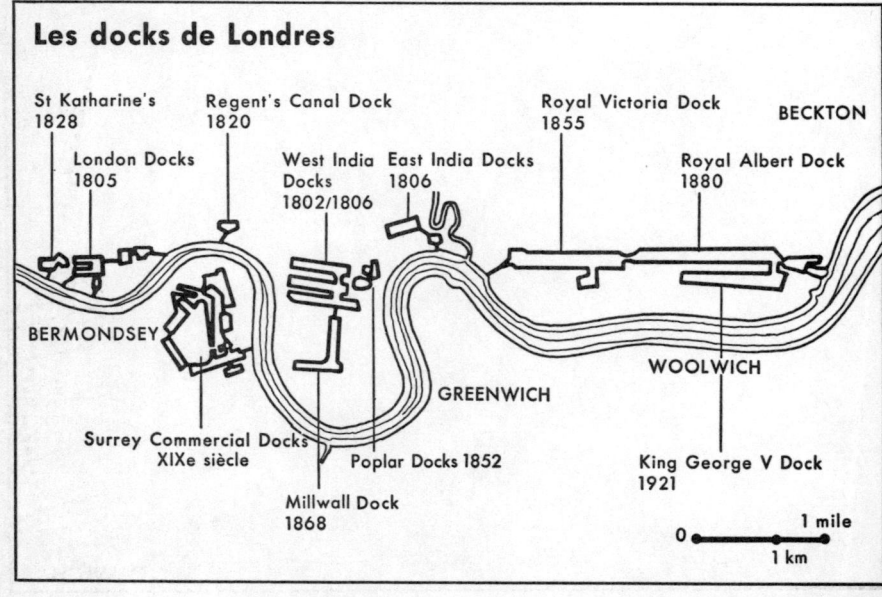

St Katharine's 1828
London Docks 1805
Regent's Canal Dock 1820
West India Docks 1802/1806
East India Docks 1806
Royal Victoria Dock 1855
BECKTON
Royal Albert Dock 1880
BERMONDSEY
Surrey Commercial Docks XIXe siècle
Poplar Docks 1852
Millwall Dock 1868
GREENWICH
WOOLWICH
King George V Dock 1921

0 — 1 mile
0 — 1 km

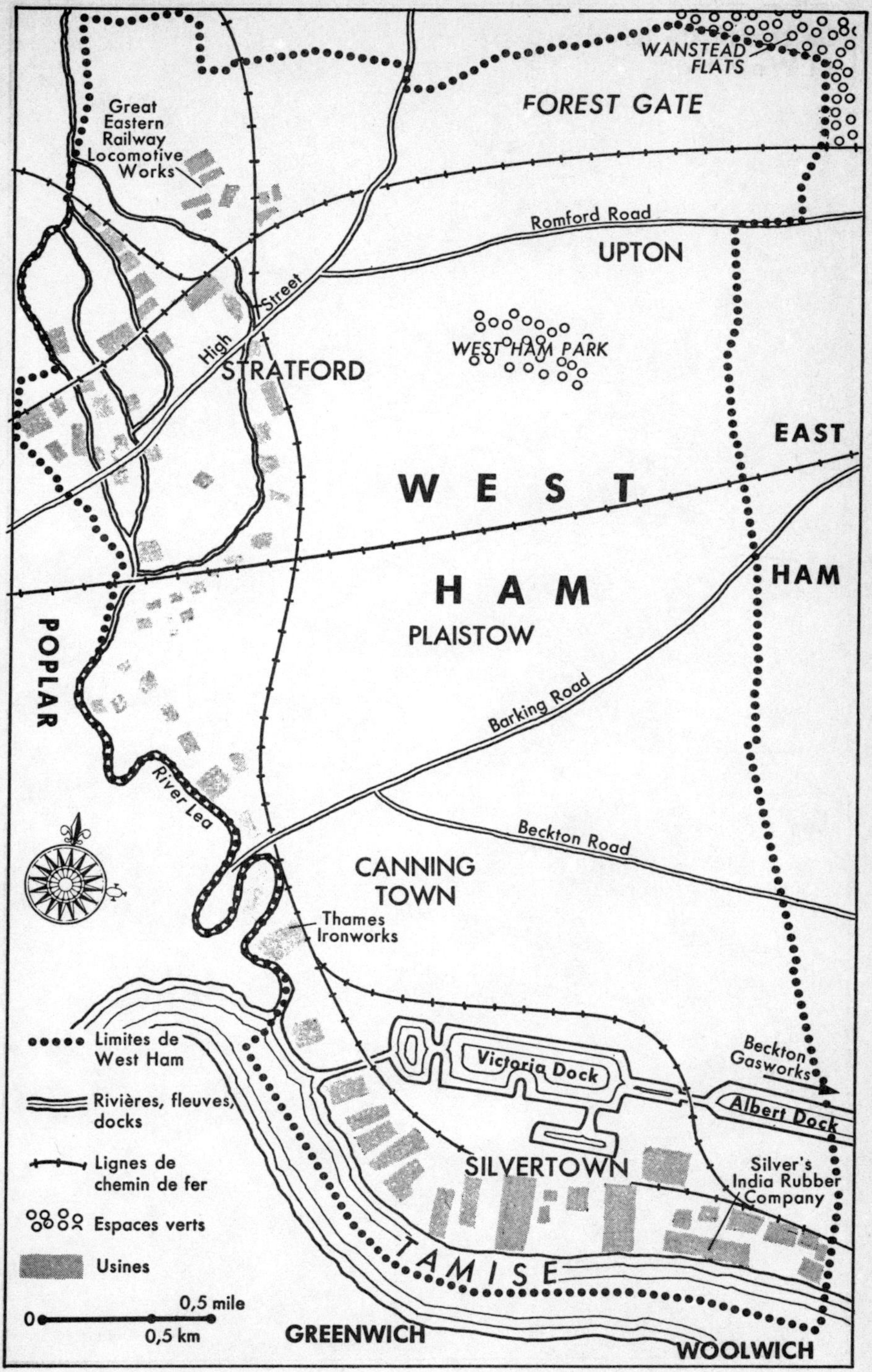

Great Eastern Railway Locomotive Works
WANSTEAD FLATS
FOREST GATE
Romford Road
UPTON
High Street
WEST HAM PARK
STRATFORD
EAST HAM
WEST HAM
PLAISTOW
POPLAR
Barking Road
River Lea
Beckton Road
CANNING TOWN
Thames Ironworks
Victoria Dock
Beckton Gasworks
Albert Dock
SILVERTOWN
Silver's India Rubber Company
TAMISE
GREENWICH
WOOLWICH
Limites de West Ham
Rivières, fleuves, docks
Lignes de chemin de fer
Espaces verts
Usines
0
0,5 mile
0,5 km

Index

ADLER Victor : 131.
ALDEN Percy : 163, 164, 251.
ANGLE George : 71, 75.
ARNOLD Matthew : 59.
ASTOR Lady : 118, 228, 229, 251-252, 284.
ASTOR Lord : 251.
ATTLEE Clement : 243.
AVELING Edward : 53, 58, 62, 90-92, 94, 96, 124, 133, 139, 246, 252, 261.

BAKOUNINE Mikhail A. : 133.
BANNER Robert : 271.
BARNETT Samuel : 149.
BAUM J. : 275.
BEBEL August : 103, 131.
BELLAMY Edward : 63.
BENNETT Arnold : 204.
BERNSTEIN Eduard : 116, 123, 131, 252-253, 268.
BESANT Annie : 52.
BEVIN Ernest : 53, 233, 237, 264.
BEVIN Ernest : 53, 233-234, 237, 264.
BIRKENHEAD Lord, *Voir* SMITH F. E.
BLATCHFORD Robert : 35, 63.
BONDFIELD Margaret : 234, 235, 253, 285.
BOOTH Charles : 46, 265.

BRADLAUGH Charles : 52.
BRUNNER John Tomlinson : 148.
BUCHANAN Sir George : 216.
BUNYAN John : 63.
BURNS John : 58, 62, 83, 86, 126, 131, 247, 248, 253-254, 260, 276.
BYFORD William : 75, 121.

CACHIN Marcel : 203, 213.
CHAMBERLAIN Joseph : 36.
CHAMPION Henry : 58, 77, 86, 94, 254, 272.
CHURCHILL Winston : 59, 178, 240.
CITRINE Sir Walter : 243.
CLYNES John R. : 64, 140, 171, 180, 181, 188, 195, 218, 222, 224, 232, 235, 236, 254-255.
COIT Stanton : 262.
COLLISON William : 91, 255.
CRANE Walter : 58.
CROOKS Will : 203.
CURRAN Pete : 140, 171, 180, 188, 195, 256.

DELAHAYE Victor : 253.
DICKENS Charles : 122, 142, 154.
DISRAELI Benjamin : 14, 137.
DUKES Charles : 238, 256.

ÉDOUARD VII : 177, 264.
ÉDOUARD VIII : 223.
ENGELS Friedrich : 49, 53, 62, 66, 90, 94, 96, 124, 132, 253, 259, 272.

FISCHER Victor : 281.

GARIBALDI Giuseppe : 184.
GEORGE V : 216, 223.
GEORGE David Lloyd : 210-213, 216, 218, 219, 240, 242.
GEORGE Henry : 63.
GLADSTONE Herbert : 171.
GLADSTONE William E. : 56.
GORDON, Général : 40.
GRAHAM R. B. Cunninghame : 257.
GUESDE Jules : 259.

HALÉVY Élie : 220.
HARDIE James Keir : 53, 135, 139, 140, 152, 159, 163, 172, 198, 254, 256-257, 277.
HARRIS : 85-87.
HARRISON Royden : 201.
HAYDAY Arthur : 162, 282.
HITLER Adolf : 241, 242, 259.
HOBART Harry W. : 73.
HOBSBAWM Éric : 24, 125.
HYNDMAN Henry Mayers : 53, 58, 60, 62, 94, 159, 163, 184, 198, 203, 204, 215, 245, 254, 257-258, 262, 272.

IBSEN Henrik : 90, 261.

JAMES Henry : 45.
JAURÈS Jean : 131, 184.
JONES Jack : 180, 195, 258, 282.

KERENSKI Alexandre : 214.
KITCHENER Horatio H. : 207, 213.

LAFARGUE Laura (née Marx) : 259.
LAFARGUE Paul : 94, 103, 124, 131, 258-259.
LANSBURY George : 102, 131, 186, 198, 199, 203, 211, 217, 259, 282.
LASKI Harold : 246.
LÉNINE Vladimir Ilitch Oulianov : 201, 215, 216.
LIEBKNECHT Karl : 103, 131.
LISSAGARAY Prosper : 91.
LIVESEY George : 38, 108-110, 274.
LONGUET Charles : 258, 259.
LONGUET Jean : 272.
LONGUET Jenny (née Marx) : 259, 261.

McCARTHY Tom : 83, 86, 87, 260.
MacDONALD James Ramsay : 171, 174, 199, 211, 214, 234-236, 255, 259, 265, 282.
MACHIAVEL Nicolas : 162.
MANN Tom : 53, 83, 126, 131, 196, 233, 247, 260-261, 271.
MANNING, Cardinal : 80, 85, 110.
MARRIOTT John : 152.
MARX Eleanor : 8, 18, 53, 58, 59, 65, 67, 88-98, 101, 102, 118, 123, 124, 129, 131, 133, 134, 139, 186, 252, 261, 271, 272, 286.
MARX Karl : 52, 62, 66-68, 90, 92, 96, 133, 162, 223, 253, 257, 259, 261, 262, 272.
MAYHEW Henry : 27, 48.
McCARTHY Tom : 83, 86, 87, 260.
MELIA Gerard : 10.
MILLS Edna (née Thorne) : 10, 122.
MOND Ludwig : 148.

INDEX

MORRIS William : 53, 58, 146.
MOUTET Marius : 213.
MUSSOLINI Benito : 259.

NUTTING Sir John : 177.

O'GRADY James : 213, 261, 282.
OWEN Robert : 63, 223.

PALMERSTON Lord : 14.
PLEKHANOV Gheorghi V. : 131.

QUELCH Harry : 58, 184, 262.

RADICE Giles et Lisanne : 10, 237.
RUSKIN John : 63.

SANDERS William : 213, 262-263.
SHAW Bernard : 53, 58, 116, 265.
SINGER Paul : 103.
SKETCHLEY John : 63.
SMITH F. E. : 214, 283.
SNOWDEN Philip : 211, 214, 282.
SORGE Friedrich A. : 96.
STEAD W. T. : 62, 263.
STEWART Sir Herbert : 40.
SWATIKOFF S. : 275.

TERRETT John Joseph : 162.
THORNE Beatrice (née Collins) : 239.
THORNE Edwin, Marx : 68, 122.
THORNE Emily (née Byford) : 122, 238.
THORNE Emily : 122.

THORNE Emma (née Everiss) : 13, 17.
THORNE Eva : 122, 239.
THORNE Harriet (née Hallam) : 38, 121.
THORNE Karl : 68, 122.
THORNE Rebecca (née Sinclair) : 238.
THORNE Thomas : 13, 17.
THORNE William : 203.
TILLETT Ben : 48, 73, 76, 77, 79, 81-83, 85-87, 126, 131, 196, 198, 203, 204, 209, 248, 249, 258, 260, 263-264, 271, 272, 282.
TOCQUEVILLE Alexis de : 219.
TREWBY G. : 274.

VAILLANT Édouard : 131.
VANDERVELDE Émile : 131, 203.
VICTORIA : 56.

WALSH J. : 270.
WARD William : 72, 274.
WARWICK Lady : 118, 177-179, 240, 264, 279.
WEBB Beatrice : 92, 119, 136, 264-265, 273.
WEBB Sidney : 58, 119, 202, 223, 264, 265.
WELLS Herbert G. : 204.
WILSON J. Havelock : 254.

ZETKIN Clara : 131.

Table des matières

Avant-propos. 7

    I. Une jeunesse prolétarienne (1857-1882). 13
   II. Naissance d'un militant (1882-1889). 42
  III. Debout, les damnés de la terre ! (1889-1894). . . . 69
  IV. *Will of Iron* : portrait d'un syndicaliste 114
   V. Les mirages du socialisme municipal (1894-1899) 135
 VI. A la conquête du Parlement (1900-1914) 166
VII. Allons, enfants de la patrie... (1914-1918) 197
VIII. Un fauteuil dans l'*Establishment* (1919-1946). . . . 219

Conclusion. 244
Répertoire biographique 251
Notes 267
Bibliographie 287
Cartes 293
   Le comté de Londres et West Ham 294
   Les docks de Londres 294
   West Ham 295
Index 297

Cet ouvrage a été composé par l'Imprimerie BUSSIÈRE et imprimé sur presse CAMERON dans les ateliers de la S.E.P.C. à Saint-Amand-Montrond (Cher) en février 1987

35-14-7363-01

ISBN : 2-213-01589-9

N° d'édit. 4031. N° d'imp. 3544-2343.
Dépôt légal : février 1987.

Imprimé en France